人类经济社会思想探索前沿丛书

解除束缚的尤利西斯

理性、预先约束与约束研究

[美]乔恩·埃尔斯特(Jon Elster)著
秦传安 译

上海财经大学出版社 CAMBRIDGE

本书由上海市新闻出版专项资金资助出版

图书在版编目(CIP)数据

解除束缚的尤利西斯:理性、预先约束与约束研究/(美)乔恩·埃尔斯特(Jon Elster)著;秦传安译.—上海:上海财经大学出版社,2021.3

(人类经济社会思想探索前沿丛书)

书名原文:Ulysses Unbound:Studies in Rationality,Precommitment,and Constraints

ISBN 978-7-5642-3569-7/F.3569

Ⅰ.①解… Ⅱ.①乔… ②秦… Ⅲ.①政治心理学-研究 Ⅳ.①D0—05

中国版本图书馆 CIP 数据核字(2020)第 109324 号

□ 责任编辑 李志浩
□ 书籍设计 张克瑶

解除束缚的尤利西斯
——理性、预先约束与约束研究

[美] 乔恩·埃尔斯特(Jon Elster) 著
秦传安 译

上海财经大学出版社出版发行
(上海市中山北一路 369 号 邮编 200083)
网 址:http://www.sufep.com
电子邮箱:webmaster @ sufep.com
全国新华书店经销
上海华教印务有限公司印刷装订
2021 年 3 月第 1 版 2021 年 3 月第 1 次印刷

710mm×1000mm 1/16 17.75 印张(插页:2) 272 千字
定价:88.00 元

图字:09-2015-935 号

Ulysses Unbound: Studies in Rationality, Precommitment, and Constraints (ISBN 9780521665612) by Jon Elster, first published by Cambridge University Press 2000.

人类经济社会思想探索前沿丛书

出版说明

常识认为，选择总是多多益善，知识也是越多越好。而这本挑衅性的书认为，常识经常破产。有时候，情况实在是：少即是多；人们可能受益于选择受限，或受益于无知。

构成本书的三篇长文，修订和扩充了乔恩·埃尔斯特的经典作品《尤利西斯与海妖》中发展出来的观念。然而，它并不只是早先那本书的一个新版本。很多问题之前只是点到为止，在这里得到了更详细的探讨。

第一章研究的是：个人可能以什么方式、出于什么理由限制自己的行动自由，其实例的范围从宗教激进主义到成瘾。第二章批评了埃尔斯特自己颇有影响的理论：政治宪法可以被认为是预先约束策略。他现在的观点是：在政治中，人们主要想约束别人，而不是约束自己。第三章讨论的是艺术品创作中的约束，实例取自长篇小说、电影和爵士乐。

在结语中，埃尔斯特显示，看上去完全不同的例证透露了相同的模式，以至于他提议开辟一个新的研究领域：约束理论。

本书以埃尔斯特典型的鲜活风格写成，定会让专业人士以及研习哲学、政治科学、心理学和经济学的学者们兴味盎然。

乔恩·埃尔斯特是哥伦比亚大学 Robert K. Merton 社会科学教授。他最近在剑桥出版的书是《心灵的炼金术》(Alchemies of the Mind)。

序言与感谢

《尤利西斯与海妖》(1979 年初版,1984 年修订版)中的同题文章讨论的是预先约束和自我约束,在那篇文章中,我试着描述了这个概念,并用来自人类行为(和动物行为)的不同领域的实例进行了说明。在本书中,我将重新审视这个问题。

在第一章,我试图拿出一份比我早先的论述更加系统的分析。主要的分析观念是预先约束理由和预先约束策略之间的区分。结果证明,我所讨论的某些现象既呈现为理由,也呈现为策略。人们可能预先约束自己不要愤怒,但也可能预先约束自己让愤怒发泄出来。

第二章反映了我关于宪法作为预先约束策略的一些观点的改变。我的朋友和导师、已故的挪威历史学家延斯·艾拉普·塞普的一个批评性意见给了我很大的影响:“在政治中,人们从不试图约束自己,只想约束别人。”尽管这句评论太过僵硬,但我现在认为它比“自我约束是制宪的本质”这个观点更接近于真相。尤利西斯把自己绑在桅杆上,但他还用蜡把水手的耳朵给封住了。类似地,普鲁塔克告诉我们:“萨摩斯人萨提洛斯的朋友们在他的请求下用蜡封住了他的耳朵,让他不可能由于敌人的辱骂而坏自己的事”(《论控制愤怒》)。

第三章探讨了这样一个观念:自我强加的或外部强加的限制可能提高艺术品的价值。在艺术中,正如在别的地方一样,少可以是多。艺术选择,就算有意义,在可能性无限的领域也发挥不了什么作用。尽管我在这个领域的经验远远谈不上丰富,客气地说,我希望,应用某些基本的经济学观念,尤其是约束条件下最大化的观念,能够被证明对于那些在美学上比我更懂的读者也是有用的。

第一章和第二章的观念是在和几个不同群体的同事密切而定期的合作中

发展出来的。本书的总体框架，很大程度上要归功于乔治·洛文斯坦组织、拉塞尔·塞奇基金会提供支持的跨期选择研究小组中的讨论。这个小组的成员包括乔治·安斯利、罗伯特·弗兰克、已故的理查德·埃恩斯坦、乔治·洛文斯、沃尔特·米歇尔、德拉赞·普雷勒克、霍华德·拉克林、托马斯·谢林和理查德·塞勒。他们的影响显而易见，尤其是在第一章中。安纳德·海兰和奥勒—约根·斯科格的影响也相当可观。道格拉斯·贝尔德和理查德·爱泼斯坦在法律作为预先约束策略的使用上给出了一些建议。

1989 年东欧各国的原有政治体制解体之后，我与斯蒂芬·霍姆斯、安纳德·海兰、克劳斯·奥菲、维克托·奥夏滕斯基、乌尔里希·普罗伊斯和凯斯·桑斯坦在研究东欧新政治体制的创建上有过密切的合作。通过观察东欧的制宪过程，我开始更加整体性地思考宪法，从雅典民主制，到迄至今日的联邦制宪会议。我对立宪主义的研究得到了芝加哥大学法学院东欧立宪研究中心和马里兰大学 IRIS（制度改革和非正规部门研究中心）的支持。我还从"芝加哥—纽约政治理论小组"对预先承诺的政治观点的讨论中获益良多，这个小组的成员包括：罗伯特·巴罗斯、詹姆斯·费伦、拉塞尔·哈丁、伯纳德·曼宁、帕斯奎尔·帕斯奎诺、亚当·普热沃斯基和苏珊·斯托克斯。最后，我要感谢摩根斯·赫尔曼·汉森对一篇文章所作的评论，这篇文章与第二章第 6 节对雅典政治的讨论密切相关。

第三章所呈现的关于艺术的观念是以一种更偶然的方式演化而来的。我要感谢 G. A. 科恩、汉斯·弗雷德里克·达尔、雅各布·埃尔斯特、马丁·埃尔斯特、詹姆斯·费伦、克洛迪娜·弗兰克、约瑟夫·弗兰克、迭戈·甘贝塔、卡伦·玛丽·甘纳、阿拉斯泰尔·汉纳、斯泰因·赫冈姆·奥尔森和托马斯·帕维尔，感谢他们对那一章的早期版本（有些人看的是非常早的版本）所发表的意见。我还在一个群体中讨论过这一章的内容，从中受益良多，他们包括布赖恩·巴里、约翰·费雷约翰、斯蒂芬·霍姆斯、伯纳德·曼宁、帕斯奎尔·帕斯奎诺、亚当·普热沃斯基、杰克·拉科夫和约翰·罗默尔。

我还收到了一些人针对本书较早版本提出的书面意见，他们包括：乔治·安斯利、泰勒·科文、詹姆斯·费伦、罗伯特·弗兰克、布莱恩·格伦、阿维勒姆·戈尔茨坦、奥拉夫·耶尔斯维克、戴维·钱布利斯·约翰斯顿、戴维·拉布森、戴维·拉廷、约格·莫兰、克劳斯·奥菲、维克托·奥夏滕斯基、约翰·

罗默尔、米歇尔·托贝、伊格纳西奥·桑切斯一昆卡、奥勒一约根·斯科格、阿瑟·斯廷什科姆和凯斯·桑斯坦。他们的意见，有时候是严厉的和批评性的，都非常有帮助。我尤其感谢罗伯特·弗兰克对第一章第5节所提出的详细的书面意见，感谢阿门·阿尔奇安提出了很多宝贵意见，感谢乌尔里希·普罗伊斯，他从百忙之中抽出时间，为回应这部书的手稿而写了一篇论述预先约束的文章。我还要感谢两位匿名评论者的意见，特别是其中一位，迫使我重新思考很多问题。最后，我想感谢阿伊达·拉巴利有益而称职的帮助，感谢我的研究助手马克·格鲁姆布里奇和约书亚·罗森斯坦，还有谢丽尔·西勒斯基，以及拉塞尔·塞奇基金会效率惊人的图书馆团队，该基金会为我提供了一笔学术经费来完成这部作品。

本书献给斯蒂芬·霍姆斯、安纳德·海兰和托马斯·谢林。过去二十多年里，我与他们的讨论帮助我充实（和修订）了本书较早版本中有时候是提纲性的、粗略的论证。

目　录

第一章　尤利西斯再探讨：人如何及为何束缚自己

1. 导论：约束理论

在这一章，我将讨论个体为什么可能想约束他们的选择自由，以及他们如何实现这个目的。宽泛地讲，他们可能想要保护自己，免受激情、偏好改变和时间不一致(的两个变种)的影响。他们这样做的方法有：从可行集中消除某些选项，让它们代价更高昂或者只有推迟一段时间才可用，把自己隔离起来，使得自己不知道它们的存在。

在这一节，我想找出个体在那个可以称之为“约束理论”的更宽广的领域之内强加给自己的约束。在一个非常一般的层面上，本书阐明的是这样一个命题：有时候少即是多，特别是，有时候，从更少的机会中比从更多的机会中获益更大。这个观念必须放在标准实例的背景上来看，在这样的实例中，完全相反的命题也是真的。乍看起来，似乎谁也没有丢弃选项、推迟回报或把成本强加给自己的动机。在日常生活的大多数实例中，这一直觉明显是正确的。大多数人宁愿钱多不愿钱少，宁愿职业选择更多而不是更少，宁愿回报更早而不是更迟，宁愿潜在婚姻配偶的范围更大而不是更小，诸如此类。人类历史中的很多进步，其所采取的形式就是消除对选择的物质约束和法律约束。此外，即使我们并没有从更多的机会中受益，这些机会也不会损害我们，因为我们始终可以选择不接受它们(一般均衡理论的“免费丢弃”公理)。如果我发现飞机上提供的饭菜不合胃口，我并不非得把它们吃掉。

在本书中，我将讨论一些非标准实例，在这些实例中，“多多益善”的假设是无效的。之所以这样，可能是由于下面两个原因中的一个。一方面，个体可能受益于让某些特定选项不可用，或者只有推迟才可用，或者成本更大，以及诸如此类。（尽管我通常会吃掉飞机上提供的饭菜，但我也会支付一笔额外的费用让他们不给我端来饭菜。）这是第一章和第二章的主题。另一方面，个体可能只受益于让更少的选项可用，而没有排除任何特定选择的愿望。这是第三章的主题，在那一章，我将论证艺术家需要约束，而且，对约束的选择很大程度上是随心所欲的。诚然，想要被约束的第一个理由也可以应用于这里，正如一个电影导演决定拍摄一部黑白片，以便自己不被彩色摄影的肤浅魅力所诱惑。然而，艺术领域预先约束的第二个理由通常更重要。一个作家决定使用短篇小说而不是长篇小说的形式，并非出于排除任何特定词句的愿望，而只是出于使用更少词句的愿望。

第二个理由也可以更广泛地应用于社会生活。埃里希·弗罗姆认为，随着现代世界的兴起和行动约束的逐步消除，也出现了一种“对自由的恐惧”——害怕选择太多、选项太多，应当服从的权威太少。[1] 沿着类似的路子，托克维尔说：“就我而言，我怀疑人究竟能不能同时支持完全的宗教独立和完全的政治自由。我忍不住想，如果他没有信仰，他就必须服从，如果他是自由的，他就必须信。”[2]其含义不是说人们会选择限制他们的选项，而是说，少比多更让他们受益。很多人像我一样在相对简朴的 20 世纪 40 年代和 20 世纪 50 年代长大成人，我们相信在后来的几十年里，儿童和青少年将受益于更少的选择和更少的零花钱。有很多民间说法，大意是说，富裕之家的孩子不可逆转地受害于选择太多，被赋予了太多天资的个人到头来涉猎太广、结果一事无成。尽管这些信念部分程度上可能是吃不到葡萄说葡萄酸，但即使是粗心大意的观察也能看出，它们未必仅仅是这样。

在同样的一般层面上，少即是多的观念容易接受另外的解释，亦即：无知是福。再一次，这一观念必须放在一个相反假设的背景上来考量，亦即：知识就是力量。[3] 在这种情况下，历史的进步也常常采取了获取新知识的形式，这些知识提高了我们控制自然、有时候是控制人性的能力。因为这一知识也可能带来破坏性的后果，你可能会问，放弃获取这样的知识有时候是不是更好？

---

1 Fromm (1960).

2 Tocqueville (1969), p. 444. See also Elster (1999 a), Ch. 1.5.

3 关于此类相反谚语的讨论，参看 Elster (1999a)，第一章第 3 节。

在《论至善和至恶》(*De Finibus Bonorum et Malorum*)中，西塞罗让安提库斯从下面这个视角来解释《奥德赛》(*Odyssey*)中的海妖情节：

> 我对学问和知识的天生热爱是如此强大，以至于任何人都不能怀疑人的天性被这些事物强烈地吸引，即使没有任何利益的诱惑……就我而言，我相信荷马在他对海妖歌声的想象性描述中，心里是有这种东西的。很显然，她们用来吸引过往航行者的东西，并不是其声音的甜美，也不是其歌曲的新奇性和多样性，而是她们的专业知识；正是对学问的激情，让人们被海妖们那岩石嶙峋的海岸所吸引。

然而，西塞罗并没有暗示，尤利西斯把自己绑在桅杆上是为了让自己保持无知，也没有暗示海妖们提供的知识对他很危险。因此，有时候，把《奥德赛》中的海妖情节与《创世纪》中的堕落进行类比不免令人有些迟疑[4]。蛇通过向夏娃提供本质上堕落的知识来诱惑她，而海妖(在这一解读中)仅仅将获得知识的前景作为一种手段，把她们的受害者引诱到岩石嶙峋的海岸。

在《被禁的知识》(*Forbidden Knowledge*)一书中，罗杰·沙蒂克通过大量历史的和虚构的实例，探讨了危险知识和幸福无知的主题。从科学史中，他援引了 20 世纪 70 年代的对基因重组的禁止和对人类基因组计划的反对，他认为，或许有非蒙昧主义的理由，阻碍或中止知识的进步。[5] 或者考量另一个实例：许多年前，挪威政府中有声音反对在北纬 62 度以北钻探石油。有人认为，钻探可能无害，而且知道那个地区有没有石油可能有益，对此，批评者的回应是：如果发现那里有石油，政治家就会面临不可抗拒的压力，要立即着手开采。批评者输了，事实证明是对的。我在本章不同的地方讨论了好几个这种性质的案例。然而，大抵说来，本书的重点是强调：约束如果采取让可用已知选项变得更少的形式，将会比阻止人们知道它们存在更好。

整体上，本书关注的是两种类型的有益约束。首先，有一些约束让被约束的行为人受益，但这些约束并不是行为人为了这些利益而主动选择的。这是第一章第 5 节的主题，也是第二章和第三章的一个中心论题。这些约束可能是行为人出于别的理由而选择的，或是由其他行为人所选择的，或者根本就不

4　关于这个类比，可参看 Montaigne (1991)，p. 543 及 Shattuck (1996)，p. 28。

5　Shattuck(1996)，pp. 186—195，210—217.

是任何人选择的、而只是行为人必须尊重的一个生活事实。我将把这些约束称作偶发约束(incidental constraint)。我们不妨给出两个简短的实例,它们都属于"生活事实"那一类。一个实例涉及彩色摄影发明之前拍电影必须用黑白胶片。正如我们将在第三章中看到的那样,有人认为,这一约束有利于更大的艺术创造力。类似的论证被应用于社会科学。在对詹姆斯·科尔曼的作品所发表的一番评论中,奥格·索伦森声称,高功率计算机的发明给社会学理论带来了损害,因为这个时候,"数据的局限和计算的局限"被消除了,而这些局限"原本能够激发科尔曼在发展和应用模型上巨大的创造力和想象力"。[6]

其次,有一些约束,是行为人为了某个预期对自己有益的好处而强加给自己的。这是本章的主要论题,也是第二章和第三章的一个重要论题。在《尤利西斯与海妖》一书中,我把这一现象称作"预先约束"或"自我约束"。另有一些人使用的术语是"承诺"或"自我承诺"。在本书中,我常常保留我更早使用的术语。如果重点在被创造出来的约束而不是创造约束的行为上,我们就把这些约束称作基本约束(essential constraint)。

基本约束是从预期利益的角度来定义的,而偶发约束则根据它们提供给行为人的实际利益来定义。(我忽略了一些实例,在这些实例中,A 约束 B 原本是打算让 B 受益,但实际上并没有提供这些利益。)基本约束的确立始终是通过利益预期来解释的,而偶发约束所带来的实际利益是否能被纳入它们的解释中则无可无不可。在第一章第 5 节,我将讨论对行为的情感约束,由于它们对生殖适应性的有益影响,这种约束是从自然选择中出现的。如果这个观点正确的话,那么,这些约束的效果就有解释力。在第二章,我将提到宪法安排的某些后果,这些后果制宪者并没有想到,是后来才被认识到的,然后充当了维护这些安排的理由,如果最初采用这些安排的理由已经不再通行的话。在这种情况下,偶发约束的效果也会有解释力。

由于功能主义的解释在社会科学中的普遍使用,所以很容易犯下两个密切相关的推理谬误:把偶发约束与基本约束混为一谈,以及未经论证假设偶发约束所带来的利益始终倾向于解释这些约束。[7] 看来,人的头脑似乎很不愿意

---

6 Sørensen(1998),p. 255.

7 Elster (1983 a), Ch. 2.

承认偶发利益或非解释性的利益。[8] 在第二章第1节，我将提及我自己过去的一些困惑，在这方面，我并非形单影只。因此，本书的一项任务是尽可能清晰地把故意自我约束与可能产生有益约束的其他方式区分开来。另一项任务是要审视有没有可能存在这样的约束：它们本质上是偶发的。一个行为人可能没有能力让自己不能以某种方式行动，却发现自己由于环境的力量或通过其他行为人的行动而受到约束，而这些约束正符合他的利益。

正如上文已经提到的，本章主要关注基本约束，或标准的故意意义上的自我约束。尤其是，我将讨论一个行为人想给自己未来选择某个或某些特定选项制造障碍的愿望。从这个视角看，预先约束体现了某种形式的跨期理性。在时间1，一个个体想要在时间2做A，但在时间2到达之前，他可能或愿意做B，除非阻止他这样做。在这样的情况下，时间1的理性行为可能涉及阻止他在时间2选择B或者至少是让这一选择的可能性变得更小。本章研究的是为什么预先约束和如何预先约束——亦即人们想要约束自己的理由，以及他们可以随意使用的手段。[9]

表Ⅰ.1　　　　预先约束的理由

预先约束的手段	克服激情	克服自私	克服双曲贴现	克服策略时间不一致	抵消或防止偏好改变
消除选项	第2、7节		第3、7节	第4节	第6节
强加成本	第2、7节	第5节	第3、7节	第4节	
设置奖赏	第7节		第7节		
制造延迟	第2、7节		第3节	第4节	
改变偏好	第2、7节				
投资议价力				第4节	
诱发无知	第2、7节		第3节	第4节	第6节
诱发激情		第5节		第4节	

8　Elster (1983b), Ch. 11.10.

9　在本书中，我假设了一个短期利益与长期利益之间存在冲突的实例。在 Ainslie (1992)呈现的模型中，想法把整个利益群包含在内，以时间为横轴，范围从一秒到一辈子。在那个实例中，更复杂的现象变得可能，例如短期利益与长期利益联合起来反对中期利益。我在别的地方使用了下面这个实例来说明这一观念：“我希望我不想吃冰激凌。我想吃冰激凌是因为我喜欢它。我希望我不喜欢它是因为作为一个适度虚荣的人，我认为保持身材苗条更重要。但我希望我不那么虚荣。(是不是只有当我想吃冰激凌时我才那样认为？)”(Elster 1989a, p. 37)。

在本章第 2 节，我将考量这样一个传统观点：预先约束是一种保护我们免受激情之害的手段。接下来我将讨论更晚近的论证：预先约束可以帮助我们克服时间不一致的问题，但它也适用于双曲贴现（第 3 节）或策略互动（第 4 节）。在第 5 节，我将考量下面这个论证：激情可以充当这样一个手段。激情非但不是理性追求自利的障碍（第 2 节），反而可以帮助我们克服这样一个倾向：当眼前利益不利于长远利益时依据眼前利益采取行动。在第 6 节，我将考量德里克·帕菲特引入的“俄国贵族”实例的某些变异，主要强调的是宗教激进主义信徒想把自己与现代世界隔绝开来的原因，是防止偏好改变。在第 7 节，我将研究上瘾者所采用的多种形式的自我约束策略。在第 8 节，我将讨论为什么预先约束策略有可能可行时却不可欲、可欲时却不可行。在这里，我还要讨论预先约束之外的某些可选策略。

并非所有预先约束策略都能服务于预先约束的理由。表 I. 1 显示了预先约束的理由和策略之间的主要关联，并帮助读者找到不同的实例分别在哪一节得到了讨论。[10]

2. 作为自我约束理由的激情

当我们在激情的影响下行动时，激情可能导致我们偏离更冷静时所制定的计划。对这一倾向的认识创造出了预先约束自己的动机，帮助我们坚持我们的计划。在这里，我是在引申意义上使用“激情”这个词的，它不仅涵盖了严格意义上的情感，比如愤怒、恐惧、热爱、羞愧等等，而且还涵盖了某些状态，比如醉酒、性欲、渴求上瘾的毒品、痛苦，以及其他“内心深处的”情感。[11]

从亚里士多德到 20 世纪的某个时间，激情最常用的反义词是理性，被理解为任何不偏不倚的——不动感情的和公正无私的——动机。[12] 一个人希望

---

10 在本章，以及在下一章，我将忽略随机化作为个体或集体的预先约束的一种形式，以避免重复我在别的地方已经就这个主题写到过的内容（Elster 1989b, Ch. II）。在关于艺术领域的随机化的讨论中提供了这个问题的一个简短审视。

11 关于激情在行为解释中所扮演的角色的讨论，参看 Elster（1990a），尤其是第四章的附录。关于内心深处的情感在行为解释中的位置，参看 Loewenstein（1996，1999）。

12 关于更充分的讨论，参见 Elster（1989b），尤其是第五章。

公正对待他人,却担心自己的愤怒占了上风,人们便建议他采取某种方式约束自己,后文将简短讨论这些方式。在现代经济学家当中,激情最常用的反义词是理性自利。一个人担心愤怒可能导致自己采取行动的方式与自己的利益背道而驰,那么他完全可以避开可能触发这种情绪的场合。一个通情达理的行为人会预先约束自己不要愤怒,以免伤害他人,而一个被理性自利所驱动的人之所以这样做,是为了不伤害自己。在本章的稍后部分,我们将找出一些被这两种冷静姿态所驱动的预先约束的实例。正如我们将会看到的,我们还提出了另外一些实例。一个被激情牢牢掌控的人可能预先约束自己不受另外激情的影响,不受理性追求自利的影响,或者不受理性的影响。一个理性的和自利的行为人甚至可能预先约束自己不受自己理性的影响。

激情的影响

我将区分激情可能导致计划——不管是基于理性还是基于非理性的自利——与行为之间出现偏差的 4 种方式:通过扭曲认知(包括关于结果的错误信念),通过模糊认知(遮蔽对结果的认识),通过诱发意志薄弱(选择那些明显感觉到结果更差的选项,而不是选择结果更好的选项),通过诱发短视(改变与某些后果相联系的决策权重)。前两种机制涉及认知的非理性,而后两种机制则未必。第三种涉及动机的非理性,而第四种则未必。除第二种机制之外,其余的机制都让行为人有一定的能力对刺激作出回应。

(1)激情可能扭曲我们对行为结果的思考。这实际上就是亚里士多德对情绪的定义:“情绪是这样一种东西,通过经历改变,人们由于情绪而使自己的判断出现偏差,伴随着痛苦和快乐,例如,愤怒、怜悯、恐惧以及诸如此类的东西及其对立物。”(《修辞学》,1378a 21－22)。尽管这一陈述并没有提供一个很好的对情绪的定义——有太多的例外,其中一些例外亚里士多德本人也注意到了[13]——但它还是正确捕捉到了情绪诱发一厢情愿的思考和自欺的实例。情绪可能影响一个人评估其控制之外的事件的“可能性和可靠性”[14]。

13　亚里士多德把仇恨算作是一种情绪(《修辞学》,1312a 2－16),但他又说仇恨可以让判断力不受影响(《修辞学》,1312b 19－34)。还可参看 Elster (1999a), Ch. 11.2。

14　Prijda (1986), pp. 118－121.

当这种激情是一种渴望而不是一种情绪时，这一机制也适用。在戴维·皮尔斯给出的一个实例中：

> 一个司机去参加一场聚会，他判断，最好是喝两杯就不再喝了，尽管喝更多可以带来快乐，因为没有别人开车回家。然而，当有人给他第三杯时，我们可以假设，这是一杯双份的烈酒，他喝了。他能怎么办呢？轻松喝掉，只要在他喝掉这杯之前，想喝第三杯的愿望让他在聚会上的谨慎出现了偏移。例如，他可能不顾证据的分量，告诉自己，喝掉6杯威士忌之后开车回家并不危险，或者在这一愿望的影响下，他可能忘记了自己已经喝了多少杯。[15]

(2)激情可能强大到把所有其他考量都排挤出去。[16] 在一次令人不快的遭遇之前，我可能决定保持冷静。然而，当我被惹怒了，我便爆发出来，没有停下来考虑后果。这并不是说我不知道后果，也不是说我对后果有一些虚假的信念：我只是在行动时把它们抛到了脑后。这就是亚里士多德的意志薄弱的概念(或者说是他的概念之一)，“承认在某种意义上有认识的可能性，然而却没有认识，正如在一个人在睡眠、发疯或醉酒的实例中那样。但这只是人们在激情影响之下的状况；因为很明显，愤怒和性欲以及其他诸如此类激情的爆发，实际上改变了我们的身体状况，在某些人的身上甚至产生了疯狂的发作。那么很清楚，我们必须说，那些不能自制的人处在与此类似的状况中。”[17]

(3)在我违背自己的良好判断力而行动时，我甚至可能知道。当有人在聚会上给他第三杯酒时，那个司机可能接受它，然而在他这样做的时候却想到自己不应该接受。尽管抵制喝酒的理由本身比喝酒的理由更强大，但后者有更强大的因果效力来避开心理冲突。与此类似的是唐纳德·戴维森所强调的意志薄弱的观点，而且他也是最近对这个主题的哲学讨论的中心。[18]

15　Pears (1985), p. 12。沿着类似的思路，Rabin (1995) 证明：“我们可能暴饮暴食，并不是因为我们有意识地认可过于看重当前的……幸福，超过将来的幸福，而是因为我们在一些支持眼前满足的方面系统性地欺骗自己。”

16　激情还有可能抢在其他所有考量之前占据我们的头脑。正如 LeDoux(1996) 中所解释、Elster (1999a) 第四章第 2 节中所概括的那样，大脑中有一条直路从感觉器官通到情绪器官，完全绕开了大脑的思考部分，因此，当感觉信号到达后者那里时已经晚了几毫秒，有机体已经开始作出反应。

17　Nicomachean Ethics 1147a.

18　Davidson (1970).

第三个观点所涉及的一个问题是,很难找到可信的证据来证明行为人实际上知道——考量了所有事情之后——他不应该喝那杯酒。很容易找到独立的证据证明,那个司机在参加聚会之前不想喝两杯以上的酒。例如,他可能告诉他妻子:“要是我喝酒超过两杯就制止我。”聚会之后,他也可能因为自己的行为违背了自己的真正利益而感到后悔,并采取措施确保此事不再发生。但是,我们怎么知道,就在他接受第三杯酒的那一刻,这个“考量了所有事情之后”的判断确实存在呢?根据假设,并不存在明显的行为能够支持这一解释。例如,我们怎么能排除这样一种可能性:由于双曲贴现(本章第3节)而导致最后一秒出现偏好逆转?行为人对自己行为的后果可能依然有着准确的评判,但赋予这些后果的权重与之前完全不同。因为戴维森提出了一个先验论证——一个人在行动时如何违背自己的良好判断——令人烦恼的是,经验主义的前提很难成立。[19]

(4)一个处在激情状态中的人权衡行为结果的方式可能不同于他在更冷静的心境中的情况。例如,一个瘾君子对于毒品对自己的身体或钱包的有害影响可能有着正确无误的信念,由于毒瘾诱发的时间贴现率的增加而忽视了这种信念。[20] 常常与情绪联系在一起的紧迫和急切可能有同样的效果。如果我面临着这样一个选择:今天我可以见我所爱的人10分钟,明天则可以见他(她)一个小时,我可能选择前一个选项。在这样的实例中,激情的影响是诱发短视,而不是扭曲或模糊认知,也不是让我们违背自己的良好判断而行动。需要指出的是,诱发短视的激情本身要么是持久的,要么是短暂的。在后面这种情况下,一种短命的激情导致行为人对自己的利益抱有短视的观念。尽管“瞬时激情”和“眼前利益”的观念在概念上截然不同,但它们在原因上常常紧密相连(还可参见本书第二章第7节)。

在自欺、意志薄弱和短视——(1)(3)(4)的情况——中,行为人是报偿敏感的(reward-sensitive)。这并不是说他是理性的,而是说,他有能力通过权衡

19　参见Montaigne (1991), p. 1161:“我认识到,如果你要求人们解释‘事实’,他们通常会花更多的时间寻找这些事实的理由,而不是弄清楚它们究竟是不是真的……他们跳过事实,却小心翼翼地推导结论。他们通常这样开始:‘这事是如何发生的?’但它是不是这样呢?这才是他们应该问的。”关于一个人在对某个现象提出解释之前需要“证实这一现象”,还可参看Merton (1987)。至于更充分的讨论,参见Elster (1999d)。

20　Becker (1996), p. 210; O'Donoghue and Rabin (1999a); Orphanides and Zervos (1998).

结果来进行选择。[21] 如果某个行为被推迟的负面影响确实是灾难性的，行为人不大可能愚蠢到相信这些影响并不存在，不大可能违背自己的良好判断而接受它们，也不大可能让它们被短期报偿所控制。只有在实例(2)中，激情才使得行为人完全无视超越瞬时渴望的刺激。

对激情的预先约束

这些差别对自我约束的策略来说有着十分明显的含义。当行为人即使在激情正热时也有能力考量激励时，预先约束就可以采取给他想要避免的选择附加成本或惩罚的形式。如果你认为自己在公务宴会上可能醉得太厉害或表现得太好色，你可以带上你的配偶，从而增加这样做的成本。在《吕西安·勒万》(*Lucien Leuwen*)中，夏斯蒂勒夫人小心翼翼地只有在一位女伴的陪同下才见吕西安，使得她对吕西安的爱变得代价高昂。相比之下，某些激情是如此强大，以至于要想抵消它们，唯一实际的方法是避开触发这些激情的场合。[22] 在《克莱芙王妃》(*La Princesse de Clèves*)中，王妃逃到了乡下的院子里，以避开内穆尔公爵的求爱所带来的诱惑；即使后来，当她丈夫去世，她可以自由再嫁时，她依旧躲得远远的。“知道环境如何影响最明智的决定，她不愿意冒险看到她自己已经改变，或者回到她曾经爱过的那个男人生活的地方。”[23]

在这些让人又聋又瞎的激情当中，愤怒大概是最重要的。在众多的情绪当中，它可能是独一无二的，因为它甚至有能力让我们忘掉我们最重要的利益。据塞涅卡说，愤怒是“对报复的强烈渴望，即使它可能拉着愤怒者一起坠落。”[24]休谟问：“谁不明白，报仇，仅仅源于激情的力量，可能被人们十分热切地追求，以至于让我们故意忽略对舒适、利益或安全的所有考量?”。[25] 很显然，如果愤怒的人愿意冒险，甚至是冒生命危险，那么，任何额外的阻碍因素都不会吓住他们，正如我们将在本章第5节所看到的那样，这种作为愤怒之人的典型特征的无视后果，也可能服务于他的利益，也就是说，给他带来好的结果。在

---

21 关于更充分的讨论，参看 Elster (1999b)第5章第1节。

22 在 Elster (1999b) 第5章中，我讨论了是否存在这样一些实例，在这些实例中，即使删除“实际的”这个词，这段陈述也是真的。

23 Lafayette (1994), p. 108;还可参看 Shattuck (1996), pp. 114—121。

24 *On Anger*, I. i. 1.

25 Hume (1751), Appendix II.

这里，我将聚焦于控制愤怒的需要，大量利用了蒙田《随笔集》(*Essays*)中的观察材料。[26]

有一个老生常谈的说法是，别人可能觉察到一个人处于愤怒或爱情中，而他自己却不知道。当一个人第一次坠入爱河时，正如司汤达《红与黑》(*Le rouge et Ie noir*)中的德·瑞那夫人那样，一个人可能完全而纯真地生活在这种情感中，直至有一天，他突然意识到："我在恋爱中。"这里并不涉及自欺，只是没有意识到而已。[27] 同样地，在愤怒中，情绪常常要达到某个临界点时，自己才知道。与此同时，愤怒事件的典型特征是一个"不能回头的极限点"，过了这个点，自控就不再有效。[28] 据蒙田说，愤怒如此难以控制的原因是，第二个临界点出现在第一个之前。"一切事物的早期阶段都是微弱无力的。我们必须瞪大眼睛注视着它们的开端；那个时候你不可能发现危险，因为它太微弱了；一旦它发展起来，你就找不到救治方法。"[29]换句话说，愤怒(还有爱情)的动力学受制于图Ⅰ.1所说明的困境。

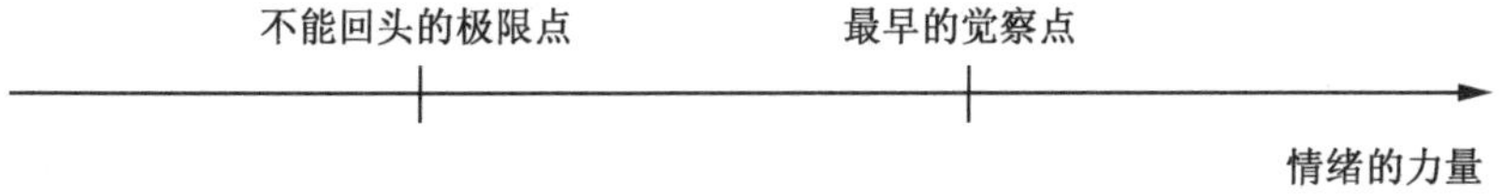

图Ⅰ.1

如果这是正确的——我认为它常常是正确的——那么，诸如"数到十"这样的自控法则就不大可能是救治愤怒的好办法。它只是一个劝告，而且并不是一个很有效的劝告；而不是一种策略。尽管延迟策略可能是有效的预先约束形式(第二章)，但它们必须提前做出安排，而不是在行为人需要的那一瞬间，交给他去任意控制。正如托马斯·谢林所写的那样："如果我太愤怒了，根本不在乎自己的行为，我又怎么能数到十呢？"[30]理论上，延迟策略可以被用来

26　还可参看 Elster (1996) 及 Elster (1999a)第二章第 3 节。

27　关于没有被意识到的情绪，更广泛的讨论可参看 Elster (1999a)第二章第 3 节，第三章第 2 节，以及第四章第 2 节。

28　Prijda(1986)，pp. 43—45，91，241.

29　Montaigne(1991)，p. 1154；还可参看 Ekman(1992)，p. 47。

30　Schelling (1999)。Watson (1999)用类似的措辞描述了这种"自控困境"："自控的技术常常通过连续不断地分散一个人的注意力而发挥作用。但是，使用这些技术已经耗费了大量的注意力，而这些注意力往往消解在需要它们的地方。"

抵消激情，在更宽泛的意义上也包括对上瘾物质的渴望。如果我很想把饮酒局限于社交场合，但又不相信自己能做到，我可以使用延迟策略，把酒放在保险柜里，设定它只能 6 个小时之后才可打开。但在实践中，我没有遇到任何使用这一策略的实例。多半是因为它太昂贵——一个带有定时装置的保险柜的价钱大约是 1 000 美元（还可参看本章第 8 节）。

要求首先必须有一段时间的试验性分居然后才能最终离婚的法律规定似乎是一个例外。延迟使得私通的激情得以平静下来，理性得以重新占上风。但有一个例外，我稍后再讨论，这种延迟始终是政府强加的，而不是配偶自己在结婚时选择的。婚姻的法定权利和义务是打包在一起的。即使当结婚的两个人显示出他们更愿意要这个“延迟包”，而不是纯粹的同居，他们也可能选择一个“即时包”，随意离婚的可能性一直可用。只有两个人都愿意选择延迟包而不是同居，婚姻才是一个基本约束，而不是偶发约束，因为只有在那种情况下，对离婚自由的约束是结婚的动机。尽管我在过去——连同他人一起——曾使用婚姻作为预先约束的标准实例，但现在我相信这是一个错误，或者说至少是误导性的。[31]

枪支管制立法也是通过强制推行枪支需求与枪支交付之间的延迟来发挥作用[32]。尽管这些法律有助于保护公民免遭杀人激情发作之害，但把它们看作是故意预先约束的实例则不那么貌似有理。立法者或公民投票中的选民大概更多地关注保护他们自己及整体上的国民免受他人之害，而不是字面意义上的自我约束（还可参看第二章）。那些被约束的人可能欢迎这些束缚——也可能不欢迎。

蒙田指出，当情绪突然而强大地出现时，我们不可能控制它们，而当它们弱到可以被控制时，我们可能根本注意不到。他并不认为这个问题必定不可克服：“如果每个人都能密切监视那些主宰着自己的激情的影响和特性，正如

31　参见 Montaigne (1991), p. 698：“我们认为，我们一直在通过消除所有解开婚姻之结的手段，从而把婚姻之结系得更牢；但是，我们拉得越紧，约束之结就越松，我们的意志与感情之结就变得越不牢靠。在罗马，刚好相反，让婚姻在如此长时期内受到尊重并牢靠的，正是随意中止婚姻的自由。男人们因为可能失去妻子而更加爱她们；在一段时期内，任何一方都可以相当自由地离婚，五百多年之后，才只有一方可以自由离婚。”蒙田在《波斯人信札》（*Lettres persanes*）中提出了同样的论点（第 116 封信）。还可参看 Phillips (1988)，第 5 章第 2 节。

32　我很感谢戴维·拉廷让我关注到这个问题。

我密切监视着那些掌控着我的激情一样，那么，他就会看到它们的出现，并稍稍减缓其攻击的强烈程度。”[33]然而，他的几乎所有实际的建议都采取了另一种形式：我们应当避开会产生强烈情绪的场合，而不是在它们出现时设法遏制它们。因为，在试图抵抗或控制这些情绪上，“像我们这样的凡夫俗子实在太费劲了”。[34]

情绪被外部事件所触发，但只有当它们出现时我们才知道。因此，为了防止这些情绪出现，我们要么让这些事件不发生，要么，如果它们发生了，我们就设法让自己不知道它们已经发生。这两种策略蒙田都采用了：“我回避所有令人生气的场合，并且让自己一直不知道事情出了差错。”[35]关于第一个策略，他提到了色雷斯国王的例证：“当有人把装饰华丽的漂亮餐具拿给他的时候，他总是出手大方，但由于这样的餐具异乎寻常地易碎，他很快就全打碎了，于是他总是在容易对仆人发怒的场合及时走开。”至于他自己，蒙田补充道，“我同样总是故意避免利益的混淆；我从不寻求这样的产业：它紧挨着至亲近戚的产业，或者属于那些与我有密切感情的人，以避免由此产生的疏远和纠纷。”[36]在《论愤怒》(*On Anger*)中，塞涅卡提出了类似的忠告：

> 在我们心智正常的时候，在我们是我们自己的时候，让我们寻求帮助，抵制一种十分强大的，而且常常是我们自己所纵容的恶。那些不能谨慎地对待酒的人，那些担心自己贪杯而又傲慢的人，总是指示他们的朋友从宴会上把酒撤走；那些知道自己生病时蛮不讲理的人，总是下达这样的指令：生病时他们的话不要服从。[37]

第二个策略是把自己屏蔽起来，不让自己知道那些可能让一个人愤怒或导致别的情绪混乱的事件。[38] 蒙田提到了一个老人，他的仆人诋毁他，而他自

---

33 Montaigne (1991), p. 1219.

34 同上，p. 1148。

35 同上，p. 1075。

36 同上，p. 1147—1148。

37 *On Anger*, III. xiii. 5.

38 泰勒·科文(亲自与笔者交流)指出，某些投资理论说，一个人绝对不要审视自己的投资组合。这一策略可能基于双曲贴现未来的倾向(参见本章第 3 节末尾的讨论)，或过于看重最近获得的信息的倾向(Bondt and Thaler 1985)，它也可能被一个人对好消息或坏消息在情绪上做出反应的倾向所证明。

己并不知道，蒙田指出，这会“引发一场很好的学术争论：他这样是不是过得更好”。[39] 我猜蒙田会说，他不会更好，关键因素是，老人并非故意不让自己不知道仆人在干什么。这正是蒙田本人所做的：“我宁愿人们对我隐瞒我的损失和我的麻烦……我宁愿不知道我的遗产账，好让我觉得自己的损失更小。任何时候，只要那些和我一起生活的人缺乏感情以及感情所带来的义务，我都会恳求他们欺骗我，让我看到事情好的一面。”[40]塞涅卡提供了另一个例证：“伟大的尤利乌斯·恺撒……最仁慈地利用了他的胜利；他缴获了几包信件，是那些据信属于对立方或中立方的人写给格奈乌斯·庞培的，他把它们都给烧了。尽管他有在约束之内放纵怒火的习惯，但他宁愿自己没有能力这样做。”[41]

另一个无知是福的情境与婚姻忠诚有关。蒙田写道：“好奇心始终是一个毛病；在这里它是有害的。想要弄明白一种无药可治、只能使之更加恶化和严重的疾病是疯狂的。”[42]事实上：

> 我们应该使用我们的智谋，以避免作出这种毫无用处、只会折磨我们的发现。罗马人的习惯做法是，旅行回家时提前派出一位信使，向他们的女人通报自己的到达，不至于出其不意。这就是为什么在有的民族，由牧师迎接新娘，在新婚之夜召开会议，为的是消除新郎的任何怀疑和担心：她究竟是不是以处女之身来到他的身边，还是已经因

39　Montaigne (1991), p. 442。这一观察材料引发了两个比较评论。首先，要注意到蒙田提出的问题不同于下面这个问题：相信一个人的仆人很诚实而实际上他们并不诚实，以及相信他们不诚实而实际上他们很诚实，这两种情况究竟哪一种更好。因此，Gibbard (1986), p. 169 评论道：“一个吃醋的丈夫宁愿要‘傻瓜的地狱’，在这种情况下，他疑神疑鬼而他妻子实际上很忠诚，而不愿要‘傻瓜的天堂’，在这种情况下，他的猜疑被缓和了，但事实上他却不知不觉地戴上了绿帽子。”第二，我们可以把蒙田的困境与托克维尔(1969, p. 317)在讨论美国奴隶制时提出的难题进行比较。托克维尔指出：“黑人……夸赞暴君，而不是痛恨暴君，并在对其压迫者的谦卑模仿中得到了快乐和自豪”，并问道，他究竟是应该“称之为上帝的赐福，还是称之为上帝愤怒的最后诅咒，这种心灵气质让人们对极端的痛苦毫无感觉，甚至常常让他们对其痛苦的原因有一种堕落的爱好。”托克维尔和蒙田都阐明了这样一个观点：如果幸福是以牺牲自治为代价而买来的，那这个代价未免太高了。

40　Montaigne (1991), pp. 731－732。还有另一个因素在发挥作用：“当我在旅行中时，不管谁拿着我的钱包，他都全权负责，没有监督。他可能欺骗我，如果我记账就再好不过了，而且，除非他是一个魔鬼，通过这样轻率的信任，我迫使他必须诚实”(pp. 1078－1079)。通过“有意识地(促使他)对自己的钱的认识达到含糊和不确定的程度”(p. 1079)，他更少担心，并确保需要担心的事情更少。还可参见注释 111。

41　*On Anger*, II. xxiii. 4.

42　Montaigne (1991), p. 982.

为一桩风流韵事而失身。[43]

这并不像你避免走到磅秤上看看体重是不是增加了或疏忽约见医生以查明你是不是患上了某种可怕的疾病。那些自欺的做法是个人信息回避的问题，而蒙田在这里提到的是习俗和公共政策。

后悔规避现象可以是上述任一策略的实例。我们不妨考量罗伯特・萨格登（亲自与笔者交流）提出的一个实例。首先假设，一个看到公路上交通非常拥堵的司机正在考虑离开公路、驶上一条小路。由于那条小路在前面几英里之外的地方与公路交叉，所以他知道他将会弄清楚他的决定究竟是不是有道理，而且，如果公路上的车流事实上行进得很平稳，他就会感到后悔。后悔是与选择小路相关联的可能成本，加在被耽搁的成本之上。在某些场合，对后悔的预期可能使得天平倒向支持继续留在公路上。[44] 然而，接下来假设，有另一条小路，比第一条小路更加迂回，而且它并不和公路交叉。那么，司机可能忍不住要走这条慢路，预期如果他走快路的话可能会得知——并让他后悔——公路上的交通事实上很平稳，以至于他要是留在公路上会更好。有时候，人们采取行动以避免得知他们是否有理由后悔。

我们不妨提到约束激情的一些更进一步的策略。一个策略是用情绪打败情绪。当亚尔古英雄们航行在尤利西斯后来探访的那片水域时，俄耳甫斯的歌声是如此庄严神圣，以至于他们当中没有一个人听到海妖的歌声。还有一个策略是试图用另外的情绪——比如恐惧——来战胜愤怒。在《论愤怒》中，塞涅卡对自己的主张——阻止一个人的愤怒是不可能的——提出了一个可能的反对理由："有时候，即使处在愤怒中，人们难道没有听任他们痛恨的人安全而完好无损地离开，而克制自己不去伤害他们？"随后，塞涅卡回应如下："他们是这样做了，但什么时候呢？是当激情击退了激情的时候，是恐惧或贪婪赢得了最后的胜利。随后出现了和平，不是通过理性的良好作用，而是通过激情之间的危险与邪恶而达成一致。"[45]

笛卡尔的《论灵魂的激情》(*Les Passions de l'âme*)中有一个相关的、但有歧义的意见。笛卡尔认为，有些个体从来都不能使用他们的意志力，"因为他

43　Montaigne(1991), p. 983.

44　Loomes and Sugden (1987); Bell (1982).

45　*On Anger*, I. viii. 7.

们从不让他们的意志拿起自己的武器战斗，只使用某种激情提供的武器来战胜另外的激情”(第48篇)。他的意思是不是说个人可以随意动员(当前正在发生的)情绪来打败另外的情绪呢？还是说，他们可以故意培养某些情绪倾向，能够触发打败其他情绪所需要的当前情绪？前者是难以置信的：大抵说来，我支持传统观点：当前正在发生的情绪是非故意的，而不是积极选择的。[46] 后者也有点难以置信。如果情绪倾向确实在性格规划的范围之内，那么，摆脱那些我们发现令人不快的情绪难道不比创造新的情绪来抵消它们更有道理吗？

佛教传统或斯多葛学派传统之内的很多作者确实认为，我们应该通过摆脱想要体验激情的倾向来战胜激情。[47] 他们的关切之一是战胜对死亡的恐惧，这也是蒙田的一个中心主题。[48] 在他的一篇早期随笔“哲学探讨就是学会如何死去”中，重点是强调如何通过早做准备来克服对死亡的恐惧。在另一篇随笔“善恶之好取决于我们的看法”中，他认为：“在死亡中，我们主要恐惧的是通常先于死亡的东西：痛苦。”蒙田先是声称，这一联系是自欺的：“正是我们没有能力承受对死的思考，使得我们不能承受死的痛苦……当理性责备我们怯懦，对于像死亡这样短暂、这样不可避免、这样没法被感受的事物感到恐惧，我们抓住了一个更加情有可原的借口。”这个论证很快就被放弃了，随后蒙田同意：“那种痛苦是我们身上所能发生的最糟糕的灾难。”然而，在这个论证中他继续提到的重点是在痛苦发生时无视或忍受它，而不是在痛苦发生之前控制对它的恐惧。[49]

在后来的随笔中，蒙田开始完全不同地看待这些事情。“老实说，我们一直在为准备死亡而做准备！哲学首先要求我们时刻把死亡置于我们的眼前，先于它行动，预先考量它，然后，哲学给我们一些法则和警告，为的是预先防止

46　Elster (1999a), Ch. IV. 3.

47　为了消除激情，这些作者建议借助纯心灵的手段进行某种形式的性格规划，心智奉行自己的命令改变自己(Kolm 1986)。另一些人提倡或采用激进的手段：切掉激情的身体根源。例如，《纽约时报》最近的一篇头条新闻是：“得克萨斯州同意对一个性骚扰者施行外科手术。很快将离开监狱，此人想要阉割自己，以克制他的性欲。”

48　这些讨论中的主要重点是消除恐惧作为一个痛苦之源。然而有一点很清楚，恐惧也被看作是不良行为之源。例如，在讨论为什么意志很少得到恰当利用时，蒙田(1991, p. 93)说：“一点也不奇怪，(普通人)常常落入一个陷阱。”

49　Montaigne (1991), pp. 58—59.

我们的存在被我们的反思和我们的预见所伤害。”[50]用尼科·弗里达的话说,就是“预期的净效应,它来自预先恐惧所产生压力的相反因素,以及对其预期性因应的可能性的惊奇衰减”。[51] 因此,你可能会说,蒙田早先把预先准备死亡看作是积极的,现在开始把它看作是消极的。但他的论证实际上更加微妙:哲学的主要目的不是为了让我们能够应对一个独立存在的威胁,而是为了减少哲学本身所制造的恐惧。哲学家,像医生或律师一样,自豪于他们有能力扑灭他们自己点着的火。[52]

激情之下的预先约束

尽管我已经假设,较早决定预先约束自己后来的激情本身是一个不带感情的决定,但情况并非一直如此。有时候,人们在激情爆发的那一瞬间预先约束自己,以防止自己稍后屈服于另外的激情。1997 年路易斯安那州关于“契约婚姻”的立法生动说明了这种情况,那是一种可选的婚姻形式,它比常规婚姻更难进入,也更难离开。[53] 在传统制度下,一对夫妻有权在分居 6 个月之后无过错离婚。在契约婚姻下,需要分居两年。在评论这个新的选项时,艾伦·古德曼援引了弗吉尼亚大学法学教授艾米·瓦克斯的话,认为那是“担心新婚夫妇会‘通过更严格的条款来约束自己,当杰基尔博士变成海德先生(译者注:史蒂文森的小说《化身博士》中的人物)时便会后悔’”。古德曼还写道:“契约婚姻授权婚前咨询服务。《离婚文化》(*The Divorce Culture*)的作者芭芭拉·怀特黑德悲哀地承认:‘让他们仔细考虑麻烦、逆境、冲突是不可能的,尤其是,如果那是他们的初婚而且他们都相当年轻的话。那不是一个适合学习的好时刻。’”[54]在热恋状态中,年轻人可能高估让自己不能屈服于后来的婚外激情所带来的利益,而低估其成本。当契约婚姻可用时而不选择契约婚姻,借此,一个人可能向配偶发出了错误的信号,这一事实也可能对这一选项的广泛使用

---

50 Montaigne(1991), p. 1190.

51 Frijda (1986), p. 293.

52 还可参看 Montaigne (1991), pp. 1160, 1176。

53 在围绕 1857 年英国离婚改革法展开的辩论中,格莱斯顿并不成功地主张采用一种有点类似的双轨制,根据这一制度,夫妇俩将可以选择没有离婚可能性的基督教式婚姻,还是可以离婚的世俗结婚(这种婚姻形式已经存在)。(Stone 1990 , p. 379.)

54 Goodman (1997).

作出了贡献。

另一个实例可以从拉辛的《安德洛玛克》(*Andromaque*)中找到。当赫米奥娜得知皮洛士断然拒绝了她时，她叫来俄瑞斯忒斯，求他给自己报仇：

在他依然活着的时候，唯恐我会原谅他。
怀疑我犹豫不决的愤怒直至他死去。
只要他今天不死，明天
我可能还会爱他。(1198—1200)[55]

赫米奥娜声称，除非俄瑞斯忒斯立即杀死皮洛士，否则她可能还会爱上他。因此，杀人是一种预先约束：杀死他，好让我不能爱他。当俄瑞斯忒斯完成任务并告诉了赫米奥娜之后，她是这样回应的：

赫米奥娜：
你为什么杀了他？他做了什么？
谁叫你干的？
俄瑞斯忒斯：
天哪！不正是你自己
就在这里，短短一个小时之前，决定要他死吗？
赫米奥娜：
噢！你怎么能相信我的疯言疯语？
你难道不应该解读我内心深处的想法？(1542—1546)[56]

首先，赫米奥娜叫俄瑞斯忒斯去杀掉皮洛士，作为一种预先约束，防止自己可能故态复萌。行动之后，她告诉俄瑞斯忒斯，他应该懂得她并不真的想要被

---

55 Tant qu'il vivra, craignez que je ne lui pardonne.
Doutez jusqu'à sa mort d'un courroux incertain:
S'il ne meurt aujourd'hui, je puis l'aimer demain.

56 *Hermione*
Pourquoi l'assassiner? Qu'a-t-il fait? A quel titre?
Qui te l'a dit?
Oreste
O dieux! ne m'avez-vous pas
Vous-même, ici, tantôt, ordonné son trépas?
Hermione
Ah! fallait-il en croire une amante insensée?
Ne devais-tu pas lire au fond de ma pensée?

预先约束，她不真实的自我是那个预先约束的自我，而不是预先约束所针对的自我。在她瞬间的报仇激情中，她预先约束自己，防止自己陷入更持久的爱情。

二阶愿望

预先约束的观念常常与二阶愿望的观念联系在一起。[57] 假设一个人想戒酒，但他发现自己夹在两个不同的愿望之间左右为难：一个愿望是想喝酒，另一个愿望是想做其他很多事情，而喝酒使他没有办法去做这些事情。这一冲突并不必然产生一个二阶愿望：不要有想喝酒的愿望。当我们渴望两件不相容的事情时，我们会决定哪件事情更重要，并据此行动。因此，到目前为止，我一直能够对付我想吃奶油胡桃冰激凌的愿望，而并不希望我没有这样的愿望。然而，假设我发现自己持续不断地违背我的良好判断行事，要么是在戴维森说的那种意义上，要么是在安斯利说的那种意义上（本章第 3 节），在这种情况下——但只有在这种情况下——形成一个不要有想吃奶油胡桃冰激凌的愿望的愿望并采取措施摆脱它是理性的。[58] 二阶愿望并不是由它对一个人所意味的东西构成的[59]，而可能只是反映了意志薄弱[60]。此外，即使一个意志薄弱的人也并不必然会形成一个二阶愿望并据此行动，如果他能够使用其他预先约束策略的话。我可以要求我妻子，任何时候她只要发现冰箱里有奶油胡桃冰激凌就把它扔掉，而不是试图摆脱我想吃它的愿望。重要的是我们做什么，而不是我们渴望做什么。

这段话与下面这个观点针锋相对：就个人道德而言，我们甚至不应该渴望去做我们经过全面考量之后认为自己不应该做的事情。我们不应该希望别人不那么成功，或者，即使当他们侮辱我们时，我们也不应该渴望得到或垂涎他们的配偶。这一态度相当于自我强加的思想警察，可能造成而且已经造成过很大的伤害。我相信，康德关于妒忌所说的那些话对于其他很多冲动来说也是真的："妒忌的冲动……存在于人性中，只有当它们爆发出来时，它们才构成

57　下文很大程度上要归功于笔者与奥拉夫·耶尔斯维克的讨论。

58　这是一个简化。即使我成功地坚持了我的良好判断，试图战胜诱惑的努力可能十分费劲，以至于我最好是投入偏好改变来减轻它。（这个论点我要感谢奥勒—约根·斯科格。）

59　这是 Frankfurt(1971)中提出的观点。

60　相比之下，拥有此类愿望的潜在可能性可能确实由人格构成。（这个观点我要感谢戴维·约翰斯顿。）而且，可能有不存在意志薄弱的二阶愿望，如果我所希望的是获得一个我所没有的一阶愿望，比如想听古典音乐的愿望，而不是想要摆脱一个我已经拥有的愿望。（这个观点我要感谢奥拉夫·耶尔斯维克。）

一种阴郁激情的可憎恶行，折磨你自己，目标……在于破坏别人的好运。”[61]有了这些感情，我们可能经历的任何罪疚都是毫无意义的痛苦。[62] 救治办法不是走向另一个极端、实现我们的所有欲望，而是要承认互相冲突的欲望的存在，弄清楚我们的优先事项，并坚持之。

尽管这一分析并不需要二阶愿望的观念，但它可能需要互相冲突的欲望之间有某种不对称。假设我是一个严重的酗酒者，正在试着戒酒，并有这样的判断：我喝酒的欲望分量轻于我想做其他事情的欲望，而喝酒让我没法去做这些事情。此外，假设这是我清醒时的判断，但我在受酒精影响时作出的判断完全相反。究竟哪一个自我——如果还有自我的话——是正确的呢？为了得到第一个近似值，我们可以把自我约束的能力用作一个标准[63]，借此给出答案。如果我们只注意到清醒的自我试图约束醉酒的自我，而没有注意到醉酒的自我试图约束清醒的自我，那么我们可能理由充分地认为清醒的自我符合此人的真正利益。事实上，似乎经常存在这种不对称。凭借它们的力量，激情可能诱发暂时忽视未来、以防止被激情控制的人从战略上回应他后来可能加以抑制的策略举动。当此人试图实现其长期利益时，他知道短期利益所制造的障碍，但反之并不亦然。[64] 这种不对称与二阶愿望毫无关系：短期利益是认知的对象，而不是愿望的对象。

然而，有一些这样的实例：渴望或情绪似乎有能力采取策略措施，确保自己得到满足。一个这种类型的实例出现在第二次世界大战之后的比利时战争罪审判中。在曾经被德国人占领的大多数国家，都有这样一个趋势：同样的通

---

61 Kant (1785), pp. 576—577。塔希提的一位牧师引述 Levy (1973), p. 332 中的话对这一观念给出了生动的解释：“你想象和那个女人睡在一起，你想象和那个女人通奸，但你并没有和她犯下通奸之罪——这里面根本没有麻烦。因为想法在你的心里——所有人的心里都有那样的想法，没有一个人的心里没有那种东西。又能怎样呢？那个想法存在于你的心里，因为它并没有停止。这和某个机器一直在你的心里运转是一回事。”

62 还可参看 Elster (1999a)第三章第 2 节。

63 由于注释 9 所提到的那个问题，它只对第一个近似值有效。

64 还可参看 Skog (1997), p. 268，有一段意思大致相似的论述。相比之下，Cowen (1991), p. 362 认为：“一个冲动自我的行为并不局限于即时满足的短视形式，也可能涉及复杂的策略行动。”除了后文引用的默顿的例证之外，科文对这一主张的说明是基于假设的，在我看来也是没有说服力的。而且，他的大多数讨论聚焦于这样的实例：冲动自我的策略行动是可欲的，而不是聚焦策略行动可能发生的实例。

敌罪在(比方说)1947 年比在 1944 年或 1945 年受到的对待更宽大一些。[65] 有些通敌者被处死了,而几年后,同样的罪行充其量只判 20 年监禁。[66] 在比利时,这一模式是预先考虑了的,而且在某种程度上是审判的组织者考虑过了的。基于第一次世界大战的经验,"人们相信,过不了多久,公众希望对通敌者施加严厉判决的意愿就会让位于漠不关心"。因此,比利时人想让审判尽快进行,赶在激情被更冷漠的态度取代之前。[67]

罗伯特·默顿提出了一个类似的实例,也和第二次世界大战有关。在泰勒·科文的概述中:

> 罗伯特·默顿在他的社会压力研究中给出了一个冲动型预先约束的实例。默顿注意到,第二次世界大战期间,很多人想为美国战争努力捐款的愿望是短命的。捐款愿望只是在听了收音机号召捐款之后才强烈。默顿对捐款者的研究揭示:"在某些实例中,听众立即打电话捐款恰恰是因为他们希望在抑制因素介入之前把自己约束于一份契约。"打完这样的电话之后,人们被要求履行其冲动的自我所作出的承诺。[68]

正如这些实例所显示的,一些行为人有可能在激情正热的时候预先约束自己,以防止不久之后可以预见的激情减退的倾向。这种行为的实例可能很少见,但它们似乎存在。尽管它们并不能否认激情与理性之间在自我约束能力上的整体差别,但它们暗示了这种差别并没有我过去所认为的那么明显。

这些实例都是充满激情的行为人预先约束自己,防止完全没有激情。前面我已经讨论过了激情如何可能诱使行为人预先约束自己以防止激情的实例。二者都可以比照没有激情的行为人预先约束以防止激情的标准实例。还可以提出理性行为人预先约束自己防止理性的实例。一个理性的行为人可能会采取措施,让自己在未来的某个场合不那么理性,那时候,不理性将让他能

---

65 Tamm (1984), Ch. 7; Andenres (1980), p. 229; Mason (1952), p. 187, note 36。最透彻的讨论在 Huyse and Dhondt (1993), p. 231 中,作者考量并否认了这样一个假说:趋势是,人为制造的最严重罪行首先被审判。还可参看 Elster (1998)。

66 Huyse and Dhondt (1993), p. 125.

67 同上, p. 115。我认为,几年后出现的更宽大的态度是基于对公正审判的真诚渴望,而最初阶段盛行的是对报仇的渴望,伪装(对自己或对他人)成对正义的渴望(Elster 1999a,第五章第 2 节)。

68 Cowen (1991), p. 363,引自 Merton (1946), pp. 68—69。

够在和其他(理性的)行为人谈判中占上风[69]。一定不要把这个观念与本章第5节讨论的意见相混淆:非理性的倾向在和其他人打交道时可能很有用。如果我相信醉酒将会帮助我随心所欲,那么,在特定场合把自己灌醉,也就不大可能获得喜欢发怒或心怀报复的持久性格倾向。

3. 时间不一致与贴现

时间不一致,或曰动态不一致,“出现在这样一个时候:当前为未来某个时期计划的最佳政策在那个时期到来时不再是最佳的。”[70]对这个定义,我们可以补充一句:时间不一致所涉及的偏好逆转并不是由于外生性的、意料之外的环境改变所导致的,也不是由于行为人的主观改变及逆转了的自我所导致的。导致逆转的,纯粹是时光的流逝。一旦我们知道自己受制于这一机制,我们就可以采取措施对付它,防止逆转出现或对行为产生不利的后果。

这个一般现象可以分为这里讨论的双曲贴现导致的时间不一致和下一节讨论的策略互动导致的时间不一致。除了某些形式上的相似之外,这二者的共同之处甚少。双曲贴现不需要互动:它可以应用于星期五到来之前孤岛上的鲁滨孙。相反,策略上导致的不一致不需要贴现。正如我们将在本章第4节和第5节看到的,这两种现象可以互动,但缺其一者另一者都可以存在。

贴现的种类

当个体计划其不同时间的行为时,典型的做法是把未来的福祉折算为更小的现价。在面对其福利效应将在未来不同时间感觉到的选项时,他们会选择其福利效应现值最大的选项。尽管人们普遍同意这个一般性的描述[71],但关于贴现函数的准确形态,有两个主要观点。新古典主义经济学家通常假设:贴现是指数函数,在下面这个意义上:t 个单位时间的福利被因子 rt 折算为现

---

69 Schelling (1960).

70 Cukierman (1992), p. 15.

71 除了别的贴现方法之外,Loewenstein and Prelec (1992)还假设:“跨期选择是从偏离预期现状(或称‘参照’)消费计划的角度来定义的。”Skog (1997)假设,贴现率随机波动,并显示了这一现象如果被预期的话将如何导致预先约束行为。

值，这里 $r(<1)$ 是这一个时期的贴现因子。遵循 R. H. 施特罗茨和乔治·安斯利的开拓性工作，很多心理学家和行为经济学家认为，贴现是双曲函数，所以，未来 t 单位的福利被因子 $1/(1+kt)$ 折算为现值，这里 $k>0$。[72] 在下文中，我将假设后面这个观点，它似乎得到了大量直接和间接的支持。[73] 或许，这一观点背后的中心直觉是：跟未来所有日期比起来，个体对现在有着强大的偏好，但并不十分关注不同未来日期的相对重要性。例如，如果他们今天收到一大笔钱，他们可能决定立即花掉一半，把剩下的平均分配给他们的余生。

时间贴现由于两个大不相同的理由也许是不可欲的。其一，有些个体大幅度地贴现未来，推迟满足的能力很小，这样的人不大可能过上很好的生活。这就是我们为什么教导我们的孩子要审慎节俭、未雨绸缪的原因（还可参看本章第 5 节）。贴现所带来的这些不良效应与贴现函数的准确形态毫无关系。它们可能源于非指数贴现，也可能源于指数贴现。其二，受制于双曲贴现的个体容易受时间不一致的影响。本节的主体部分将致力于讨论第二个问题所驱动的预先约束行为。

贝克尔论述内生性时间偏好

然而，首先让我讨论一下加里·贝克尔和凯西·莫利根最近提出的一个论证，大意是，个体可能预先约束自己，以回应高贴现本身的问题。他们提道：

> 有一个耐力形成模型，结合了古典经济学家的洞察，以及一个关于理性究竟是什么意思的特殊观点，这个理性的概念与人类的很多弱点相一致，包括对未来效用的认识不足。理性的人可能把资源耗在试图克服自身弱点的努力中。这个简单的观念为我们研究内生性时间偏好提供了一个出发点。就连理性的人也可能“过度地”贴现未来效用，但我们假设，他们可能通过耗费努力和物品来降低过度贴现的程

72　尤其可参看 Strotz(1955－1956)、Ainslie (1992)，以及 Loewenstein and Elster，eds. (1992)中的文章。为了眼下的目的，我大可不必把双曲贴现与其他非双曲贴现函数区分开来，后者在 Phelps and Pollak (1968)、Akerlof (1991)、Laibson (1994)和 O'Donoghue and Rabin (1999a，b)等作品中进行了讨论。这些作者把总体的贴现分解为未来各个时期相对于当前时期的贴现，以及未来各个时期相对于彼此的指数贴现。

73　关于直接支持，参见 Ainslie (1992)和 Laibson (1996a)。间接的支持是，这里以及后面各章所讨论的很多预先约束策略都不可能根据指数贴现的假设来解释。

度,从而或部分或完全地抵消它。[74]

沿着类似的思路,贝克尔在他最近出版的论文集的导言中写道:

> 人们训练自己减少、有时候甚至是完全克服任何低估的倾向。本书中的分析让人们能够最大化当前效用和未来效用的贴现值,部分程度上是通过耗费时间及其他资源,产生帮助我们更好地评估未来效用的"想象资本"。
>
> 他们可能选择更高的教育,部分程度上是因为这往往改进对未来的评估,并因此降低对未来的贴现。父母教导他们的孩子要更清楚地认识到其选择的未来后果……毒品和酒精成瘾降低了效用,部分程度上就是通过降低预期未来后果的能力。宗教常常增加未来效用的权重,尤其是当它允诺一个诱人的来生时。[75]

在他们的文章中,贝克尔和莫利根还列举了能够形成"想象资本"的各种投资。除了图像形成和情景模拟这些纯精神的(但并非没有成本的)过程之外,这些投资还包括:购买报纸及其他物品,这些物品能够让一个人的注意力从当前快乐转移开来,转向未来快乐;花时间陪伴年迈的父母,为的是更好地认识到自己年老时的需要;购买纪律约束手段,比如储蓄罐或圣诞储蓄俱乐部的会员身份,它们帮助一个人牺牲当前满足;撕碎自己的信用卡;投资于教育培训,这些培训让学生的注意力集中于未来;把父母的资源花在教育孩子更好地未雨绸缪上。[76]

其中有些策略(加入圣诞储蓄俱乐部和撕碎信用卡)如果看作是对时间不一致问题的回应似乎更有道理一些(参见下一小节)。为了评估其他策略,我们不妨区分偏好形成的3个原因:

(1)行为人A的偏好可以追踪至另一个行为人B为了形成或改变A的偏好而作出的一项理性选择。

(2)A的偏好可以追踪至A为了某个不同于获得偏好的其他目的而作出的一项理性选择。

(3)A的偏好可以追踪至A为了获得那些偏好而作出的一项理性选择。

贝克尔和莫利根宣称要讨论实例(3),而他们的大多数例证都落在(1)或

74 Becker and Mulligan (1997), p. 730.

75 Becker (1996), p. 11.

76 Becker and Mulligan (1997), pp. 739—740.

(2)中。在说明实例(3)的例证当中，人们花时间陪伴年迈父母是为了更好地理解他们自己年老时的需要这一观念在我看来简直荒唐可笑。据我所知，也没有证据表明人们选择教育或宗教是为了变得更具未来导向。如果说确实存在关联的话，则更有可能恰好相反：更关心未来的人更有可能选择教育或宗教。[77]

事实上，我相信，认为人们为了这个目的而从事此类行为的观念在概念上是不合逻辑的。我们不可能指望人们采取措施来降低他们的时间贴现率，因为*想要被一项长期关切所推动其本身就是被那项长期关切所推动的*，正如预期一个人会预期某件事情发生就是预期它会发生，或者，正如想要变得不道德本身就是不道德。[78] 如果人们首先没有那个动机，他们就不可能有动力去获得它。

我不妨扩展这个论证，通过比较被培养出来的对古典音乐的爱好与对未来导向的时间偏好的推定培养。先考量第一个实例，我现在相信，我要在两股经验流之间作出选择。如果我放弃培养古典音乐爱好，那么这个流就是 A、A、A……如果我经受了听古典音乐最初的厌恶经验，这个流就是 B、C、C……而 B ＜ A ＜ C。一个理性的行为人当且仅当第二个流的贴现值大于第一个流的贴现值时——情况可能是这样，也可能不是这样——才会进行投资。

再考量第二个实例，为了生动起见，假设有人提出卖给我"贴现丸"，价格是 100 美元一粒，它会降低我的时间贴现率。(这个药丸代表了教育、宗教、精神疗法，或者影响我的贴现率的任何活动。)如果服用了这种药丸，我就有动力

77　Tocqueville (1969), p. 529。尽管他还宣称了反向因果链(同前，p. 547)，但他没有暗示任何人会因为其对世俗问题中的贴现的溢出效应而选择宗教。事实上，我相信，大多数宗教信条都会谴责为了这个理由而选择宗教。

78　第一个陈述是显而易见的。关于后一个陈述，参见 Elster (1999a)第四章第 3 节。我相信，Mulligan (1997)中的论点，亦即：父母可能投资于让自己变得对孩子更利他主义，也是预设了"投资应当有产出"的态度：想要利他本身就是利他的。考量一下莫利根对其模型给出的两个字面理由是富有教益的。首先，他指出(p. 73)："父母知道其行动对他们的'偏好'的影响，当他们决定究竟采取哪些行动时，他们会考虑到这些影响。"但这段陈述——如果为真——所暗示的结论与莫利根想要证明的结论刚好相反。如果一个自私的人预期某些活动将会让他变得更加利他，他往往会退避三舍(正如一个利他的人面对那些预期让他变得更自私的活动往往也会退避三舍一样)。第二，他认为(p. 77)："人在天性上可能往往是自私的，但父母也可能在自我反思上耗费时间和精力，为的是克服这一自然偏好。"这段话暗示，人们可能投入资源来克服(戴维森式的)意志薄弱(本章第 2 节)。假设我既看重我自己的消费，也看重我的孩子们的消费。面对不同消费分配的选择：一者给我自己更多，另一者给孩子们更多，我可能在经过全面考量之后决定，我应该实现后者，但我总是选择前者。为了让我自己做我确实想做的事，接下来我可能投入资源，来强化我对孩子们的消费的估值，好让它更不容易被我自私的欲望所侵蚀。这是一个合乎逻辑的解释，但它并不符合莫利根的形式模型。事实上，据我所知，没有人提出(戴维森式的)意志薄弱的经济学模型。

从每周 500 美元的净收入中存下 50 美元。我的消费流将是 350、450、450……直至退休，然后由于我的储蓄所得到的回报，继续是 450、450……如果我不服用贴现丸，我将把所有的当前收入都花在消费品上。我的消费流将是 500、500、500……直至退休，然后，由于多亏了我早年的肆意挥霍，现在不得不靠福利生活，我的消费流将一直是 100、100……我们不妨把这个流称作流Ⅱ。最后我们不妨把各期 450 的消费定义为流Ⅲ——毕生谨慎储蓄，舒适的退休生活，而无需购买贴现丸的初始费用。根据假设，我更喜欢Ⅱ而不是Ⅲ，由于如果没有贴现丸的话我不愿意推迟满足。为了服用贴现丸，我不得不更愿意选择Ⅰ而不是Ⅱ，而且，根据传递性，更愿意选择Ⅰ而不是Ⅲ。只要时间折扣率是正的，这种情况就不可能发生，因为Ⅰ和Ⅲ唯一的不同是：前者的初始消费更低。

双曲贴现和预先约束

我现在转到防止不一致的预先约束。双曲贴现未来的个体往往会偏离自己的计划，除非他们采取预防措施。决定把一半分配额平均分摊到余生的人，第二年开头可能决定那 年花掉这一半的一半，然后把剩下的 25%分配给余生。如果他以指数方式贴现未来，这样的计划改变就不会发生。

图 I.2 用更一般的形式提出了这个问题。在时间 1，行为人可以在两个选项之间选择：在时间 2 有很小的报偿可用，在时间 3 有更大的报偿可用。曲线显示这些未来的报偿被（双曲）折算为较早时间的现值。在时间 t^* 之前，更大报偿的现值曲线（Ⅱ）在较小报偿的现值曲线（Ⅰ）的上方，行为人打算选择更大的报偿。然而，在时间 t^* 之后，较小报偿的现值曲线占了上风。在时间 2，他因此选择较小报偿。在指数贴现那里，这样的偏好逆转绝不会发生：如果一个选项在某个时间受到了偏爱，它在其他所有时间都将受到偏爱。

要展示纯粹的双曲贴现实例，我们必须寻找不涉及激情或欲望的实例。安斯利认为，双曲贴现解释了人们为什么下决心停止喝酒、抽烟或赌博，然后又没能把这些决定执行下去，在很多情况下，他很可能是对的。然而，这些行为对双曲贴现来说并不是决定性的证据，因为偏离早先的计划还有可能是由于一厢情愿的痴心妄想，或者由于暗示依赖所触发的突如其来的欲望（参见本章第 2 和第 8 节）。更清晰的实例包括拖延，没能为圣诞节或为晚年存钱，没

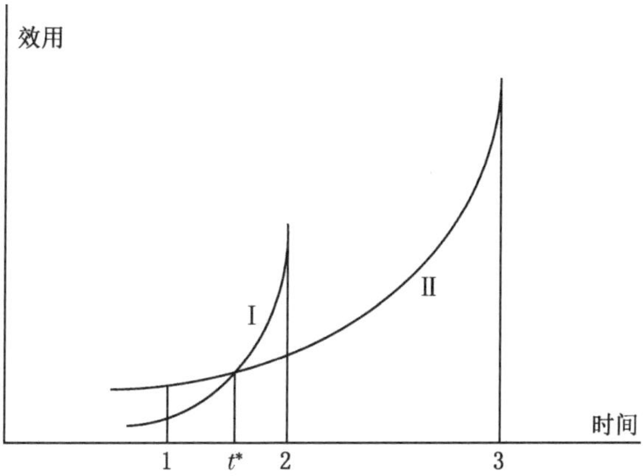

图Ⅰ.2

能早睡早起，没能锻炼身体。在很多这样的情境中，没能把决定坚持下去貌似是由于时光的流逝。这里面可能没有涉及任何种类的激情、冲动或欲望（尽管在某些实例中，内疚及内疚引发的否认也可能对拖延有所贡献）。而且，根据本章第 2 节概述的论证，我们可以合理地假设，对第一个近似值，反转之前的偏好体现了此人"真正"的利益。

有些个体，发现自己经常没能执行自己的计划，并怀疑某个类似于双曲贴现的东西是罪魁祸首，他可以用很多方式做出回应。在这里，我将只考量预先约束策略。在本章第 8 节，我将考量如果自我约束手段不可用或有一些不可欲的副作用，行为人可能采用的策略。

预先约束策略显然包括表Ⅰ.1 中的前 4 种手段。

(1)让早期的较小报偿的选择在物理上不可能，一个人明显可以确保更大的、被推迟的报偿被选择。

(2)把足够大的额外成本强加给早期报偿的选择，这样一来，曲线Ⅰ就被下移，完全在曲线Ⅱ之下。更大的报偿始终受到偏爱，而且会在时间 2 被选择。

(3)为更后报偿的选择设置足够大的报偿，这样一来，曲线Ⅱ就被上移，使之完全在曲线Ⅰ之上。如果可行的话，这一策略在逻辑上似乎等价于前面的策略，但在心理上，二者可能有不同的效应。[79] 我把这一策略的讨论推迟到本章第 7 节。

(4)在作出选择的时间与报偿对行为人可用的时间之间强加一段强制性的、足够长的延时，这样一来，曲线 I 就会向右移，使得较小报偿在时间 2 的现值小于更大报偿的现值。再一次，这将确保更大报偿被选择。

为了说明策略(1)(2)和(4)，不妨考量一下储蓄不足的问题。[80] 从前很流行的圣诞节储蓄俱乐部“提供了一个不同寻常的组合手段，把不方便(存款每周由本人亲自存)、非流动性(资金要到 11 月底才能取出)和低利率(在某些情况下是零利率)结合了起来。当然，非流动性正是圣诞节储蓄俱乐部存在的理由，因为客户想要确保自己有钱购买圣诞节礼物”。[81] 这些机构使得成员能够支付一笔费用，以保护他们免受意志力缺乏之害。它们说明了第一个策略：让偏好逆转在物理上不可能。保险公司也体现了这一策略，通过拒绝把保险金兑换成现金或把它们用作担保品。

但是，缺乏自制的储蓄者也可以让银行支付额外费用。很多银行对那些只有一两年后才可以使用的账户允许更高的利息，频繁取款将受到惩罚。那些担心自己不能坚持新年存款决定的人可以使用这一策略来保护自己，获得更高的利息作为额外的奖赏。这个实例说明了第二个预先约束策略，下面的建议也是如此。很多人害怕去看牙医。他们约好了时间，不料在约定到期两天之前毁约。为了克服这一倾向，他们可以授权牙医为了毁约而收取正常收费的三倍费用。(关于羞愧的情绪可以充当类似的附加赌注的观念，可参看本章第 5 节。)

据戴维·拉布森说：

79　在某种意义上，自我强加的报偿和自我强加的成本在概念上是不同的。你可以向银行申请一笔贷款，只有在你选择更后报偿的情况下这笔钱才会支付给你，并从那笔报偿中拿出钱来偿还这笔贷款(连同利息)。奥勒一约根·斯科格证明(与笔者亲自交流)，对于某些参数群来说，这一策略考虑到了时间不一致性的自助解决办法。然而，银行会不会在没有抵押品的情况下给出这样的贷款是值得怀疑的。如果此人有抵押品，他也可以把它用来为自我强加的成本筹集资金。

80　第二和第三个策略还可以用现金花销过度的问题来说明。一个人可能决定不办 ATM 卡和信用卡，所以他只能在银行的常规营业时间取出现金(延迟策略)。此外，他也可以丢弃 ATM 卡，但保留信用卡，如果银行对信用卡取现收费的话(自我强加成本策略)。(感谢约翰·阿尔康向我提出了这个实例。)

81　Thaler (1992), p. 98.

> 一切非流动的资产都提供了某种形式的预先约束……一项养老金或退休计划是这样一笔资产最清晰的实例。很多这样的计划受益于有利的税收待遇，其中大多数有效地禁止客户在退休之前使用存款。就IRA计划、基欧计划和401(K)计划而言，客户可以动用他们的资产，但他们必须支付一笔提前取款的罚款。此外，以这些资产作担保借钱在法律上被当作提前取款对待，因此也要处以罚金。一种不那么透明的预先约束工具是投资于产生稳定收益流的非流动资产，它由于可观的交易成本、信息问题和(或)不完全市场而很难卖掉。实例包括购置房产、购买耐用消费品和在个人业务中积累普通股。[82]

在拉布森的形式模型中，非流动储蓄工具被下面这个事实所定义："这一资产的销售必须在接收实际收益之前一段时期开始。"这说明了第四种策略。在一个脚注中，拉布森声称，如果溢价销售资产也能获得模型中得到的结果。正如前面解释过的，预先约束可以通过让现值曲线上移或右移来实现。然而，这种等价性并非总是能获得。我们将在第二章看到，宪法有时候通过要求延迟来限制行为，但几乎从未通过强加额外成本。

拉布森还指出，要想有效，这些储蓄计划需要把家长制与自我家长制结合起来。即使个体想要约束自己，他们也可能做不到，除非政府帮助他们。"这种市场失效的出现，是因为这些计划容易受第三方套利之害：任何一个参加一项这种计划的客户，都有动机使用第三方来解开这一计划或对计划套利，除非政府明确禁止这样的第三方合约。"[83]这种情况不是直截了当的家长制，迫使或诱使公民为自己的退休生活储蓄，因为政府相信，他们目光短浅，不会自愿这样做。相反，政府补贴利率，惩罚消费，禁止套利，为的是让公民能够做他们真正想做的事情。

最后，我不妨提一下胡安·卡里罗和托马斯·马里奥蒂提出的一个重要的"无知是福"的结果。他们证明，在某些实例中，双曲贴现所造成的问题可以通过"策略性无知"来克服。[84] 特别是，他们认为："打算获取信息这个决定中存

82　Laibson (1997), pp. 444—445.

83　Laibson (1996a).

84　Carillo and Mariotti (1997)。他们的模型规定了 Phelps and Pollak (1968)提出的双因子的贴现模型，而不是严格意义上的双曲贴现。

在一个权衡。一方面,在充分的信息下,行为人可以在当前日期采取最优行动。另一方面,由于完全记忆,这一信息被未来的所有化身所共享。"因为行为人可以预期,从他当前的观点看,后来的化身会过度地当前导向,他可能不想让这些化身得到太多的信息。例如,假设行为人害怕艾滋病通过没有保护的性行为传播。尽管他并不知道这种病毒有多大可能性被一次性交行为所传染,他给这一结果分配了一个最初的主观概率。鉴于先例,他的最优行动是杜绝没有保护的性行为。然而,他还有一个选项(假设是没有成本的),通过询问医生或参考统计表,从而发现更多的信息。接下来,他可能合理地决定放弃收集信息,如果这些信息产生的效应是降低对传播的评估,诱使未来的化身参与没有保护的性行为,因为从那个化身的观点看,这是最优的。

4. 时间不一致与策略行为

基于策略的时间不一致问题与作出可信的威胁和承诺的问题密切相关。我认为,把这些问题与警告和鼓励放在一起讨论是有益的,后者诚然是一个不完美的术语,表示的现象与承诺有关,就像警告与威胁有关一样。所有这些现象都涉及声明、选择、事件和后果,按照这个顺序在 4 个连续的时刻出现。

在时间 1,说者 A 向听者 B 发表一段声明,大意是,如果 B 在时间 2 作出某个选择,某个事件就会在时间 3 发生。在威胁和承诺中,事件处在 A 的控制之下。在警告和鼓励中,它是一个不受 A 控制的因果链的结果。一旦 B 作出了选择,而且事件发生了或者没有发生,时间 4 都会产生一个后果。两个行为人依据他们各自的偏好排序评估后果。尽管 A 的偏好可能基于利他主义的或不怀好意的对 B 的福利的关切,而不是基于 A 的私利,但我局限于后面这种情况。因为后果出现在声明、选择和事件之后,两个行为人的时间贴现也可能是相关的。我首先讨论没有贴现的策略性时间不一致,然后是有指数贴现的,再接下来是有双曲贴现的。焦点自始至终集中在对 A 可用的预先约束策略上。

切断通信线路

然而,我想首先提到并说明这些互动的另一个方面。一般而言,必须假设

B和A一样，也是一个有能力约束自己的策略行为人。[85] 如果A让自己在B没有服从时没法放弃他的威胁，B可以让自己没法服从。[86] 这是"胆小鬼博弈"的经典实例，在这一博弈中，第一个设防让一项（可信的）预先约束策略被人所知的行为人可以让其他行为人退让。[87] 我这里要讨论的特例是当B让自己没法接收信息从而让自己没法服从时出现的。

我们已经看了几个这种阻塞策略的实例。当尤利西斯把自己绑在桅杆上，他还用蜡封住了水手们的耳朵，以防止他们听到海妖的歌声。在通常的解读中（关于西塞罗提出的不同解释，可参看本章第1节），他的目的是要把他们与歌声的非认知方面隔绝开来，比如旋律的魅力或海妖声音的魅力。我们看到了蒙田如何提倡类似的策略，阻塞对一段信息的认知内容的认识，为的是防止可以预见它会触发的情绪。在讨论卡里罗和马里奥蒂的作品时，我们看到了无知如何可能是可欲的，基于纯理性的理由，无关于信息所带来的任何直接或间接的情绪冲击。在策略语境中，一个人可能想阻塞通信渠道，防止自己接受将会合理地诱发有着不利后果的行为的信息。与其过河拆桥，不如剪断电话线。

像往常一样，谢林开拓了这一研究路径：

> 威胁如果不能传达给它们打算传达的那些人，也就毫无用处；敲诈需要把可选方案传达给预期受害人。即使是"别哭，否则我让你哭个够"这样的威胁，如果孩子已经哭得声音太大，根本听不见，也毫无作用。（有时候孩子们看来知道这一点。）一个证人如果被监禁起来，防止他得到该说什么的指示，就不可能恐吓他给出虚假的证词，即使他可能推断出恐吓本身的处罚。当结果依赖于协调行动时，及时地破坏通信可能是一个赢得胜利的战术。当一个人和他妻子通过电话争论在哪里见面吃饭时，妻子只要宣布自己去哪里，然后把电话挂掉，她就赢了。一个人回避讨论其他选项，甚至只要简单地关掉他的助听

85　相比之下，我在本章第2节证明了，在内心的（"多重自我"）预先约束的实例中，通常只有一个"自我"有能力预先约束自己，防止其他自我可能着手的行动。

86　作为选择，第三方可以出面阻止B服从。在意大利，政府冻结任何有亲人遭到绑架的人的资产，这样一来，他或她就可以令人信服地说："我没法付钱给你。"

87　关于在哪些条件下，预先约束博弈是囚徒困境而不是胆小鬼博弈，可参看Elster（1989c，pp.170—172）。

器，常常就能保持现状。[88]

斯坦利·艾林的长篇小说《要塞》（*Stronghold*）充分探索了这一观念。[89] 4个可疑的人物计划利用3个人质的生命从一个男人那里勒索一大笔赎金，此人是其中一个人质的丈夫和另外两个人质的父亲，他还碰巧是一家银行的总裁，很容易拿到现金。尽管他们必须让他离开家去拿钱，但他们觉得很有把握，认为他们可以通过威胁杀死人质而控制局面。然而，其中一个女儿的丈夫挫败了他们的如意算盘，他说服那位银行总裁切断家里的电话，绑架者把人质扣留在那里。一旦绑架者发现他们被切断了与外界的联系，他们也就不能传达要求和威胁，他们的计划破产了。

切断通信线路的策略也可以被扮演A这个角色的行为人所使用，亦即，在B参与行为的情况下，当威胁与对B和A来说都不可欲的后果毫无关系时。（相比之下，如果B参与一个具体行为，A必须在行动之前知道前提是否已经实现，威胁才有关系。）正如很多父母都经历过的那样，如果他们的未成年孩子惹上麻烦，威胁不保释他们常常缺乏可信度。在一篇论述时间不一致的开创性的文章中，基德兰德和普雷斯科特认为，“理性行为人会知道，如果他和其他人（在洪泛平原上）建造房子，政府会采取必要的防洪措施”，即使对社会来说可欲的结果是不要在那里建造房子。[90] 类似地，如果政府宣布它不会救助没有效率的公司或银行，这一宣告也可能是不可信的。在讨论最近的亚洲金融危机时，尚克·萨蒂纳展示了这个问题可以通过从银行到政府之间缺乏可靠的私人通信渠道来克服。在他的概述中：

> 在有些国家，其政治经济制度安排包括了从国内私营银行到政府之间可靠的私人通信渠道，货币政策的决策者会在他们的利率选择中理性地顺应关于这些银行几乎没有偿付能力的信息……顺应的出现是因为政府不顺应那些偿付能力问题很大的国内私营银行的承诺是不可信的，其原因是一个国家的金融调停能力的瓦解涉及很高的成本。对顺应的预期降低了国内私营银行方面审慎行事的动力……至于相反的情况，亦即私人渠道不可靠，国内私营银行如果试图把它们

---

88 Schelling (1960), p. 146; see also p. 120.

89 Ellin (1974)。他是不是读过谢林的著作呢？我不知道。

90 Kydland and Prescott (1977).

> 处在破产边缘的信息传递出去，就会冒很大的银行挤兑的风险，因为这一信息潜在地可以被公众察觉到……这些银行因此有更大的动力审慎行事，确保偿付能力。[91]

在萨蒂纳考量的实例中，缺乏可靠的私人渠道是偶发约束，而不是基本约束。尽管银行没有能力与政府沟通对后者来说有很好的后果，但保持距离的政策并不是为了这个目的而建立的。然而，一旦这个因果机制被发现，它明显可以被用作一项故意预先约束策略。

请注意萨蒂纳论证的关键特征。关键点并不是一套没有可靠私人渠道的制度，防止银行把自己的问题通报给政府，仿佛电话线被切断一样。相反，关键点是他们在向政府通报的同时不可能不让公众知道。在误入歧途的青少年的实例中，如果父母不可能把自己与相关信息隔绝起来，他们可以试着设立一个机制，使得要求他们保释的申请自动地被他们的同僚朋友们知道，从而导致不可避免的声名扫地。与其使用让信息传递在物理上不可能这一粗糙的策略，不如对信息传递的动机采取行动。

没有贴现

策略不一致的问题可以陈述为可信度的问题。[92] 像之前一样，假设行为人 A 在时间 1 对行为人 B 在时间 4 的后果发表一项声明，假如 B 在时间 2 做 X 而不是做 Y 的话，并把这些后果与（A 声称）当且仅当 B 做 X 时会在时间 3 发生的事件 E 联系起来。我们接下来可以区分两组实例。在第一类实例中，E 是一个不受 A 控制的因果链的结果，不过对于这个结果，他可以声称只有他知道。有 4 个有趣的子实例：

> 实例 1：警告。A 知道，如果 B 做 X，事件 E（不受他们任何一个人的控制）就会发生，而且，跟 B 做 Y 比起来，对他们两个人都更糟。那么，把 X 与 E 之间的因果链告诉 B 就符合 A 的利益。例证：一个工会领导人通知管理层（在时间 1）：如果工会成员的要求遭到拒绝（在时间 2），他们的士气就会极大地受挫（在时间 3），以至于生产力会变得更糟

91　Satyanath (1999).

92　这一观念的主要原创作品——从完全不同的视角——是 Schelling (1960)，以及 Kydland and Prescott (1977)。

（在时间 4）。

实例 2：假警告。这和第一个实例是一样的情况，不同的是，A 关于 X 和 E 之间的因果链的陈述是虚假的。如果 B 相信这个陈述，他就决不会发现它是虚假的。

实例 3：鼓励。A 知道，如果 B 做 X，事件 E 就会发生，而且，跟 B 做 Y 比起来，对他们两个人都更好。那么，把 X 与 E 之间的因果链告诉 B 就符合 A 的利益。例证：一位工会领导人通知管理层，如果极大地提升工会成员的士气，生产力就会提高到这样一种程度，使得增加的利润超过了提高工资所减少的利润。

实例 4：假鼓励。这和第三个实例是一样的情况，不同的是，A 关于 X 和 E 之间的因果链的陈述是虚假的。如果 B 相信这个陈述，他后来就会发现这是假的。

在第二类实例中，事件 E 在 A 的控制之下（而且 A 知道是这样）。我们不妨把导致事件 E 的选择称为 Z，不导致它发生的选择称为 W。参照导致它们发生的选择对所产生的结果，我们可以区分出 4 个子实例：

实例 5：时间一致的威胁。B 更愿意选择（X，W），而不愿选择其他所有结果，而且比起（X，Z）来更愿意选择（Y，W）。A 更愿意选择（Y，W），而不愿选择其他所有结果，而且比起（X，W）来更愿意选择（X，Z）。例证：B 在 A 家外面的街道上制造了一次扰民行为，A 告诉他，如果 B 继续这样做（X），他就会报警（Z）。

实例 6：时间不一致的威胁。B 更愿意选择（X，W），而不愿选择其他所有结果，而且比起（X，Z）来更愿意选择（Y，W）。A 更愿意选择（Y，W），而不愿选择其他所有结果，而且比起（X，Z）来更愿意选择（X，W）。例证：B 是一个女人，A 告诉她，如果她拒绝自己的求婚（X），他就会自杀（Z）。

实例 7：时间不一致的承诺。B 和 A 都更愿意选择（X，Z），而不愿选择其他所有结果。例证：A 和 B 可以从一项需要投资 10 万美元的事业获得收益，他们各需投入 5 万美元。A 告诉 B，如果 B 投入 5 万美元（X），他也会同样这么做（Z）。

实例 8：时间一致的承诺。B 更愿意选择（X，Z），而不愿选择其他所有结果，而且以（X，W）作为他最不愿意选择的结果。A更愿意选择（X，W），而不愿选择其他所有结果，并且以（X，Z）作为他第二愿意选择的结果。例证：A和B可以从一项需要某些技能和10万美元投资的事业中获得收益。A有技能，B有钱。A告诉B，如果B愿意投钱（X），那么A将会用后来的利息偿还B（Z）。

有些评论可能是有用的。（1）"承诺"和"警告"的语义实际上比这些阐述所暗示的更加复杂，因为这两个术语也经常在无条件的意义上被使用。例如，警告可以让对话者能够降低一件不可避免的坏事的冲击，而不是防止它发生。（2）发话者可能不仅歪曲了事实：如果B做X的话究竟哪个事件E会发生，而且还掩盖了这样一个事实：E实际上在他的控制之下。换句话说，他可能把一个威胁歪曲为一个警告。[93]（3）正如我们将在本章第5节看到的那样，如果E是发话者未来的行动，呈现为预言的对象，而不是决定的对象，那么，这个复杂难题就尤为严重。（4）听者可能故意把一个警告误解为威胁。"1877年，在比利时，当身为天主教徒的司法部部长不顾保护选民自由的法律，决定不起诉那些用下地狱的惩罚威胁投票支持自由党的教区居民的神父们，保罗·詹森嘲笑部长：通过引发人们对此类威胁的严重性的怀疑，他'实际上犯下了宗教异端之罪'。"[94]如果神父们（如我所猜测的）只是警告本教区居民，就不会有异端罪。（5）在反复的互动中，一个处在B的位置上的行为人有更大的动力去相信一个鼓励，而不是一个警告，因为他知道，对A来说不利的是在时间5及之后会发现他在撒谎。

我们不妨给出一个程式化的实例，来说明威胁、承诺以及有时候被称作"throffers（带威胁的提议）"的混合情况，因为他们同时依靠威胁（threat）和提议（offer）。[95] 假设亚当首先必须做出决定（L或R），然后夏娃做出另外的决定（l或r），接下来，他们两个人得到的报偿取决于两个人的选择。在亚当第一步行动之前，夏娃可以发表一个声明，说明如果亚当选择L或R，她将会怎么做。

93　关于发话者为什么想使用这一策略，可参看Elster（1999a）第四章第3节。

94　Perelman and Olbrechts-Tyteca（1969），p. 207。类似地，一位总统竞选连任，可能会警告选民，如果他们把票投给自己的竞争对手，他们就会在经济上受到损害，但他可能并没有威胁利用11月初和1月末之间的那段时间来让他们受到损害。

95　后文利用了Elster（1989c），pp. 272 ff.。在那本书中，我还给出了来自劳资谈判的时间不一致威胁和承诺的很多实例。

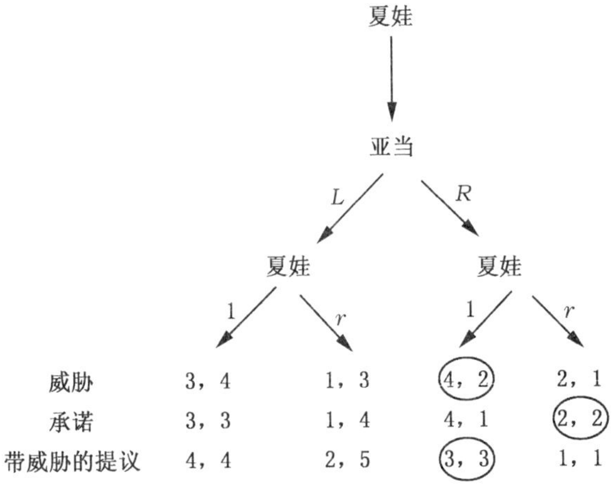

图Ⅰ.3

图Ⅰ.3中各端节点上的第一个数字代表亚当得到的报偿，第二个数字代表夏娃得到的报偿。（均衡端节点被圈起来了。）在所有三种情况下，如果亚当选左的话，夏娃的报偿都高于亚当选右时她所能得到的报偿。因此，她有动机诱使亚当向左，使用威胁、承诺或带威胁的提议。对于第一组报偿，夏娃可以威胁说：如果亚当向右，她也会向右。但这一威胁并不可信。亚当知道她会向左。比起如果威胁可信所得到的结果，这个结果对夏娃更差，对亚当更好。在第二种情况下，夏娃可以承诺：如果亚当向左，她也向左。然而，再一次，这个承诺是不可信的。亚当知道，一旦他向左，夏娃向右就符合自己的利益。结果，他会向右，而夏娃也会向右，让他们两个得到的结果都比如果承诺可信的情况下更差。请注意，这个实例是标准囚徒困境的一个扩展博弈版。在第三种情况下，夏娃可以同时举起胡萝卜和大棒，承诺如果亚当向左她也向左，并威胁如果亚当向右她就向右。这二者都是不可信的；亚当向右，夏娃会向左；比起如果承诺/威胁可信的情况，亚当的结果更好，夏娃则更差。

要想克服策略的时间不一致，行为人可以诉诸预先约束手段。[96] 在没有贴

96　时间不一致并不是自我约束（在字面意义上）为什么在策略互动中有用的唯一理由。因此，当苏联隔离营中的囚犯从一个地点转到另一个地点时，他们常常坚持让人把自己的双手绑在背后，并让人清楚明白地把这一事实记录在案：“这是囚犯们能够使用的唯一自卫手段，以保护他们免遭‘在逃跑时被击毙’这一简便程序之害。”

现的情况下,这些手段包括消除选项和强加额外成本。第一个手段在谚语中被表述为"过河烧桥",或法语版本中的"过河烧船"。[97] 可以借助图Ⅰ.4中显示的博弈来说明。

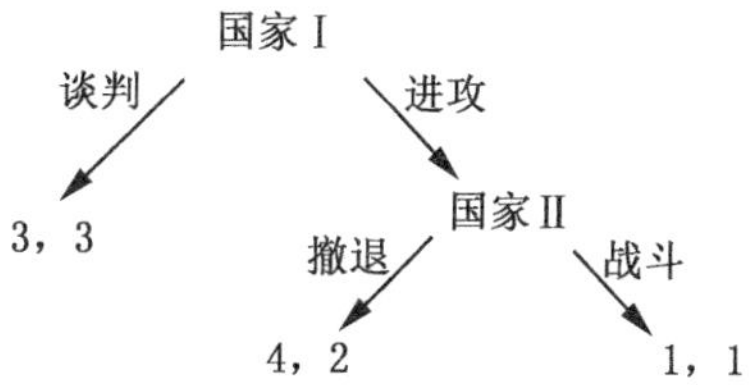

图Ⅰ.4

在缺乏预先约束的情况下,第一个国家会进攻,第二个国家会撤退。然而,通过消除撤退这个选项,第二个国家可以迫使第一个国家回到谈判桌上。另一个经典实例是制造一台世界末日机器,它消除了不回应敌人进攻这个选项,因此降低了进攻的可能性。

遵循詹姆斯·费伦的做法,我们可以区分给自己强加额外成本的事前手段和事后手段。[98] 一方面,行为人可以采用费伦所说的"束手"策略,也就是说,给自己强加这样的成本:如果他没能执行一个威胁,他就会承受这些成本。一个经典实例是,工会领导人公开宣布他的要求是不可谈判的,使得任何让步对他的伤害都甚于不让步对他的伤害,从而提高了赌注。在国际政治中也是如此,政治领导人可以通过这样的"听众成本"预先约束自己,亦即,在对抗期间发表强有力的公开声明。[99] 另一方面,他还可以采用"沉没成本"的策略,也就是说,强加这样的成本:不管后来发生什么事情他都要承受这些成本。这一策略通常被企业用来阻止潜在竞争对手进入。"一家今天购买设备的企业放出信号:如果不能转卖这些设备的话,它明天就会使用。因此,我们可能推测,购买设备——如果竞争对手注意到了的话——可能有战略效应,因此不纯粹是

97 关于烧船的历史实例,可参看 Dixit and Nalebuff(1991), p. 169。

98 Fearon (1997).

99 关于国际政治中"听众成本"的讨论,参见 Fearon (1994)。费伦指出,在某种程度上,听众是国内的,而不是国际的,威权主义国家比民主国家更没有能力预先约束自己。我将在第二章第9节回头来讨论这个观念。

一个内部成本最小化的问题。"[100]一家企业还可以采用沉没成本策略来吓阻工会,亦即积累巨量的存货,这使它能够挨过一次罢工。

另一个沉没成本的实例涉及把法律用作预先约束手段。正如很多作者所指出的,合同法是赋权性的,而不是约束性的。它使得人们能够作出承诺,如果没有合同法的话这些承诺就不可信。法律还可以提高威胁的可信度。假设你欠我 30 000 美元,但你拒绝还钱,为了收回这笔钱而把你告上法庭将会让我花掉 40 000 美元的诉讼费。尽管我威胁要把你告上法庭本身并不可信,但我可以支付一个律师一笔 10 001 美元的聘用定金,这是一笔不会归还的告上法庭的诉讼费预付款。现在,通过走上法庭,我将得到 30 000 美元减去剩下的诉讼费(29 999 美元),或 1 美元,所以,威胁走上法庭现在是可信的。那么,为了避免你自己的法庭成本,你应该愿意偿还我 30 000 美元。[101]

指数贴现

在序贯议价博弈的经典实例中,两个参与者轮流出价和还价。[102] 他们设法达成一致的理由是:讨价还价的成本太高,他们有共同的利益来防止这块馅饼在他们围绕其分配而讨价还价时缩水。在劳资谈判中,馅饼可能由于罢工带来的减产而缩水。在离婚协议谈判中,馅饼可能由于需要向实际主持谈判的律师支付费用而缩水。在我这里关注的实例中,馅饼纯粹因为时光流逝而缩水。如果一个议价者对未来的报偿打折扣,他可能宁愿选择今天的 5 美元,而不是为了明天的 6 美元而拖延时间。如果他的对手知道这一点,威胁要把任何出价砍到不足 6 美元是不可信的。在序贯议价博弈的标准模型中,贴现始终被假设为指数的。

在这些模型中,消除选项和强加成本这两个标准的预先约束策略依旧可用。此外,还有新的领域可以制造延迟来获得优势。例如,在劳资谈判中,工会考量雇主的开价期间馅饼的缩水越大,后者不对工会主张让步所造成的损

---

100 Tirole (1988), pp. 314—315.

101 这个例子要归功于詹姆斯·费伦。

102 实际上,这些模型并没有考虑实时议价。相反,议价者在心里审视所有可能的议价情境,以识别独一无二的、不涉及不可信的威胁或承诺的提议。关于这个问题的初步讨论,可参看 Elster (1989c)的第 2 章,更高级的论述可参看 Osborne and Rubinstein (1990)。

失就越大,因此他们越有可能做出让步。[103] 看似荒谬的是,很多工会的内在软弱和缺乏整合可能提高了它们的议价能力,因为它们可以令人信服地声称,回应管理层的出价可能需要它们花很长时间。反过来,跨国大企业子公司的管理层只要指出,工会对提议的任何反对意见都要寄回给总部,他们就有可能提高议价能力。在任何一种情况下,相关组织都有动力设置缓慢而笨拙的内部决策机制。那些造成拖延的特征必须在谈判开始之前到位,一定不能轻易更改。如果管理层要求工会修改规章制度,以便能够更快地作出回应,工会可能回应:甚至要花更长的时间来征求工会成员对这个问题的意见。

非指数贴现

据我所知,没有文献讨论带有双曲贴现的策略互动。但是很容易看出这个问题为什么可能出现,只要我们把威胁和承诺模型从四期扩展到五期就行。假设 A 受到天真的双曲贴现的影响。此外还假设,如果 A 信守他的承诺,他会在时间 5 收到一笔很大的报偿,如果他食言就会在时间 4 得到一笔更小的报偿。在时间 1,当说出承诺时,他可能真诚地相信自己会遵守承诺,因为从那个优势位置来看,这样做符合他的私利。然而,但他离兑现承诺的时间越来越近时,双曲贴现就诱发了偏好逆转,导致他违背承诺。

如果 B 预料到了这一结果,他就不会相信承诺。他会选择做 Y 而不是 X,A 是不是信守承诺的选择就不会出现,因为它视 X 而定。但是,假设 B 同样受到天真的双曲贴现的影响。在这种情况下,A 的承诺对 B 来说是可信的,就像它对 A 来说是真诚的。一宗交易可能在双方都真心诚意的情况下得以坚持,随后由于 A 失去了履行承诺的动机而崩溃。在这种情况下,最终结果与最初预期的都不一样。双曲不一致威胁的情况有所不同。当 A 发出威胁时,A 和 B 都相信他会说到做到;因此 B 服从了 A 的愿望。等到 B 不服从、A 不得不执行威胁的时候,A 不再想这样做,但这种与事实相反的勇气之丧失对结果来说并无不同。

如果 A 老于世故,而且认为 B 相信 A 会双曲贴现,A 可以通过推迟较小报偿来克服时间不一致,使得他在时间 3 依旧更愿意选择较大报偿。由于延

103　Barth (1988)。还可参看 de Geer (1986), p. 353。

迟和自我强加成本一般是等价的，所以也可以使用后面的方法。不消说，完全消除较小报偿这个选项将发挥同样的作用。请注意延迟在指数贴现和非指数贴现的实例中的不同作用。在指数贴现的议价中，在其他情况下不可信的威胁可以通过在决策过程本身插入延迟而使之变得可信。（不妨回忆一下延迟也是这样可以被用来抵消激情的。）在非指数贴现的议价中，时间不一致是通过延迟决策之后的报偿来克服的。推测起来，回应延迟在这种情况下可能也是有效的。

5. 作为自我约束策略的激情

预先约束可以用来克服时间不一致问题的观念源自 20 世纪 50 年代（施特罗茨和谢林）。当早期的作者们——我已经引用了塞涅卡和蒙田——提到预先约束时，它总是作为一种遏制激情的手段。杰克·赫舒拉发和罗伯特·弗兰克彻底颠覆了这一观念，他们认为，情绪是解决问题的办法，而不是问题；它们是预先约束手段，使得行为人能够克服时间不一致的问题。这个观念并非传统观点的完全颠倒。在传统观点看来，预先约束应当保护行为人免受当前情绪的影响。从更近的观点看，情绪倾向充当了预先约束的手段。[104] 据弗兰克说，情绪解决了双曲贴现所导致的问题，以及策略互动中可信度的问题。据赫舒拉发说，情绪维护了其他情况下不可信的威胁和承诺的可信度。他们的论证依赖于情绪的两个特征：它们或痛苦或愉悦的品质，以及它们准自动的行动倾向，能够让人违背自己的理性自利而行动。[105]

在某种程度上，赫舒拉发和弗兰克依赖于后面这个特征，可以说，他们的论证说明了“非理性的理性”这个一般观念。然而，严格说来，这个短语毫无意义。你可以认为，让某个努力看上去是非理性的这一做法是理性的，亦即假装是非理性的、情绪化的行为，为的是吓阻对手。关于在信息不完全的博弈中建立信誉的结论可以在这个方向上扩展。[106] 或者，你可能认为，试图发展出这些

104　正如本章第 3 节末尾提到的，当前情绪也可作为预先约束的手段。

105　参见 Elster（1999a）第四章第 2 节。

106　Kreps et al.（1982）。一个这种类型的论证必须考虑虚伪的成本，这个成本可能很可观，不仅仅是由于它导致的心理不适（Rabin 1993），而且还有全面维持情绪化外表所需要的努力。

情绪倾向而不是纯粹假装是理性的。[107] 这两种方法,弗兰克和赫舒拉发都没采用。他们的主张是,非理性是有用的,而并不是说假装或发展非理性是理性的。他们认为,这种情绪倾向是通过自然选择进化而来的,是由于其生殖适应性的提高。

在本节的末尾,我想提出几个问题,涉及这些情绪倾向的所谓生殖适应性的好处。在这里,我想问:就算它们有这些好处,究竟有多少貌似可信的理由认为它们能够发展出来?根据前提,情绪倾向常常会诱使行为人违背自己的短期利益而行动。当其他人得知他有这种情绪倾向时,他们就会以促进其长期利益的方式行动。然而,自然选择并不总是等待长期。"以退为进"的策略并不在它的节目单中。[108] 第一个显示出非理性愤怒——亦即并无获益的报复倾向——的有机体将处于进化劣势,一旦行为被其他有机体推广和认可之后给后代增加的优势并不能抵消这些劣势。尽管这可能并不是一个不可克服的困难,但它必须在更充实的说明中才能被认识。

弗兰克论情绪的策略方面

罗伯特·弗兰克认为,情绪充当了时间不一致问题的解决办法。内疚影响着承诺的可信度,而愤怒和妒忌影响着威胁的可信度。情绪以两种方式发挥影响:弗兰克所说的"真诚态度"路径,以及信誉路径。第一个机制在单次囚徒困境博弈中产生诚实的或合作的行为,第二个机制对反复博弈和单次博弈都有影响。

"真诚态度"路径涉及三个前提。第一,情绪倾向并没有完全通过当前情绪的外在表达向他人显示出来。第二——这正是显示为什么只是不完全的——即使那些没有情绪倾向的人也可以假装出其外在的表达。第三,假装者可以被发觉,而发觉者会付出一定的(固定)成本。弗兰克把这些前提应用

---

107 一个带有这个意思的论证必须权衡发展相关倾向的成本与从中得到的收益。因为成本很早就发生,而收益只是后来才出现,发展这种倾向的决定可能(就双曲贴现的情况而言)受制于它们打算解决的问题。在时间 1,决定在时间 2 发展这种情绪倾向,就其将会提供的好处来看,好像是一个好主意,但在时间 2,成本可能显得太高,偏好逆转可能取而代之。

108 Elster (1984)第一章。正如达费恩·弗勒斯达尔和奥勒—约根·斯科格(亲自和笔者交流)给我留下的印象,这个论证依赖于一个关于两个过程相对速度的前提(变异的速度和出现有害变异的有机体灭绝的速度),这个前提在实践中未必得到满足。

于一个这样的世界：行为人参与单次囚徒困境、与其他行为人互动，他证明：在均衡状态中，将会有一定的具体比例的诚实个体和不诚实个体(频率依赖的多态性)。在这个状态中，诚实个体和不诚实个体有相同的预期报偿，所以不存在进化压力支持一组或另一组。此外，诚实个体恰好介于仔细审查和不审查其互动合伙人之间[109]，所以不存在进化压力支持一种行为或另一种行为。在弗兰克的数字实例中，75%的个体是诚实的和75%的个体是仔细审查者的情景可以使自己永远存续下去。

然而请注意，不存在进化机制可以确保75%的诚实个体事实上就是仔细审查者。一个诚实个体在均衡中转到不诚实的行为将会受到惩罚，而一个诚实的不审查者转到仔细审查则不会遭受任何不利的后果。唯一的后果将是不诚实者的报偿更低。不久之后，这会减少不诚实者的数量，并会减少仔细审查的报偿，因此诱使诚实者停止仔细审查。反过来，这一发展将会有利于不诚实者，尽管弗兰克证明诚实者对不诚实者和审查者对不审查者的比例都会在75%对25%上下波动，但他的论证并没有谈到波动量和纠正机制的速度。就我们所知道的而言，整个群体在很大一部分时间里是远离均衡的。

信誉路径论证的核心主张是：情绪既可以解决自控问题，也可以解决可信度的问题。实际上，正如弗兰克在一条脚注中所承认的，第一个结论的论点实际上是：情绪抵消了急躁，亦即很高的时间贴现率。[110] 究竟是指数贴现还是双曲贴现已无关紧要。我并不是说，情绪不可能在自控中发挥更具体的作用。假设我在2月1日预约了3月1日去看牙医，因为在那个日期，未来牙疼所产生的贴现负效用超过了钻孔所带来痛苦的贴现效用。然而，由于我双曲地贴现未来，于是，2月28日出现了偏好逆转。由于预期我会对自己取消预约感到羞愧，所以我依然前去赴约。在这里，羞愧发挥作用的方式类似于取出存款的额外费用。

然而，这并不是弗兰克心里所想的那种情境。他考量的是情绪在反复互

109　在均衡中，审查一个潜在合伙人的直接成本与机会成本之和恰好等于不审查合伙人的机会成本。后者的成本是：一个随机选择的合伙人由于囚徒困境中合作报偿和“欺骗”报偿之间的差别而不诚实的概率将会成倍增加。当合作者的比例超出均衡份额时，这个概率将会下降，以至于仔细审查不再有利，这让不合作者得以生存。

110　Frank (1988), p. 82.

动中建立信誉的作用。一个有机会在囚徒困境中背叛的行为人可能知道,如果他这样做,他就会得到不合作的名声,这会在未来对他造成损害。然而,如果他以足够高的贴现率贴现未来,他可能依然喜欢快速获益(或“似是而非的回报”),并放弃长期收益。但是,如果此人“在情绪上预先认为欺骗本身就是一项令人不快的行为——也就是说,如果他很有良心——那么他就更有能力抵制欺骗的诱惑。[111] 如果心理回报机制局限于强调眼前回报,那么,要想抵制欺骗所带来的似是而非的回报,最简单的反制策略就是有一种当前的感觉,朝着恰好相反的方向用力拉。内疚就是这样一种感觉。”[112]这个论证既适用于急躁,也适用于缺乏自控。事实上,弗兰克作品中很多提到的“冲动控制问题”的地方,都可以用“急躁”取而代之,而不影响论证。

弗兰克把这个论证扩大到了愤怒和妒忌。在考量愤怒时,他认为:“有着完美自控能力的完全理性之人总是寻求报复,只要未来的名声获益分量超过了采取行动的当前成本。问题……是,强硬名声带来的好处只在未来出现,而寻求报复的成本却发生在当下……受到不公正对待时容易感到愤怒帮助解决了这个冲动控制问题。”[113]在考量妒忌时,他认为:

> 当条件完全一边倒的时候,拒绝一宗有利的交易是审慎的。通过这样做,你可以逐渐获得作为一个坚定交易者的名声,这意味着未来交易中可以获得更优惠的条件。在这种情况下,我们还让未来的获益抵消了当前成本以及由此带来的冲动控制问题。在这里,有人在获得

111　为了凸显这个论证与注释40中考量的蒙田的论证之间的差别,不妨考量一下囚徒困境中合作对背叛的选择。在弗兰克的分析中,仅仅是背叛这个事实就让一个人感觉很不好。据蒙田说,正是在其他人都合作之后,背叛这个事实才让一个人感觉很不好。以怀疑对付怀疑、信任对付信任似乎是人类天性中的一个普遍倾向。这种互动形式不同于囚徒困境中以牙还牙策略所体现的那种相互作用。当博弈进行多次、并在任意一次给定博弈中同时做出两个选择时,以牙还牙可能是一项获胜策略。相比之下,眼下的论证适用于单次博弈,在这样的博弈中,一方作出一个选择,并在另一方作出选择之前让它被人所知。

112　同前引书。这个论点早在 Arthur Lovejoy (1961), p. 80 中提出过:“如果今天晚上我吃威尔士干酪,我明天将会十分后悔,这样的考量不足以阻止我吃——如果我喜欢威尔士干酪的话。但是,如果增加下面这个考量:那些以将来的痛苦为代价获得微不足道的眼前快乐的人都是贪吃或怯懦的傻瓜,可能就足以让天平倾向节制的一边。”在眼下的讨论中,我并不质疑这个假设——在这一点上,弗兰克、赫舒拉发和洛夫乔伊是共同的——像羞愧或妒忌这样的情绪可能被表现为“心理成本”。然而,在 Elster (1999a)第四章第3节中,我认为,情绪进入行为解释的方式更加复杂。

113　Frank (1988), p. 83.

的收益少于他利用当前报偿机制获得的公平份额时会感觉到妒忌或愤恨。[114]

我们可以把这一论证应用于最后通牒博弈。[115] 正如图I.5中所显示的那样，博弈参与者I首先提议在参与者II和自己之间分配10美元，参与者II得到x，而他自己得到$10-x$。可以提议的只有美元总额。他然后向参与者II提出这样一个选择：要么接受这一提议，要么让这宗交易中任何一个人都一无所获。

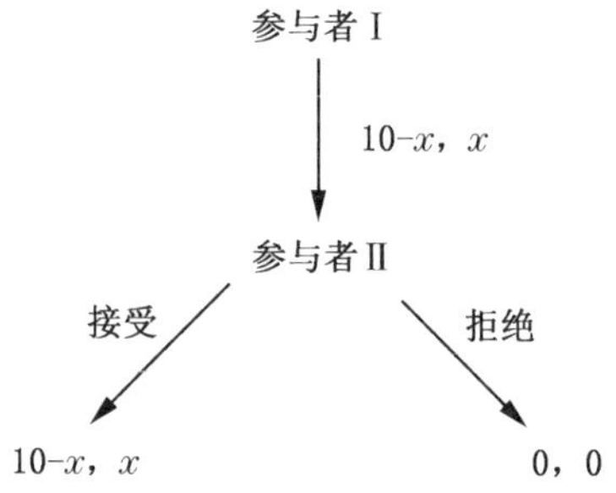

图I.5

在这个博弈的一些实验中，一个常规发现是：大多数置身于参与者II的立场的人会拒绝在这10美元当中分配给他们少于3美元的提议。由于大多数处在参与者I的位置的人都预期了这一反应（或者因为他们是利他主义者），他们往往会提出仅仅多出一美元的最低预期，如果两个人都是，而且都知道对方也是仅仅被物质私利所激励的话。对有些被置于参与者II的位置的人来说，他们的拒绝可能是愤怒导致的。对另一些人来说，妒忌可能是推动力。前者之所以选择（0，0），是因为这个结果被报复所得到的额外收益所调节，而后者则是因为结果被源自妒忌的额外成本所调节。

弗兰克的论证如今可以从策略性时间不一致的角度来重新解释。在（单次）最后通牒博弈中，某个被置于参与者II的位置的人可能被允许有这样一个选项：在参与者I提出他的提议之前发出一个威胁，例如，威胁拒绝给自己少于5美元的任何提议。妒忌可以充当一个附加赌注，使得这个威胁变得可信。

---

114 Frank(1988)，p. 83.

115 关于这种博弈，参见 Schmittberger，and Schwartz (1982)，Roth (1995)，以及 Frank(1988)，pp. 173－174 中的评论。

相比之下，愤怒会以更加不同寻常的方式影响结果。它之所以发挥作用——通过报复带来的快乐——是让更不愿选择的结果变得更愿意被选择，而不是让更愿意选择的结果变得更不愿被选择。

要想让妒忌或愤怒在物质上而不仅仅是在心理上改善参与者 II 所得到的结果，他必须拥有这样的名声：他喜欢忌妒或报复心很重。一定不要把这一论证混淆于囚徒困境或最后通牒博弈中的一个有限重复的观念：逆向归纳法会诱发所有博弈中的自利行为，除非其中一个博弈参与者相信另一个参与者可能确实是个非理性的人。[116] 弗兰克提出了无穷范围反复博弈中建立名声的问题。在这些博弈的标准分析中，合作或报复行为可以作为一个均衡的组成部分而得到支持，在这一均衡中，大家都知道所有参与者都是理性的和自利的。在这里，一个人乐于合作还是喜欢报复的"名声"仅仅指的是人们对一个行为人关于均衡的信念，而不是他们关于行为人的动机的信念。相比之下，在弗兰克的分析中，关于动机的信念很重要。

为了看出弗兰克论证与标准分析之间的差别，我们不妨考量一下无穷反复博弈的无名氏定理：对于一个单次博弈中的任何一组报偿参数，以及对于（本质上）任何行为，都存在一个贴现率 r，它会在反复进行的这种博弈中维持这一行为作为一个均衡策略。[117] 弗兰克的论证可以陈述为：对于任意贴现率 r，以及对于任意行为，都存在报偿参数的修改，通过能够维持这一行为的情绪上的单方惩罚或单方收益。诚然，弗兰克并没有以这种赤裸裸的方式来陈述他的结论。我这样做仅仅是为了指出他如何在本质上把一个古老的论点颠倒了过来。自笛卡尔以降，经常有人认为，审慎或长期自利可能酷似道德。[118] 因为道德被认为比审慎更脆弱易碎，很多人欢迎这样一个观念：对社会秩序来说，后者就足够了。相比之下，如果一个人相信自利有可能是缺乏远见的，而不是富有远见的，那么，有道德的情绪可能必须酷似审慎。[119]

然而，弗兰克并不只是证明情绪可以诱发某些行为，而且没法把它们与长

116　Kreps et al. (1982).

117　Fudenberg and Tirole(1992), Section 5. 1. 2.

118　Elster (1984), Ch. 11. 4.

119　在 Elster (1999a)第四章第 3 节，我讨论了安东尼奥·达马西奥（1994）如何从完全不同的，而且（在我看来）不那么貌似有理的前提得出一个类似的结论。

期自利所诱发的行为区分开来。对于他的论证来说，重要的是，其他人相信一个人的动机是道德的，而不是审慎的。一个个体有着道德高尚的名声，他就可能拥有一个纯粹的审慎个体所不具备的优势，即使是在单次囚徒困境博弈中。[120] 如果大家都知道，人们总的来说都很严重地贴现未来，而某个个体的行为仿佛不是这样，其他人就会推断，他有很大的可能是有道德的，而且即使在欺骗不会被发觉的情境中也会信任他。

考虑到做一个有道德的人是有益的，弗兰克认为，"不难看出，父母为什么想把道德情操灌输进"其孩子们的心里。[121] 他还认为："刑事犯罪分子普遍而长期的冲动可以……被解释为支持这样一个主张：情绪能力构成了道德行为的基础。"[122]但是，这些发现同样符合下面这个主张：犯罪分子如此严重地贴现未来，以至于普通力量的道德情操不足以抵消他们的短视。把道德挑出来作为一个解释变量，其唯一的理由是：如果贴现率对所有个体都是常量。对此，我们有一定的证据。小孩子在延迟满足的能力上表现出了明显的差别，这种能力以预期的方式与后来的成功相关联。[123]

最后，弗兰克声称要致力于一种形式的时间不一致（双曲贴现），但事实上却是致力于另一种时间不一致（缺乏可信度）。尽管他多次一般性地提到了情绪在克服双曲贴现上的作用，但他的实际论证只涉及它们在抵消高贴现率上的作用。相比之下，他对建立声誉的分析确实是关于策略性时间不一致的分析。如果一个人在反复博弈中的行为支持下面这个结论的推断：他被某些情绪所控制，这些情绪使得他愿意违背自己的私利而行动，那么，他可以在单次博弈中作出其他情况下并不可信的威胁和承诺。（如果高贴现率的形态是双曲的，两种形式的时间不一致就会结合起来。）弗兰克分析中一个潜在虚弱的环节是这样一个假设：人们关于贴现率的信念足以证明这个推论是正确的。

120　Frank (1988), p. 91.

121　Frank (1988), p. 93。在弗兰克的论证中，父母灌输内疚感的动机是他们渴望促进孩子福利的愿望。应当把它和 Becker (1996, Ch. 7)中的论证相比较，据贝克尔的论证，父母这样的行为是为了促进他们自己的福利——在孩子们的心里诱发内疚，好让他们在自己年老时关心他们。关于后面这个论证的讨论，参见 Elster (1999a)第四章第 3 节。

122　Mischel, Shoda, and Rodriguez (1989).

123　同上。

赫舒拉发论情绪的策略方面

在一篇开拓性的文章“情绪作为威胁和承诺的担保者”中，杰克·赫舒拉发清楚明白地证明，情绪可以帮助我们克服可信度的问题。[124] 他假设了一场序贯博弈，有两个参与者，他们有不同的情绪气质和经济角色。第一个参与者纯粹是自私自利的或不带情绪的，而第二个参与者则可能受到稍后讨论的不同情绪的影响。第一个参与者选择了联合生产边界上的一个点，亦即再分配之前的一组联合报偿。第二个参与者负责再分配。他可以要么把自己的部分收益转让给另一个参与者，要么把另一个参与者的损失以某种形式的成本强加给自己。赫舒拉发讨论了可能控制第二方行为的两对情绪反应。第一对是他所说的“非行动依赖”的情绪：善意和恶意。第二对是“行动依赖”的：感谢和愤怒。他的善意概念结果被证明是对平等的偏好，也就是说，渴望给予那些所得少于自己的人，并从那些所得多于自己的人那里得到一些。[125] 推测起来，它之所以被称作“善意的”，其理由是：这两个愿望中，只有第一个愿望可以在行为中被实施。类似地，他的善意概念结合了对那些所得更多者的妒忌和对那些所得更少者的恶意。一个心怀恶意的人可能损己害人，但不可能损人利己。

第一个参与者在自己作出选择时，要么忽视第二个参与者参与再分配的可能性，要么考虑这种可能性。在第一种情况下，他会选择边界上的一个点，让自己的收入在再分配之前最大化。这个点（在赫舒拉发设想的实例中）也使得第二个参与者的情况好到足以把一些收入转给第一个参与者，他因此收到了一笔意料之外的红利。然而，第一个参与者甚至还可以做得更好，选择边界上的一个点，让他比再分配之前情况更差，但是让第二个参与者的情况好到足以把很大的一笔钱转给第一个参与者。如果第一个参与者知道第二个参与者的善意倾向，他会为了让自己更好而冒着让自己情况更差的风险。事实上，两个参与者最后的情况都更好，不管是物质上，还是心理上（对第一个参与者来说，这些标准是一致的），只要第一个参与者富有远见和老于世故，而不是天真

124　Hirshleifer (1987).

125　这段陈述稍嫌简单。Hirshleifer (1987)中的图 14.2(a)表明，在更高的收入水平上，一个善意之人更愿意以这样一种方式在他自己和接受者之间分配一笔给定的收入：给自己稍稍多一点。文中对赫舒拉发的善意概念的呈现服从于类似的简化。

而短视。类似地，如果第二个参与者是恶意的，那么第一个参与者最好是选择边界上的一个点，使得第二个参与者穷到没有办法来伤害第一个参与者，即使这个点也涉及第一个参与者的收入相对更低。这个结果使得两个参与者在物质上和精神上都比第二个参与者被理性自利驱动获得收入分配的情况下更加糟糕。（请注意，这是比较按照相同偏好评估的两种收入分配，而不是根据不同偏好评估的两种分配。）

在我看来，这个故事与威胁和承诺毫无关系，只与第一个参与者预测另一个参与者会怎么做的能力有关，如果一个善意的第二参与者宣布：只要第一个参与者冒这个险，他就会得到足够的回报，这更像是一个鼓励，而不像是一个承诺。这看上去可能是一个语言上的模棱两可。然而，就威胁的实例而言，赫舒拉发分析中的缺点就是实质性的问题，而不是术语的问题。因为，如果第一个人相信第二个人是自私的，而不是相信他是恶意的，那么，就其恶意的偏好而言，第二个人的情况就会更好，他没有动机去宣布自己的恶意意图，而有各种动机去隐藏它们。如果一个人一无所获，他为什么要发出威胁（或警告）呢？即使其他人相信这个威胁（或警告）。

赫舒拉发对愤怒和感激的分析也有一些古怪的方面。在他用来说明这些情绪的作用的一个实例中，赫舒拉发假设，如果第一个人的行为是自私的，也就是说，如果他选择边界上的一个点，在再分配之前使自己的收入最大化，第二个人不会有情绪反应（因此不作出任何转让）。然而，如果第一个参与者选择一个点，使得两个人的收入都更少，第二个参与者的回应将会是愤怒地让他们两个人的情况都更差。相反，如果第一个参与者冒险选择一个点，使得自己的情况更差，但有潜在的可能性让他的情况更好（再分配之后），第二个参与者就会十分感激，以至于事实上愿意把自己的部分收入转让给第一个人。

但这最后一个观点没有任何心理学意义。如果第二个参与者觉察到了表面上冒险而慷慨的选择，其动机却是私利，它就不会感觉到任何感激。[126] 感激的先决条件是这样一个信念：施惠者的行为是出于同情，而不是为了获益。因此，第一个参与者为了从第二个参与者那里获得感激带来的利益，他就必须把

126　Kahn and Tice (1973)。关于对触发情绪反应的动机的信念的一般重要性，还可参看 Elster (1999a)第四章第 2 节。因此，轻蔑的自发表达往往诱发羞愧，而诱发羞愧的故意努力却往往触发愤怒。

他的意图曲解为善意。但接下来，第一个参与者不可能做出一个诉诸第二个参与者的自利的承诺。威胁的实例甚至更古怪。因为第一个参与者选择一个点让他们两个的情况都更差，他就不得不是恶意的。赫舒拉发假设，第二个人会以愤怒还击恶意，也就是说，做出什么事情，让他们两个人的情况甚至还要差。根据假设，第二个人有能力让他们在财务上情况更差，但如果第一个人是恶意的，这就不需要在心理上让自己情况更差。他可能希望第二个人利用自己的资源让他们两个人的情况都更差。

反对情绪的策略分析的理由

弗兰克和赫舒拉发都认为，诸如妒忌或愤怒之类的负面情绪可以逐步发展出来，因为它们提高了我们发出可信威胁的能力。他们的分析有一个问题是，他们都不言而喻地假设，情绪倾向的成本收益分析可以从与其他没有类似倾向的个体的孤立遭遇的角度来分析。在任何这样的遭遇中，一个大家都知道的心怀妒忌或容易愤怒的人确实会随心所欲。然而，这一分析忽视了另外两个方面，它们很有可能让天平朝另外的方向倾斜。

一个黑手党徒在遭遇平凡普通、遵纪守法、理性自利的公民时可能得心应手[127]，但和其他的黑手党徒发生冲突的话就非常糟了。弗兰克意识到了这一点[128]，但并没有从中引出恰当的含义，亦即，愤怒和报复心如果在种群中变成了固定不变的，它们也就失去了进化优势。因此，进化博弈理论家认为，结果将是一个频率依赖的均衡，“鹰派”和“鸽派”按照某个确定的比例共存。[129] 在这个均衡中，各类型都恰好和另一类型发展得一样好，因为他们都没有能力退让，其得失刚好互相抵消。情绪化并无优势。[130]

第二个问题可以这样陈述：引用弗兰克的一个短语，然后把它倒过来：“一

127　在 Campbell (1995)中，黑手党徒迪贝拉让他妻子康妮去勾引律师沃尔默，后者可以让他得到一份重要合同。在其中一个人物的推理中，“康妮·迪贝拉那天晚上让他过来了，因为她想让迪贝拉知道，并且想让沃尔默知道迪贝拉知道那儿有一桩苟且之事在进行。”知道一个黑手党徒知道你正在和他妻子鬼混，可能让你在拿出一份合同时非常愿意给他优惠待遇。

128　Frank (1988), p. 242 指出，马岛战争——一场血腥而代价高昂的战争，为了争夺一块本质上并不重要的地产——的灾难性后果之所以发生，是因为英国人和阿根廷人都被道德义愤的情绪所驱动。

129　Maynard—Smith (1982).

130　在其微观经济学的教科书第二版中，弗兰克承认了这一点(Frank 1996, Ch. 7)。

个知道回避自利的人面对着一个纯理性主义者所没有的机会，即使他在每次交易中都比一个纯理性主义者的收益更少。理性主义者的问题——自利模型反复无视这个问题——是：他往往被排除在很多有利可图的交易之外。”[131]一些正面情绪（诚实和爱）可能也是这样，但对负面情绪而言，事情有点恰好相反。人们会学着识别那些容易发怒的人和心怀妒忌的人，并绕开他们走，而不会跟他们有任何交道。有时候，你别无选择，但经常的情况是，你可以找到可选方案和更通情达理的合伙人。容易发怒和心怀报复的人会发现大家都在回避自己，这本身就是令人不快的，而且——从眼下的视角看就更加有关了——减少了与其他人互惠互动的机会。他们可能在每一次互动中获益更多，但互动的机会更少。我并不是说这些情绪的净收益为负，而只是说，迄今为止，我没有看到过任何人哪怕是试图证明净收益为正。此外，容易发怒的人不会有能力弄明白他们的情绪倾向对自己有不利的影响，因此也就不会有动机去摆脱或约束它。他们将在与其他人的遭遇中得到正强化——是愤怒在发挥作用——但他们不可能从他们没有的遭遇中得到任何反馈。

6. 俄国贵族实例的变种

在本章第 2 和第 5 节中，我证明了激情既可以充当预先约束的理由，也可以充当预先约束的手段。偏好改变有着类似的双重身份。在本章第 2 节，我讨论了这样一个观念：我们可以试着通过改变我们的偏好来预先约束自己。相反，我们可能使用预先约束手段来阻止偏好改变，或者至少是让我们没有能力根据已经改变的偏好采取行动。这是本节的主题。

宗教和预先约束

在《尤利西斯与海妖》中，我从德里克·帕菲特的一篇文章中引述了下面这个段落：

> 我们不妨以一个 19 世纪的俄国人为例，他将在几年之内继承一些巨大的庄园。由于他有一些社会主义的理想，现在，他打算把土地

---

131 Frank (1988), pp. 228—229.

分给农民。但他知道,他的理想迟早有可能消失。为了防止这种可能性,他做了两件事情。他先签署了一份法律文件,将会自动地放弃土地,这份文件只有经他妻子的同意才能撤销。然后,他对妻子说:"如果我改变了主意,并要求你撤销那份文件,请答应我,你不会同意。"他可能还补充道:"我认为我的理想对我来说至关重要。如果我失去了这些理想,我希望你认为我已不复存在。然后,我希望你认为你的丈夫不是我,不是那个要求你给出这个承诺的人,而只是他后来的自我。答应我,你不会按照他的要求去做。"[132]

参考相同的段落,埃克尔·比格拉米为基本约束——它也有着预先约束的清楚含义——理论进行了辩护。[133] 在他的定义中,"一个愿望就是一个基本约束,只要我们想让它得到满足,即使我们并没有那个愿望。"约束可能诱发拥有或保持某个愿望的愿望,只要这使得它的满足更有可能,但这是次要的。假设有两个选项:一方面是有愿望而不让愿望实现,另一方面是没有愿望而让它得以实现,如果一个人可以在它们之间选择,他更愿意选择后者。

想吃冰激凌的愿望不可能是一个基本约束,因为我们想让这个愿望得到满足的唯一理由是我们有这个愿望。相比之下,那个俄国贵族想把自己的土地分给农民的愿望可算作基本约束。就他的情况而言,没有提到使用预先约束策略来维持他想要把土地分给农民的愿望。他打算抵消偏好改变的影响,而不是阻止偏好改变发生。比格拉米从类似的视角,讨论了中东某国的宗教激进主义者:

政府的某些部门恰好反对其他政府部门的意见:未来,该国应当有一种合乎教规的生活方式(他们应当牢固确立这种生活方式,使之在未来得到遵守),即使他们很高兴地承认(大概也正是因为他们承认),未来,由于来自国内和国外的不可避免的现代化的影响,他们可能不再有依据教义而生活的愿望。

尽管我发现比格拉米对基本约束的定义很有成果,但这一特殊的应用提

---

132 Parfit (1973), p. 145;在 Elster (1984), p. 109 被引用。还可参看 Parfit (1984), pp. 327—329。作为这个贵族的困境的一个解决办法,这个手段大可不必这么复杂:妻子这个角色的引入,纯粹是为了阐述和讨论她的困境。

133 Bilgrami (1996).

出了一些难题。一个逻辑难题是:一个国家,像一个个体一样,不可能使用法律体系来约束自己或确立某种生活方式。没有任何其他人能够让一个国家坚守它的承诺(还可参见第二章)。如果未来这个国家的人不想依据当下的教义生活,他们可以而且愿意放弃它们。一个神学问题——我对神学一无所知——是:中东地区人们所尊奉的教义会不会满足于遵守外在的仪式——假设可以强制遵守的话——而没有任何内在的信仰。对宗教生活方式的渴望可能正是一个人想要遵守的那种生活方式的组成部分。最后,有一个经验主义的问题,比格拉米把这一论点归咎于政府圈子的那些人是不是正确的。尽管再一次,我对这个实例的事实一无所知,但你还是可以想象,宗教激进主义者是在试图阻止比格拉米所描述的不可避免的偏好改变。在这里,关键的预先约束策略是维持对西方及其价值观的无知。[134]

这究竟是不是自我约束的一个实例,当然是可以争论的。就像第二章讨论的宪法预先约束一样,你可以认为,它更多的是一代人(或其精英)试图约束其继任者的一个实例。在某些实例中,这一描述肯定更准确。那么,维持无知就是家长式统治的行为,而不是自我家长式统治。然而,自我约束的观念并非毫无意义。对于西方的或现代的观念和价值,你无需知道太多,就能够弄明白,如果你对它们了解得更多,它们就会侵蚀你的信仰。这不像是一个人因为猫会让自己歇斯底里而试图避免看到猫,然后发现,要想避开它们,他首先得注意它们,这反而让他歇斯底里。一个更好的类比是:某人对毒品如何影响自己有足够的经验,知道如果他服用更多的话就会上瘾。[135] 并不像图 I.1 所说明的那个实例,觉察愤怒的起始点可能出现在不能回头的极限点之前。

上述中东某国的例子是一个古老主题的变种。很多非西方社会或现代社会,或者亚文化群,都觉得自己受到了西方价值观或现代价值观的威胁,处心积虑地试图把自己与它们的影响隔绝开来。约瑟夫·列文森的《儒教中国及其现代命运》(*Confucian China and Its Modern Fate*)是对这一现象的经典研

---

134 正如一位匿名作者在 1997 年 5 月 23 日《华尔街日报》A18 版上指出的那样,美国对中东个别国家的经济制裁,通过限制价值观侵蚀与西方互动的机会,实际上可能服务于该国的利益。如果美国确实想要侵蚀该国政权的基础,“华盛顿现在就应该站在‘大魔王’的一边,放开他的商业使者,给其民众想要的东西——甚至更多。”

135 关于这一现象的形式模型,参看 Orphanides and Zervos (1995)。

究。[136] 更晚近一些，很多本土少数族群要求保护他们免遭周围多数文化的侵蚀。尽管自由社会给予其少数民族成员维护其宗教或生活方式的自由，但这种自由可能并不足以抵挡自由主义。要防止宗教同化或文化同化，少数民族可能不得不以减少其个体成员的自由的方式来预先约束自己。

这些行动常常采用了限制年轻一代的选择自由的形式，也就是说，在他们一生中特别脆弱的时期保护他们免受外部影响。1971 年，美国最高法院支持了威斯康星州高等法院的一项裁决，这项裁决推翻了对三个阿米什人家庭的有罪判决，他们拒绝在自己的孩子读完八年级之后继续送他们上公立学校。[137]（威斯康星州有 16 岁之前强制接受义务教育的法律规定。）首席大法官伯格写道，多数派意见同意阿米什人的观点："中等教育是未经许可把他们的孩子暴露在与其信仰相冲突的'世俗'影响之下。"更具体地说，最高法院支持这样一个观念："超过八年级以上的正式中学教育违背了阿米什人的信仰，不仅因为它把阿米什人的孩子置于敌视阿米什人的信仰的环境中，这一环境越来越强调课堂作业和课外运动的竞赛，并且有压力迫使他们遵守同龄群体的作风、规矩和方式，而且还因为它在身体上和情感上把他们带离了他们的社群，在一生中至关重要的、形成性格的青少年时期。"

道格拉斯大法官写道，少数派意见在本案涉及的三个阿米什人的孩子之间进行了区分。其中一个孩子参与了下列对话：

> 问：那么，我可不可以认为，弗里达，你不去上学的唯一理由——而且你自去年 9 月之后就没有去上学了——是因为你的宗教？
>
> 答：是的。
>
> 问：那是唯一的理由？
>
> 答：是的。（补充了强调。）

根据她的证词，以及她的意见，一个她那个年龄的孩子拥有回答这个问题所"要求的道德判断和智力判断"，道格拉斯大法官裁决：弗里达的决定应当受到尊重。相比之下，他对本案涉及的另外两个孩子有意见分歧，因为他们并没有作证说他们"自己的宗教观点不允许他们接受中学教育"。

136　Levenson (1968)；还可参看 Elster (1983b)，pp. 154－156。

137　406 US 205.

现在，我们很可能怀疑，弗里达在公立学校再待两年，她的信仰究竟会不会“未经许可地暴露在与其信仰冲突的世俗影响之下”，这事实上是一个自治的问题。或许更有可能，正是父母的影响，使得她害怕同龄人的压力所带来的影响。然而，从眼下的观点看，这个问题是无关的。重要的是，弗里达表达了对现代世界保持无知的愿望，而且，法律（或者说至少是道格拉斯大法官）决定尊重这个愿望。类似地，即使那位俄国贵族被他的激进分子伙伴说服了，以至于希望分掉自己的土地，那也并没有降低其愿望的因果效力。在这两个实例中，近似的原因是自我家长式统治，不管这一动机的最终原因是什么。

阿米什人的预先约束策略大范围地扩展到了教育领域之外。电话和电的使用受到控制，目的是一样的，亦即，防止可能侵蚀阿米什人价值观的偏好改变。[138] 就电话而言，阿米什人所恐惧的，更多的不是与外部世界的接触，而是其内部交流模式的改变。通过互相监督和放逐（Meidung）离经叛道者来保护传统价值，其前提条件是身体上的互动。“打电话不是行为监督的一个有效替代，传统上，这样的监督发生在面对面的社群语境中。”[139]相比之下，禁止用电——电池除外——的理由主要是隔绝外部世界的需要。

> 反思教堂限制用电的决定后，一位成员最近说：“电会导致世俗。与电相伴而来的是什么呢？全都是我们不需要的东西。我们今天有了柴油发动机，对事物有了更大的控制力。如果你让一根电线接进来，接下来你就会想要一整套的用电设备。阿米什人也是人，你知道的。”另一个人指出：“我们所反对的，更多的不是电，而是随之而来的一切事物——所有的现代便利设施，电视，电脑。”[140]

旅游业的情况更复杂。[141] 阿米什人很大程度上接受了游客进入他们的社群，尽管不接受进入他们的家里。唐纳德·克拉比尔认为，“旅游业非但没有危及阿米什人的文化，反而可能无心插柳地增强了他们的文化”，因为它迫使阿米什人维护游客们来这里观察的传统行为。而且，“勉强承认这是令人自豪

138 关于电话管制，参见 Umble (1994)和 Kraybill (1989)，pp. 143－150。关于电的控制，参见 Kraybill (1989)，pp. 150－164。Glenn (1999)显示，类似的论点构成了阿米什人抵制社会保障的基础。

139 Umble (1994)，p. 104.

140 Kraybill (1989)，pp. 154－155.

141 关于旅游业，参见 Luthy(1994)和 Kraybill(1989)，pp. 227－234。

的,知道他们的文化值得这样尊重,这里面有相当大的满足。旅游业增强了阿米什人的自尊。”[142]然而,从长远看,觉察到自己在舞台上或动物园里,可能会侵蚀这种约束的基础。当传统变成传统主义时,它也就死了。

文化和预先约束

中东人们或阿米什人的宗教信仰是比格拉米所说的那种意义上的基本约束。一个信徒想让其他人也信,他宁愿要一个他们信教的世界,而不愿要一个没有人信教的世界。我们能不能把同样的标准应用于文化实践、尤其是应用于语言的典型实例呢?两个实例之间有一个清清楚楚的相似之处。某个(唯一)说一门少数民族语言的人明显希望另有(一些)人也说这门语言,因为否则的话,他就不可能与任何人交流。宗教实例和文化实例之间还有一个明显的差别。一个宗教信徒宁愿选择一个他信教、而其他任何人都不信教的世界,也不愿选择一个任何人都不信教的世界,而对于一门私有语言的类似偏好则是荒谬的。[143] 还有一个差别是:大多数信徒更愿意让尽可能多的人分享他们的信仰[144],而说一门少数民族语言的人典型地并不想变成新的多数民族。

因为,渴望维护一门少数民族语言是比格拉米所说的那种意义上的基本约束,说这门语言的人将不得不宁愿选择一个他的少数民族同胞说这门语言的世界,也不愿选择一个没有任何人说这门语言的世界。然而,事实上,相反的偏好似乎更有可能。[145] 对大多数个体而言,对交流的渴望优先于渴望让一个

---

142 Kraybill (1989), pp. 232, 233.

143 因此我认为,金里卡(1989, p. 168)误解了这个问题,他写道:“我们经常听到宗教激进主义者声称:如果不约束其成员的言论、出版、宗教、性行为等等的自由,他们的文化就会崩溃,并因此侵蚀源于文化成员身份的个体自尊。”伊斯兰首先是一种宗教,而不是一种文化。我认为金里卡在评论普韦布洛印第安人时犯了类似的错误(同前书),他认为,他们可以保留其宗教的唯一可以接受的理由是,如果没有这一宗教,他们的社群就会土崩瓦解。但这是本末倒置:如果一种文化完全是围绕宗教来组织的话,宗教就不可能被视为维护一个文化共同体的手段。

144 关于某些例外,参见 Harrison (1995)。

145 戴维·拉廷(亲自与笔者交流)指出,这段陈述的一个例外可以在西班牙巴斯克运动的领导人身上观察到:“他们当中很多人并不说巴斯克语,想踩着其他人的孩子的肩膀来保护这门语言,那些人觉得自己被迫把孩子送去上巴斯克语学校。在法国的科西嘉、米迪和阿尔萨斯,你可以看到同样的现象,尽管在这些地方,它只是一个学校里额外增加一门课的问题。很多‘民族主义者’并不说这个民族的语言,却试图通过强迫邻居的孩子说这门语言来保护它。当然,在这里,双语制把水搅浑了,所以与宗教有相异性,而准宗教性并不被宗教家所接受。”

他们并不属于的语言社群永久存续下去。然而,如果他们排在头位的意见是要让一个他们并不属于的社群永久存续下去,他们可能依然有动力参与预先约束,而没有比格拉米所说的那种意义上的约束。

想把自己与一个更大社群隔绝起来的愿望还可能基于文化的理由而出现,有点独立于宗教和语言。不妨举一个个人的例子,这正是我两次投票反对挪威加入欧洲共同体的原因之一。我的担心是,与欧洲共同体的充分整合将使得损失一些只有小社群才能提供的文化好处和社会好处成为必要。在这样做的同时,我知道,一个所有社群都像挪威(450 万名居民)一样小的世界大概产生不了挪威人从中受益的那些技术成就和科学成就。基于康德提出的理由,我应当投票支持加入,而不是试图两者兼得——但我不是一个康德主义者。[146]

7. 成瘾与预先约束

成瘾行为,就其充分发展的形态而言,是我所知道的矛盾心态或意志薄弱最引人注目的实例。[147] 很多瘾君子确实想戒瘾,反复尝试,反复失败,成功,然后复发,再尝试,再复发。因为这个过程典型地反复多次,瘾君子很快就丧失了他们之前可能抱有的任何关于戒瘾多么容易的天真信念。他们不仅必须勇敢面对自己的瘾,而且还要面对自己的无能:仅靠决心戒不了瘾。那么,转而求助于预先约束行为,作为一种并不纯粹依赖于意志的戒瘾技术,也就是合乎逻辑的了。

瘾君子们事实上发展出了很多自我约束策略。在这样做的时候,他们可能有多个目标。首先他们可能只是想戒瘾。其次,他们可能想防止复发。第

146 一些主张挪威获得欧洲共同体成员身份的人相信,加入将是一个预先约束或退位的行动——就像从国际货币基金组织获得一笔贷款一样——使得政府能够抵挡来自工会和工业社团的压力。(感谢奥塔·布罗克斯让我注意到了这个解释。)在英国,诺曼·泰比特对马斯特里赫特协议表达了类似的忧虑:"有一个英国政治生活的原则是:任何一届议会不能约束其继任议会。但是,一旦我们放弃了我们自己的货币,一旦我们签字加入这个联邦主义的欧洲,那么,议会就约束了其继任者。不存在退出它的法律途径。"(《卫报》,1991 年 11 月 25 日)。

147 关于成瘾问题更充分的解释,参见 Elster (1999b)的第 3 章。在眼下的讨论中,技术细节将尽量保持最小化。

三，他们可能想实现有控制的或适度的使用。很多这样的目标也可以通过治疗来实现。事实上，预先约束与治疗之间的分界线并不总是很容易划出。寻求治疗的行为可能有预先约束的方面。相反，治疗可能涉及治疗专家提供的使用预先约束技术的意见。预先约束与公共政策之间的分界线也并不总是很清楚。在一次关于禁酒的全民公投中，一些投票支持禁酒的人可能是重度酗酒者，他们想要限制自己获得酒的途径。尽管大多数投票支持禁酒的人大概是为了约束别人，而不是约束他们自己，但在一个给定的实例中，那些被预先约束所推动的人可能是起关键作用的。

正如我将试图证明的，有范围非常广泛的预先约束策略被人们广泛采用，以对抗成瘾。更一般地说，自我控制的斗争——可能既涉及预先约束策略，也涉及我在本章第 8 节讨论的纯认知策略——是所有重要成瘾的一个绝对核心的特征。因此，对于所有把成瘾看作是从理性选择开始的理论来说，自控问题的无处不在都是一个重大问题。[148] 在这里，我将考量 10 个预先约束策略：

- 扔掉钥匙
- 交出钥匙
- 强加成本
- 创造报偿
- 制造延迟
- 改变或增强信念
- 改变偏好
- 避免暴露在暗示之下
- 避免陪伴
- 寻求陪伴

这些策略的理由是抵消毒品渴求的需要，以及战胜矛盾心态的需要。渴求可能要归因于极度兴奋的拉力和焦躁不安的推力；被环境中的暗示或者压力所触发；或者只是毫无特殊理由地突然从脑海里冒了出来。时间不一致问题主要是在出现某个自然的消费场合时产生的，例如餐后吃甜食，晚上或周末

148　例如，参见 Becker and Murphy (1988)，Becker (1992)，以及 Orphanides and Zervos (1995, 1998)。

喝点酒。在这些场合出现之前，一个人可能决心克制，然后经历了图 I.2 中那样的偏好逆转。如果所有场合都同样“自然”，正如抽烟者通常的情形那样，这个问题就不大可能出现。

关于对高热量食品的预先约束，乔治·洛文斯坦(亲自与笔者交流)提出了渴求对时间一致性的问题。如果我想要阻止自己吃甜食，我可以依据这两项策略之一来选择就餐的餐馆。一方面，如果我想吃甜食的话，我可以决定去一家必须在用餐开始时预订甜食的餐馆。这会帮助我克服我的时间不一致问题，如果那就是我正在与之战斗的问题。另一方面，我可以选择一家没有甜点食品车在身边转悠的餐馆，相反，甜食必须从菜单上点。这会帮助我克服我的暗示依赖性渴求的问题，如果那就是我正在与之战斗的问题。正如这个实例所显示的，采用具体的预先约束策略并不仅仅依赖于目标是戒绝、适度还是防止复发，而且还取决于阻碍我实现目标的障碍的性质。

扔掉钥匙

在某些实例中，或许有可能让上瘾物质在物理上不可用，至少是暂时不可用。这一策略可以结合对延迟的强加或利用。如果我知道我晚上将很想喝酒，但卖酒的店铺已经关门，避免在家里存酒就会帮助我度过危险期，直至第二天早晨商店开门的时候，我知道到那个时候我已经不想喝酒了。这两种策略还可以用一种不同的方式结合起来。假设我想戒烟，而且我将开始一次漫长的海上航行，船上根本没有烟。当我三周之后再次登上陆地时，对烟的渴求已经降低到了这样的程度，以至于我可以抑制这一渴求，而无需预先约束。在这里，延迟起到的作用是让激情冷却下来，而不是克服时间不一致。

交出钥匙

这一策略比上一个策略更可行，更常见。它相当于找别人充当代理人，保护成瘾者对抗自己。更具体地说(还有另外一些方式找别人帮忙，正如我们将会看到的那样)，它相当于指示别人防止你有机会接触到毒品。要想让这一策略发挥作用，其他人必须能够抵制或无视要求解除这一承诺的指示。在某些实例中，正如我们将会看到的，这个条件并不满足。

我想到的这个策略的第一个实例是新泽西州一个名叫詹姆斯·查默斯的

人在 1795 年发表的一份有目击证人的宣誓声明：

有鉴于签字人由于恶劣的酗酒习惯，给自己造成了极大的损害，既破财，又伤身，让所有的熟人朋友都讨厌自己，并发现没有任何办法摆脱上述恶习，除非是不可能得到酒，因此，他恳求并祈望任何人今后不要卖给他任何种类的烈性酒，不管是现钱，还是赊账。[149]

我不知道这个策略是不是起了作用。有一个类似策略明显不管用，其实例被记载在托马斯·德·昆西的《一个鸦片吸食者的自白》(*Confessions of an Opium Eater*)中，他在书中写道：塞缪尔·柯勒律治

甚至会雇人——门童、马车夫之流——用武力阻止他进入任何一家药店。但是，由于制止他的授权只是源自他本人，很自然，这些可怜的家伙发现自己处在一个形而上学的困境中，就连托马斯·阿奎那或耶稣会的诡辩大王也不曾设想过这样的情境。在这个令人痛苦的困境中，会出现下面这样的场景：

"哦，先生，"谦卑的门童恳求道——语气谦恭，却是半命令式的(因为，不管他示弱，还是不示弱，结果都是一样的，这个可怜家伙的每天 5 毛钱看来是泡了汤)——"真的不要这样；先生，想想你老婆和——"

超验主义哲学家："老婆！什么老婆！我没有老婆。"

门童："可是，现在，你千万别，先生。就在昨天，你不是说——"

超验主义哲学家："呸，呸！昨天是很久之前了。你知不知道，伙计，人要是没有鸦片会马上死掉的？"

门童："唉，可你叫我不要听——"

超验主义哲学家："噢，瞎说。紧急情况，出现了令人震惊的紧急情况——完全没有想到的。我很久之前说过的话不用管了。我现在告诉你的是——如果你不把你的这条胳膊从这家深受尊敬的药店门口挪开，我就有足够的理由起诉你人身侵犯。"[150]

另有一个预先约束失败的例证，《米德尔马契》(*Middlemarch*)中的弗莱

149　引自 Orford (1985)，p. 19。

150　引自 Quincey (1986)，p. 145。

德·温尼给出了生动的说明。他“不是一个赌徒，他没有生过这类特种病，以致把全部神经活动集中在一次投机或一次冒险上，像酒鬼见了酒便会忘乎所以。他有的只是一种逢场作戏的赌博方式，这种倾向不具备酒精的威力”。然而，他是一个足以知道不能相信自己的赌徒。从费瑟斯通先生那里得到了一些钱之后，“回到家里，他把四张二十镑的钞票交给母亲，请她代为保管。‘我不想花这些钱，妈妈。我要用它还一笔债。不把它留在我身边，这样保险一些。’”然而，当冒险一掷的强烈渴望攫住他的时候，“弗莱德把八十镑从母亲那儿取了出来”。[151]

埃利奥特·加德纳和詹姆斯·戴维提出了一个成功的预先约束的实例，他们描述了内城区一个可卡因使用者“珍妮特”如何控制她的毒瘾：

> 一个星期五的晚上，拿到了她这个星期的薪水之后，她的一个临时男朋友打电话给她，告诉她，他弄到了一些“顶棒的”（游离碱）可卡因和一些啤酒，打算和几个朋友聚一聚。他邀请珍妮特“过来，和我们一起摇滚一把，找点乐子”。犹豫了一阵之后，珍妮特接受了邀请。她被告知“带点钱，为你使用的可卡因付账”。珍妮特随后仔细地数了数这个礼拜的薪水，估计了一下她下个礼拜吃饭、房租及其他生活必需品要花销多少钱，然后“预先约束”自己，可卡因聚会上使用的只能是她下周“必用之钱”不需要的钱。她把自己的孩子交给同一幢大楼的一个女性朋友照看一个晚上，还把自己下周所有的“必用之钱”交给了那位女性朋友，告诉她“在星期一之前不要把这些钱交还给我，不管我怎么恳求。”[152]

当她身上的钱用完时，“她很快回了她自己住的那幢大楼，恳求她的那位女性朋友把‘必用之钱’给她——遭到拒绝时，她又是尖叫，又是威胁。”这一自我约束因为保管那笔钱的人信守了不交还的承诺而发挥了作用。理想地讲，受托人如果不信守承诺应当有所损失。在实践中，这可能很难实现。比方说，为了治疗肥胖而把一个人的下巴用金属丝绑起来，使得他（她）只能进食流食，这一做法容易导致这样一个问题：那个人始终可以要求松绑，理由是他（她）害怕由于呕吐窒息而死。

---

151 引自《米德尔马契》第23、14、23章。译者注：这里《米德尔马契》的译文均引自项星耀先生的译文，人民文学出版社，1987年7月第1版。

152 Gardner and David (1999), p. 93.

强加成本

瘾君子有很多办法可以给自己强加成本，使得使用毒品的可能性更小。在几乎所有实例中，这些方法都涉及利用其他人。就连戒酒硫（安塔布司）也是如此，如果定期服用这种药物，只要喝酒就会让服用者大病一场。“许许多多的研究表明，那些被医生开出不受监管的药物戒酒硫的人当中，只有很小比例的人定期服用它，很多这样的患者即使没有服用戒酒硫也会做得很好。”[153]尽管大多数戒酒硫使用者都想完全避免饮酒，通过调整给药量，使得喝一两杯之后就会出现不适。这一技术并非没有风险。这种药物有一些副作用，尤其是嗜睡，这些副作用可以借助其他潜在成瘾的药物来抑制，也要在监督下服用。如果一个人在服用戒酒硫之后饮酒，后果可能是致命的。然而，科林·布鲁尔干巴巴地指出：“应当用（不良反应）来吓唬的那个人，是患者，而不是医生。”[154]

正如其他的威慑力量一样，戒酒硫也是当它不被触发的时候，才能最好地发挥作用。只要恐惧足够强烈，它就不会被触发。皮下注射戒酒硫事实上可能提供了格里·麦基所说的“信念陷阱”的一个良性实例。[155] 在有些国家，人们普遍相信，任何使用了注射戒酒硫之后喝酒的人都会死。[156] 事实上，注射戒酒硫在药理学上是惰性的。[157] 但这个信念——大概得到了下面这个事实的支持：有些酗酒者在使用戒酒硫时死掉了，尽管并不是因为他们使用了这种药物——依然可以阻止人们以身试法。尽管是假的，但这个信念在治疗上可能是有用的。因此，“一项受到控制的研究在挪威发表之后——这项研究发现，安慰剂与据称有效的戒酒硫注射之间在结果上没什么区别——其中一位作者受到了来自那些使用过注射戒酒硫的患者的大量批评。”[158]

正如本章第 3 节所指出的，一种经过时间考验的预先约束方法利用了“观众效应”。一个人可以给自己强加成本，公开宣布他要戒瘾，因此通过把羞愧和丧失威信添加到了复发的其他成本之上，从而提高了赌注。托马斯·谢林

153　Brewer (1993), p. 384.

154　同上，p. 388。

155　Mackie (1996).

156　Osiatynski (1997), p. 167.

157　Johnsen and Mørland (1992).

158　Brewer (1993), p. 392，引用的是 Johnsen and Merland (1992)的第一作者。

提供了自我强加成本的一个更具形式性或制度化的实例：

在丹佛的一家戒毒中心，患者被提供了一个屈服于勒索的机会。他们可以写一封自证其罪的信，最好是一封承认其毒瘾的信，把信存放在诊所里，并接受实验室的随机抽检。如果实验室发现使用毒品的证据，诊所就把信寄给收信人。有一个例子是，一位医生的信是写给州医生执照委员会的，信中承认他给自己使用过可卡因，违反了科罗拉多州的法律，请求吊销他的行医执照。[159]

有些被用来战胜吸烟或肥胖的后效契约还涉及给自己强加成本。例如，在减肥计划中，“没能实现预定目标可能导致客户失去一笔钱，捐献给他（或她）最不喜欢的组织或政治团体。”[160]正如下面的段落所显示的，这一策略可能涉及一些风险：

即使一位客户订立了一份契约，也没法保证后效契约总是产生想要的效果。我的一位同事的客户同意：如果她没能减掉数量看上去还算合理的体重，她就丢掉一件她很看重的个人物品，一个价格昂贵的音乐盒。她没能减到预定的体重，遵守了契约，并加倍地苦恼，觉得这是一个进一步的证据，证明她没有能力控制自己。[161]

创造报偿

除了通过给选择早期较小报偿附加成本来克服时间不一致之外，预先约束还可以通过给选择被推迟的更大附加报偿来实现，正如下面两段描述所显示的：

后效契约有时候被用作戒烟计划中的主要治疗程序。吸烟者刚开始时存一笔钱（比方说 100 美元），然后，这笔钱被部分归还，前提条件是达到之前规定的戒烟目标，常常延续到接下来的一段时期。在对这一方法的几个系统性的评估中，都实现了较好的结果。[162]

在后效契约中……治疗专家典型地安排这样一份契约，规定某个结果，比如习惯改变，或者一定数量的体重减少，报偿是归还部分可退

159 Schelling (1992), p. 167.

160 Wilson (1980), p. 218.

161 同上。

162 Lichtenstein and Brown (1980), p. 183.

还的存款……在有些契约中,大额存款(每期 20 美元)规定的还款条件要么是既定的体重减少,要么是饮食习惯的改变,估计会导致可观的体重减少,在 10 周的治疗期里,这些契约产生了明显更大的体重减少(约 20 磅),超过了仅仅按照合同参加疗程的治疗所产生的结果。[163]

在某种意义上,这一策略与上一小节讨论的策略之间没有什么差别。要想创造报偿,一个人必须首先有这样做的手段。给选择较晚报偿附加报偿就相当于给选择较早报偿附加成本,因为选择较早报偿必然意味着放弃你附加给较晚报偿的资源。然而,即使在抽象层面上,惩罚自己抽烟和奖赏自己不抽烟之间也不存在差别,这两个程序有着不同的心理含义。由于人们往往认为放弃的收入比实际的损失更不重要[164],没能遵守合同对一个人的自尊心的打击可能较小,只要他没有遭受物质上的损失。因此,他会预期,基于报偿的契约,其效力小于基于惩罚的契约。

制造延迟

我已经给出了这个策略的一些实例,并指出,它可能既和激情有关,又和时间不一致有关。另一个例证取自一项研究,这项研究

检验了瑞典一次试验性的周六关闭烈性酒零售商店的效果。他们发现,因酗酒而逮捕的数量下降了 10%,而且家庭暴力侵犯的数量以及户外和户内的攻击也下降了。另一方面,这次评估并没有证明酒类饮料的总消费受到任何影响。[165]

挪威的一项研究得出了类似的结论。这些发现被貌似有理地根据下面这个假设来解释:一个很小的个体子群星期五作出决定,星期六不喝酒,而到星期六又改变了主意,但还是戒了酒,因为卖酒的商店在星期六关了门。他们的改变主意可能是双曲贴现引发的偏好逆转,是看到其他人星期六喝酒而诱发的暗示依赖性效应,或者是喝啤酒(啤酒在星期六可用)引发的失去抑制。然而,请注意,就像在本章第 2 节讨论的延迟策略中一样,这实际上并不是一个自我约束的实例。就像控枪和婚姻立法一样,对酒类销售的约束被看作是社

---

163 Wilson (1980), p. 218.

164 Thaler (1980).

165 Edwards et al. (1994), p. 137.

会控制手段而非自我控制技术貌似更加有理。

改变或增强信念

迄今为止讨论的很多策略——消除选项、延迟、成本——可以仅仅凭借是一个信念的对象而发挥作用。如果我相信船上没有香烟,这会让我忍住不抽,即使有大批的香烟储备藏在船上。“如果我注射了戒酒硫还喝酒就会死”这个虚假信念可能非常有效地让一个人忍住不喝。如果我相信抽烟患肺癌的风险比实际上更大,这会促使我戒烟,而一个更现实的评估则不会。因此,看上去仿佛某个决心戒烟的人有动机以某个恰当的方式改变自己的信念。事实上,戈登·温斯顿认为,“保护性的自欺”——相信成瘾的危险比实际上更大——可以帮助一个人摆脱困境。[166] 我在别的地方证明过,这一策略不可能发挥作用。[167] 有一个概念性的事实是:一个人不可能仅仅基于它有用这个理由而故意采用一个信念。我相信,有一个经验性的事实是:无意识的思维不可能参与这种长期欺骗性的或操纵性的思考。自欺是快乐原则的一个工具,而不是现实原则的工具。事实上,人们往往认为抽烟对他们的危害比对其他人的危害更小,而不是更大。[168] 尽管温斯顿认为,一个人可以付费给催眠师,让他诱发想要的信念改变,但事实上,催眠术的目标往往是偏好改变,而不是信念改变。

除了操纵信念体系来诱发非理性地高估成瘾所涉及的风险之外,一个人还可以试图保护它,不让自利倾向形成非理性的低估。有些前吸烟者担心自己故态复萌,于是把一些肺癌受害者的照片挂在家里和办公室里的墙上。职业赌徒经常预先约束自己,不要痴心妄想。“‘失控’……被职业赌徒视为一个职业风险,可以采用各种不同的预防措施来阻止。”这些措施明显包括之前的赌注选择,以及避免连续下注。[169] 而且,重要的是要避免五花八门的迷信想法,

166 Winston(1980), pp. 319—320。本章第3节提到的卡里罗和马里奥蒂(1997)的“无知是福”理论似乎证明了这个主张是正确的。尽管他们的论证与温斯顿的论证之间有一定类似性,但他们并不依赖于自欺。当一个人决定不再获取关于毒瘾危害的更多信息时,他并不知道,如果他染上了毒瘾,毒品究竟是不是被他眼下相信的更危险。事实上,由于关于X的信息的信息,就是关于X的信息,这个观念毫无意义。

167 Elster(1983b), p. 161。还可参看 Elster(1999d)。

168 McKenna(1990).

169 Dickerson(1984), pp. 58, 62.

这是很多赌徒的典型特征。

改变偏好

假设我可以自由地吸烟或戒烟。我想吸烟是因为我喜欢它，但我还想戒烟，因为我担心自己的健康。考量了各种因素之后，我宁愿戒烟，但我害怕意志薄弱或双曲贴现会打败我。在那样的情况下，我可能形成并试图实现这样一个愿望：让自己摆脱想吸烟的愿望。主要工具似乎是催眠术、厌恶疗法和消除暗示。

对使用催眠术抑制吸烟、肥胖、药物滥用和酒精中毒所进行的一项研究发现成功率非常有限。[170] 例如，催眠暗示诱发对酒精的厌恶，“与患者从喝酒中得到快乐或放松的经验相抵触。”[171]一个更奇怪的观念是使用“催眠暗示复活之前良好的迷幻药体验，作为实际使用迷幻药之外的替代选项”。[172] 厌恶疗法使用经典的条件作用原理，让瘾君子把毒品与恶心或电击联系在一起。例如，威廉·巴勒斯设计了他自己的技术，把一种毒品与一种令人厌恶的化学反应进行配对，在感觉到自我注射吗啡的效果之后及时注射脱水吗啡使之奏效。[173] 但总的来说，厌恶疗法只获得了有限的成功。[174]

厌恶疗法目标在于建立对毒品的负面条件反射，而消除暗示则旨在消除正面反应。瘾君子必须被带入或自行进入传统上与消费相关联的环境或情境，然后被阻止或自行阻止消费。随着联系被打断，暗示依赖性的渴求不久之后便会逐渐消退。[175] 这个过程必须是系统性的，涵盖传统上与毒品相关联的所有情境。[176] 据乔治·瓦利恩特说：

> 在假释监督下戒鸦片，以及在匿名戒酒协会监督下戒酒，之所以

---

170 Brown and Fromm(1987),Ch. 4.

171 同上，p. 195。

172 同上，p. 191。

173 Callahan (1980), p. 154.

174 Miller and Hester (1980), pp. 31—42; Lichtenstein and Brown (1980), pp. 189—192.

175 Weiss, Mirin, and Bartel (1994), p. 149; Callahan (1980), pp. 158—159; Miller and Hester (1980), pp. 90—91. Miller (1980), pp. 276—277.

176 因此，Goldstein (1994), p. 222 告诉我们：“一位同事讲了一个令人信服的故事，他是一个尼古丁成瘾者，但好多年没抽烟了。他在过去抽过烟的各种不同情境中戒烟，就这样，他让自己对各种不同的条件联想脱了敏——聚会上的香烟，早咖啡上的香烟，办公桌上的香烟，以及诸如此类。有一天，他去了海滩，突然间被想抽烟的强烈渴望给压倒了。他发现此事不可理解，直至他认识到，在海滩上抽烟曾经是他生活中的一个重要模式，而且，他没有机会消除这个特定的条件联想。”

比住院或监禁期间实现的戒断更持久，其原因之一是，前者的体验发生在社群中。因此，戒断是在很多条件强化刺激（社区酒吧，其他成瘾者，社区纠纷，以及诸如此类）的面前实现的。例如，匿名戒酒协会鼓励酒精滥用者维持繁忙的社会活动日程安排，并在从前酗酒者的面前喝饮料（咖啡）。很多次要的强化刺激都近在眼前。独独缺少的是酒精饮料。当此类事件在缺乏强化刺激的情况下出现时，这些“次要的强化刺激”便失去了威力。[177]

避免暴露在暗示之下

如果不能消灭暗示依赖，成瘾者就应当特别小心，当有机体的内在状态到了渴求很容易被触发的程度时，要避免暴露在与消费相关联的暗示之下。例如，对于体重超标的人，一项传统的建议是：“不要空着肚子去购物。”然而，这个特定的忠告是错误的。事实证明，“肥胖的购物者刚刚吃过东西时比腹中空空时更加漫无计划地购买”，理由是：“对减肥者来说，饥饿的感觉看似荒谬地让他们感到欣慰，因为这等于告诉他们，在避免卡路里上他们是成功的。”因此，“正是体重正常的节食者，应当避免饿着肚子去购物。”[178]

话虽这么说，但回避暗示是自我管理的一项基本策略。瘾君子们似乎本能地发展出了这些策略，它们也是治疗与康复程序的标准组成部分。想要戒烟的人常常得知，他们也必须停止喝酒，因为酒精充当了渴求香烟的一个暗示，还导致不受抑制。（然而，如果他们去一个与世隔绝的度假胜地，他们可以带上酒，只要不带烟就行。）赌博可能是个例外：在拉斯维加斯之外的大多数地方，日常环境并不存在可能触发赌博欲望的暗示。就酗酒而言，“暗示影响喝酒的欲望对匿名戒酒协会一样起作用。他们的集会在教堂或学校里举行，都是之前与喝酒毫无关联的地方。”[179]（注意与前面引用的瓦利恩特那段话形成鲜明对比。）而且，“很多饮食养生包括了对付食物暗示的具体训练。”[180]就抽烟而

177　Vaillant(1995)，pp. 251—252，利用了 Stall and Biernacki(1986)。

178　Baumeister，Heatherton，and Tice (1994)，p. 177。关于吸烟者，他们报告了类似的发现(*ibid.*，pp. 204—205)。

179　同上，p. 162。

180　同上，p. 182。

言,政府在消除暗示上提供了帮助:“通过有效地消除吸烟暗示(包括广告和电视画面:没有一个人在电视上吸烟),社会可能把影响吸烟者的暗示简化为有一支香烟。”[181]

像大多数形式的预先约束一样,避免暗示也是代价高昂的。戴维·拉布森在他的“消费暗示理论”中提出了一个模型,在这个模型中,消费者可能愿意交出他的部分收入来控制暗示过程。[182] 在这个模型的一个变种中,他探讨了下面这个事实:(比方说)抽烟的手段,亦即香烟,也是抽烟欲望的暗示。因此,在这种情况下,暗示管理和消除选项这两个策略是一致的。正如他所指出的那样,这个减少可行集的愿望和时间不一致没有关联。然而,他还证明,暗示和报偿的相互作用可能产生某些行为,看上去似乎反映了“急躁不断下降”,也即是说,时间 t 和 $t+1$ 之间的平衡比时间 0 和 1 之间的平衡更平缓。

避免陪伴

由于其他成瘾者提供了特别显著的暗示,所以人们普遍建议,想要戒酒或戒烟的人应当避开这些活动发生的地方。再一次,政府可能出手相助。“过去20 年的民意调查持续不断地显示,多数烟民支持(限制公开场合吸烟)。很多烟民把吸烟限制看作是帮助他们戒烟的一种方法,或者至少是减少他们的消费,而且,很多人也理解为了他人的利益而控制吸烟污染的必要性。”[183]根据这个论点,在公共场合吸烟有两个截然不同的外部效应:既影响其他人的健康,也影响吸烟者戒烟的能力。第一个效应——如果被证明的话——将为政府介入提供一个很好的理由,第二个效应更可疑一些。

吸烟者和酗酒者陪伴在身边还可能由于朋辈压力而触发旧瘾复发,这样的压力

> 既包括间接的人际强迫,旨在迫使戒瘾个体参与成瘾行为,也包

181 Baumeister, Heatherton, and Tice(1994), p. 204。电视上香烟广告的目标是要宣传具体牌子的香烟,不是为了烟草工业的集体利益给吸烟者提供暗示。后者是作为个体公司逐利的副产品而提供的。(禁止电视广告的主要动机,也不是为了消除暗示效应。)然而,禁止广告为烟草工业提供了另外的集体利益:它“会有效地终结任何新的竞争对手未来进入香烟业务的可能性,不管这个产品多么有利可图,因为,没有电视广告,引入新牌子的香烟都会被证明极其困难”(Kluger 1996, p. 333)。

182 Laibson (1996b).

183 Glantz et al. (1996), p. 258.

括间接的社会压力。间接压力的出现，通常是由于发现自己身处其他每个人都使用成瘾物质的社交语境中，并且，如果不“入乡随俗”的话，你就会觉得自己的行为不是恰当的社交方式。[184]

后面的这种感觉很可能是一种合理化，事实上，其动机可能是想抽支烟或想喝酒的愿望。再一次，远离别人是有成本的，尤其是如果群体中有很高比例的人参与这项活动的话[185]。有些想要戒瘾的人可能有动力去承担这些成本，而另一些人可能没有。不难想象这样的情形，没有一个个体愿意孤立地负担成本，但所有想要戒瘾的人协调一致的行为将会极大地降低成本，足以让他们所有人都愿意承担。

寻求陪伴

我要考量的最后一组策略涉及故意利用其他人来限制消费或防止复发。我在这里想到的不是前面讨论过的把毒品供给或赌博经费的控制权托付给别人的策略，也不是请求别人在你越轨时惩罚你的策略。相反，这里的观念是，瘾君子或前瘾君子可以利用另一个瘾君子作为预先约束的互助手段，一起消费，或一起戒瘾。

先考量下面这个观念：其他人的陪伴可能是一种受控使用的手段。一个受控使用者全都靠自己明显很难。在一项经常被人引用的研究中，“几乎所有实验对象……都需要其他受控使用者的帮助，才能从不同亚文化的吸毒者的实践民俗中建立恰当的仪式和社会约束。”[186]用本章第 2 节的语言说，这些似乎是偶发约束，而不是基本约束。“在很大程度上，与受控使用者交往是一个机会问题，而不是一个个人故意选择的问题。”[187]推测起来，受控使用者知道并欢迎下面这个事实：他们互相充当了对方的遏制力，但这似乎不是集体消费模式为什么首先被选择的原因。

接下来考量下面这个观念：其他人的陪伴可能是实现彻底戒断的一个手

184 Cummings, Jordan, and Marlatt (1980), p. 304.

185 Moene (1999).

186 Zinberg, Harding, and Winkeller (1977), p. 127。然而，作者指出，在吸毒者的亚文化内部，也有一些仪式加重而不是减缓毒品的使用。

187 同上, p. 129。

段。这就是匿名戒酒协会背后的观念或逻辑。“在每次集会上，匿名戒酒协会每个正在康复的酗酒成员都持续不断地保持这样的认识：对于自己的酗酒者同伴，他既有给予，也有获取。”[188]给予并不是集会的目的，而纯粹是一个副产品：“首要目的始终是维持一个人自己不喝酒，这甚至是帮助他人的先决条件。长远来看，这种开明自私自然让每个人受益。”[189]正如受控使用的实例中一样，坚持陪伴是一个均衡行为：如果其他人都这样做的话，它就符合每一个参加集会的人的利益。这个策略可以是前面讨论过的信念增强策略的一个子实例，假如正如我所怀疑的那样，匿名戒酒协会集会上讲故事的仪式的一项主要功能是维持记忆的鲜活，让他们清晰地回想起一个酒鬼看上去是什么样子。

8. 阻碍、反对与可选策略

预先约束即使是可欲的，也有可能是不可行的或无效的；当它可行且有效时，它也有可能是不可欲的。在这样两种情况下，有冲动控制问题的个体可以寻找其他办法来对付这些问题。[190]

预先约束的阻碍

我们只要看看表Ⅰ.1中的预先约束策略清单，有一点就很清楚，在一个给定情境中，其中很多策略可能是不可用的。例如，要想投资于议价力，你必须已经拥有一定的资源。靠着非常低的工资，工人不可能出得起钱建立罢工基金，借助这笔基金，他们可以发出可信的罢工威胁，要求提高工资。尽管如果他们能发展出罢工的情绪倾向，即使罢工不符合他们的利益，他们可能有能力自行其是，但这样的情绪计划十分罕见甚或根本不存在，这暗示了这种自我操控可能只是不在我们的策略清单上。工会领导人有时候可以操纵工会成员，进入一种道德狂热，使得他们愿意做出毫无意义的牺牲，但那是另一回事。

保持无知可能也很难，其原因既有概念上的，也有物理上的。一个人不可能决定遗忘；事实上，“把任何东西如此鲜活地烙印在我们的记忆里，莫过于试

---

188 Kurtz (1979), p. 215.

189 Royce (1981), p. 248.

190 这一节很大程度上要归功于戴维·拉布森的评论。尤其是，“社会信号”效应要归功于他。

图不记住它的愿望。”[191]尽管一个议价者如果不知道自己和对手所分配的数额会更好[192]，但是，如果事实上他知道，他就不可能决定无视它。当一个人怀疑什么事情出了问题时——可能是不治之症，或者配偶有了情人——就算他故意克制自己，不去弄清楚究竟是怎么回事，也并不总是能阻止恐惧或妒忌。保持无知的策略（“从不阅读配偶的日记”）要想有效，就必须在你有任何具体理由采用这一策略之前采用。

通过在物理上让某些选项不可用来消除选项，这一选项本身可能是不可用的。如果我认为我可能在同事聚会上做出什么蠢事，我可以缺席——但如果我是公司的老板就没法这样做了。为了治疗我的成瘾，我可能想找一家不会对我的出院要求做出回应的诊所，但可能并不存在任何这样的诊所。[193] 那个俄国贵族可能没有能力做出法律上可执行的承诺，在他继承遗产时分掉他的土地。如果我试图约束自己，通过购买一份养老保险来克服自己大手大脚花钱的倾向，我始终可以通过使用这份年金作为借款担保，从而绕过障碍。[194]

给自己强加成本也有可能不可行或无效。法庭不可能尊重我的这样一份合同：如果我没能执行我对第二方的威胁，我就要支付给第三方一大笔钱。[195] 如果自我威慑是这样实现的：寄存一大笔钱，在旧瘾复发的情况下将被没收，而对于服从，将归还部分作为奖赏，那么，有的人可能没有能力搞到这样一笔钱，其数额大到足以让事情有所不同。这个中产阶级的预先约束策略并非对每个人都可用。如果激情让我对刺激又聋又瞎，那么通过强加额外赌注的办

191　Montaigne (1991), p. 551.

192　Camerer, Loewenstein, and Weber (1989), p. 1244.

193　在 Elster (1984), p. 38 中，我提到了挪威的心理健康保护法，其“独一无二的特征是，一个人可能自愿寻求入住一家精神病院的许可”。这部法律只赋予了负责医师禁止患者离开的权利，但他没有义务禁止患者离开。有很多理由，医生可能选择不行使这一权利（黑尔格·瓦尔，亲自与笔者交流）。至于美国，Dresser (1982), p. 792 认为：“一个患者和一个精神病医生今天订立了自愿约束的合同，他们在强制执行合同规定上不大可能获得政府的帮助。”

194　以一种不能作为担保品使用的形式把你的钱存起来，便可以克服这个问题。联邦调查局密探“唐尼·布拉斯科”遇到了一个黑手党徒，后者给了他下面这个忠告(Pistone 1989, p. 141)：“唐尼，你看上去似乎是一个十分精明的家伙。我只想给你一个忠告。我们干的就是这个行当，你很快就老了，你现在干的很多事情，等你老了就干不了……所以，唐尼，我的忠告是，找个你真正信任的人，每次你干了一票，就拿出一部分钱，交给你的那个朋友，让他替你保管。跟那位朋友立好规矩，在你退休之前，他不许给你任何钱。你不可能明天去找那个家伙，求他给你一两千块钱，因为他不会给你——那是你立的规矩。”

195　参考 Laibson 1997, p. 448，注释 6。

法来克服激情就可能不起作用。如果我想戒烟，并试图通过告诉朋友们来提高赌注，第一次可能起作用，但第三次或第十次就未必起作用了。

对预先约束的反对

即使存在一种起作用的预先约束技术，至少有一定的概率，使用这一技术所需要的成本大于预期收益。不妨考量一下图 I. 2。如果时间 1 是预先约束最不可能的日期，而且，如果使用预先约束技术的成本超过了两条曲线之间的距离（加粗线段），使用这一技术就不符合我的利益。如果我要付钱给一个治疗专家，让他帮助我改变我的偏好或修正我的情绪反应，那就有可能不值得这样做。如果我今天使用一部分收入投资于一个罢工基金，让我能够发出可信的威胁，将来得到更大的收入，而增长部分贴现后的现值可能证明不了这笔投资是值得的。给自己强加（有条件的）成本的（实际）成本也可能高得惊人。假设我可以设法做出一个在法律上可强制执行的承诺：如果我没有执行威胁就支付给第三方一笔钱，那么律师费可能把全部所得吞得一干二净。

可信承诺的问题提出了一个特殊难题。不妨考量一下图Ⅰ.3。如果夏娃能可信地约束自己，信守自己的承诺：如果亚当向左她也向左，要么通过消除她的向右选项，要么通过给她选择这一策略附加成本，那么，各人都会获得 1。如果她预先约束自己的成本是 1.2，她就没有动力这样做，尽管共同说来，如果她这样做了，他们的结果会更好。因此，亚当可能承诺补偿给她 0.3，这样一来，他最后会得到 2.7，而夏娃得到 2.1。如果这个承诺可信，夏娃会做出必要的投资，让自己的承诺变得可信。为了让自己的承诺可信，亚当可能不得不对自己的承诺进行一定的投资。只要投资成本小于 0.7，他就会投。为了具体起见，如果我们假设，他的成本是 0.6，亚当和夏娃最终会从合作中得到收益的 10%，另外 90%投入了可信度中。

预先约束策略还可能由于信号效应而不可欲。如果别人注意到了我的预先约束行为，他们会推断我缺乏自控力。因此，他们可能不愿意在没有预先约束手段可用的场合和我打交道，我的缺乏自控对他们来说可能是代价高昂的。在很多社会，既有反对完全戒酒的规则，也有反对醉酒的规则。[196] 尽管很多戒

196　关于文献记录，参见 Elster (1999b)第 4 章第 3 节。

酒者都是通过个人控制(参见下一小节),而不是借助预先约束策略,但反戒酒的规则大概涵盖了这两类,而且理由是一样的。一个不能控制酗酒的人,人们也不可能相信他能信守承诺。[197]

然而,预先约束策略最重要的成本可能是灵活性的丧失。不妨在此考量一个人打算自愿地、不可更改地入院治疗毒瘾问题,为了论证的方便,我们不妨假设,这个选项事实上对他是可用的。如果他预期在此期间可能出现急事,他可能不想冒不能处理这些急事的风险,并知道医院里玩世不恭的工作人员会不理睬他的恳求:这次真的是个例外,而不是他纵容自己毒瘾的一个借口。正如罗伯特·弗兰克所言,他赞成这样一个观点:作为预先约束策略,爱情优于一纸书面婚姻契约,他说:"任何婚姻契约,如果宽大到足以允许结束没有希望的婚姻,都不可能同时严厉到足以防止机会主义的朝三暮四。"[198]过河烧桥也可能是一个高风险的策略。保持所有选项开放,与过早地排除这些选项比起来,你或许能够搜集到新的信息并作出更好的决策。[199]

因此,在可欲性与可行性之间,可能有一个平衡。对某些成瘾来说,适度的、受控制的消费是最可欲的目标。社交场合适度饮酒,大快朵颐之后偶尔抽支香烟,或者时不时地光顾一下赛马场,对有的人来说,很可能是其美好生活观念的组成部分。他们没有理由拒绝这些无害的快乐,只要他们不失控就行。很多从不上瘾的人都能实现这个目标,至少是对于喝酒和赌博而言[200],但是,前瘾君子在保持受控使用上可能很难。在仔细讨论了这个问题之后,乔治·瓦利恩特得出结论:"不是酒精依赖的个体再也不会回到社交性的饮酒,而只是,那是一种罕见的、常常是不稳定的状态。"[201]这个问题是有争议的,部分程度上取决于关于旧瘾复发的后果的信念。特别是,零容忍的信念"可以比作毫无保留地把所有防御力量都投入到前线的军事战略。前线得到了最好的保卫;但

---

197 尽管 Mischel (1968)证明:人们显示出的跨情境一致性远远少于我们通常假设的,但对一致性的信念——尤其是它如此普遍——依旧可以创造出这种信号效应。

198 Frank (1988), p. 195.

199 Henry (1974).

200 "百分之九十的饮酒者都是想喝就喝,不想喝就丢开不理,剩下百分之十的人是不得不喝。这两个百分比对于吸烟来说几乎恰好相反:只有大约百分之十的吸烟者被认为是'社交性的吸烟',他们可以想吸就吸,不想吸就丢开"(Krogh 1991, p. 3)。

201 Vaillant (1995), p. 297.

前线一旦突破，就不存在退却的选项，灾难便接踵而至”。[202]

预先约束之外的可选策略

如果外在的预先约束不可行或不可欲，我们可能会问，行为人能不能通过采用内在的策略来回应激情、偏好改变或时间不一致的挑战。关于激情和偏好改变，都很难用不同于预先约束的其他方式来抵消。尽管一个人可以试着把情绪扼杀在萌芽状态，或者琢磨别的什么事情，从而抵消情绪[203]，但我认为，这些技术常常是不够的。通过纯内在手段来防止或抵消偏好改变的观念似乎更加没有道理。

然而，关于双曲贴现引发的时间不一致，有两个内在策略可用。如果预先约束对于行为人来说要么不可行要么不可欲，那么，他可以求助于老于世故和聚束的认知策略[204]。在第一种方法中，行为人把自己看作是参与了一场与未来自我的策略博弈，预先准备并形成未来自我的决策。不是天真地假设：未来的自我会做他想让他们做的事，相反，他考量了下面这个事实：他们会依据他们对选项的相对评估来做出选择。特德·奥多诺霍和马修·拉宾证明，在某些实例中，比起一个天真行为人的结果，这一老于世故的方法导致了更高的福利，而在另一些实例中，老于世故可能让事情变得更糟。[205]

特别是，奥多诺霍和拉宾证明，老于世故的个体可以减轻他们的拖延倾向，只要他们能够充分预见到。他们通过下面这个例子来说明这一观念。

> 假设你通常周末去看电影，当地电影院的时间表包括本周的一部平庸的电影，下一周的一部优秀电影，两周后的一部伟大电影，以及三周后约翰尼·德普的一部电影（所有电影当中最好的）。现在假设，你必须在4周之内完成一份工作报告，不这样的话，你就必须跳到4周之后的电影。你何时完成报告呢？

奥多诺霍和拉宾证明，一个天真的实验对象会在最后一个周末撰写这份

202　Vaillant（1995），p. 25.

203　Ainslie (1992)，pp. 133－142.

204　“老于世故”这个术语大概很不合适。所有自我控制的手段——不管是外在的还是内在的——其前提条件是：行为人知道自己试图抵消不一致。

205　O’Donoghue and Rabin (1999a)。几个经常被引用的段落分别出现在这篇文章的第109、110以及110－111页。

报告,而一个老于世故的行为人则会在第二个周末撰写这份报告。

在这个实例中,老于世故帮了忙。在另外一些实例中,天真的实验对象比老于世故的实验对象做得更好。“假设你有一张优惠券,在接下来的4个周末去看一场电影,而且你的零用钱看不起一场电影。当地电影院的时间表和上面的例子是一样的……你去看哪部电影呢?”天真的实验对象会像下面这样行为:“在前两个周末,(天真的实验对象)跳过平庸的电影和优秀的电影,错误地相信他们会等着看约翰尼·德普的电影。然而,在第三个周末,他们屈服于自控问题,去看了那部伟大的电影。”老于世故的选择者做得更糟。

> 2期老于世故者会选择去看那部优秀电影,因为他正确地预测到了他会在第三个周末屈服于自控问题,只是看那部伟大电影,而不是约翰尼·德普的电影。1期老于世故者正确地预测到了他的2期自我会做出这样的推理和行为。因此,1期老于世故者认识到,如果他等待的话,他只会去看那部优秀电影,所以他决定还不如现在就去看那部平庸电影……知道未来自控问题可能导致你今天屈服于它们,因为你认识到你明天会屈服于它们。

在另外一部作品中,奥多诺霍和拉宾证明,最后的结论也适用于成瘾。[206] 治疗成瘾者的临床证据证实了这个观念:“既然我知道自己迟早要旧瘾复发,我不如今天就开始。”[207]

不用说,这些论证并不意味着,天真可以作为一项预先约束策略而采用,以防止自己成瘾以及老于世故所带来的其他不良效应(参见前面对温斯顿的评论)。即使当天真、无知、单纯、率直等等这些都有良好的后果时,你也不可能为了这个理由而故意选择它们。[208] 本章第3节讨论的卡里罗和马里奥蒂的结论是唯一明显的例外。他们显示,一个行为人可以理性地决定不去弄明白

---

206 O'Donoghue and Rabin (1999b)。也可以得出相反的结论——老于世故有帮助,只要我们现实主义地假设,时间贴现率是内生性的,也就是说,成瘾者比非成瘾者更严重地贴现未来,但是,只有老于世故的行为人预料到了这一影响。(关于内生性贴现率的概念,还可参看 Orphanides and Zervos 1998。)如果我们假设,上瘾带来的兴奋随着年龄变老而消失,那么老于世故也有帮助,但只有当老于世故的个体能够预见到这一效果时才会这样。

207 黑尔格·瓦尔(亲自与笔者交流)。严格说来,这种宿命论的态度并不等于这里定义的老于世故的选择。成瘾者预测自己将会做什么并非基于这样一个预测:在计划范围内最后一期对他来说做什么是理性的,而是基于这样一个观念:由于大多数成瘾者似乎都要旧瘾复发,他们很可能也会这样。

208 Elster (1983b), Ch. II.

关于某个主题的真相究竟是什么，而不是说，他可以理性地决定对一个他已经知道的真相无视。[209]

在二十多年的时间里，乔治·安斯利探索了这样一个观念：一个人可以通过“个人控制”或“聚束”来克服双曲贴现的影响。[210] 如果一个行为人知道他将被暴露在一连串的选择之下，每个选择都有图 I.2 所显示的结构，而且知道自己有双曲贴现的倾向，他就可能把这一情境建构为连续的选择，而不是选择的连续，从而诱发对延迟的更大报偿的选择。也就是说，他可能认为自己有两项选择：现在和今后所有场合选择较早的小报偿，现在和今后所有场合选择更大的报偿，无视这样的情境：在某些场合选择较小报偿，在另一些场合选择较大报偿。这个观念是要建立一个心理上的多米诺效应，借此，一个人选择一些行为作为后来其他所有选择的一个先例。安斯利认为，这种把多个选择一起聚束在一个决定中的策略不仅在克服双曲贴现问题上是有效的，而且也是理性的。

聚束策略的有效性不可否认。正如一个人可以问：“舍我其谁?”借此设法与其他人合作，他也可以问：“现在不做，更待何时?”借此设法与他自己合作。[211] 对很多人来说，戒瘾早于适度控制，因为它可以被一条明线所维持。然而，个人控制的成本可能相当可观。[212] 存在这样一个风险：如果行为人想把先例设定扩大到各个领域，借此增强他的决心，那么，刻板僵化的遵守规则行为模式就可能从一个生活领域蔓延到其他生活领域。在一个给定的领域内，绝不容许一个例外的策略可能导致大量毫无意义的自我否定。对这个由解决办法引发的问题的回应就是要找出允许适度纵容的个人控制规则或明线。诺曼·津贝格描述了毒品使用者，尤其是海洛因使用者如何通过下面这些自我强加的规则，从而实现了适度的或受控的消费：

- 决不在陌生的地方使用。
- 决不与陌生人一起使用。

209　还可参看注释 166。

210　最充分的论述在 Ainslie (1992)中。

211　参见 Skog (1999)。作者证明，如果被聚束在一起的未来期数足够少，一个成瘾者可能形成戒瘾的决心，不料却发现，选择临近的那一刻它便消解了，因此产生了首先推动聚束策略的时间不一致问题。

212　尤其可参看 Ainslie (1992)，第 6 章第 4 节。

- 只吸“一口”。
- 特定的使用时间表(例如,只在工作之后使用)。
- 提前制定使用计划。
- 不要分享“作品”。
- 使用之前清理环境。
- 决不独自一人使用。
- 搞到毒品的规则(例如亲自认识提供者)。
- 毒品使用的预算资金。
- 不要混合毒品。
- 不要因为消沉而使用。
- 如果要开车就不要使用。[213]

聚束的理性更有疑问。日常生活的康德主义构成了“舍我其谁?”这个问题的基础,明确地依赖于(在我看来)某种形式的奇思妙想[214],对先例因果效应的类似信念同样值得争论。[215] 而且,如果适度的个人控制结果是不稳定的,并容易被各种例外入侵,以至于留给行为人的唯一选择是要么全有要么绝无的决策,限制令人愉快的自发活动的成本可能极高,以至于行为人可能理性地决定:不值得这样做。假设我让自己能够进行费力的身体锻炼的唯一办法是毫无例外地每天坚持锻炼,即使由于某个理由它令人十分不快的时候也是如此。还假设,正如我在别的地方所读到的那样,每锻炼一个小时预期寿命会延长 50 分钟是真的。那么,我可以十分理性地断定,每天锻炼的成本超过了收益。[216]

---

213 Zinberg(1984),p. 80.

214 Quattrone and Tversky(1986);Elster(1989c), pp. 195—200。然而,Hurley (1989), pp. 150—151 认为,在单次囚徒困境中,合作是理性的。Sen(1987), pp. 81—88 提出了一个类似的、却更弱的主张。我承认自己无法理解他们的论证。

215 参见 Elster (1989c), pp. 201—202 和 Bratman (1995)中提出的主张:对先例的因果效力的信念是某种形式的奇思妙想。在对批评的回应中,Ainslie (1994)坚持认为,这个信念直截了当地是理性的。

216 我们不妨详细解释一下。每天锻炼一个小时,我的寿命便延长(让我们假设)50 分钟。在大多数日子,锻炼涉及 45 分钟的快乐之后 15 分钟的痛苦,剩下的是快乐的净效应。在某些日子,锻炼涉及连续不断的痛苦。在所有日子,长期收益的推迟通过双曲贴现诱发了拖延。即使在好日子,短期收益的推迟也通过同样的机制诱发拖延。如果我能相信自己可以以一种非自欺的方式识别出坏日子,我可能在那些场合放弃锻炼,从其他方面得到短期收益,并稍稍降低长期收益。如果我不相信自己,那么我就必须选择要么一直锻炼,要么从不锻炼,我可能决定,坏日子里锻炼的痛苦抵消了长期收益和短期收益之和。

最后我要问，策略时间不一致的问题能不能以不同于预先约束的其他方法来解决。在对这个问题的讨论中，阿维纳什·迪克西特和巴里·纳尔巴夫描述了他们所说的“抵达可信性的八正道”：

1. 建立和利用声誉。

2. 写合同。

3. 切断通信。

4. 过河烧船。

5. 把结果交给机会。

6. 迈小步。

7. 通过工作团队发展可信度。

8. 使用受托谈判代理人。[217]

尽管其中大多数策略需要这种或那种方式的预先约束，但有些策略更有歧义。当迪克西特和纳尔巴夫指出，自豪的情绪可能有建立声誉的效应，并因此服务于“一个隐含的社会目标：改进我们多方面的日常关系的可信度”[218]，他们所依赖的，要么是并无支持的功能主义推理，要么是本章第 5 节讨论过的赫舒拉发和弗兰克的论证的一个变种。当他们指出，要想避免可能侵蚀迈小步策略的逆向归纳所带来的信任瓦解，就“不应该有清晰的最后一步”[219]，他们并没有指向此类情境的这样一个特征：掉转方向是任何一个人力所能及的。换句话说，他们往往混淆了为了这个目的而故意创造出来的这一情境的提高可信度的特征，以及那些因为其他原因而已经存在却有同样效应的特征。尽管在某种意义上，后面的这种偶发约束可能被视为预先约束之外的“可选方案”，但那个意义并不是我们在最后这几页所考量的意义。根据这个实例的性质，人际间的可信度问题不可能通过纯内在的手段加以克服。

---

217 Dixit and Nalebuff (1991), p. 162.

218 同上，p. 165。

219 同上，p. 176。

第二章　解除束缚的尤利西斯：作为约束的宪法

1. 导　论

很多作者认为，政治宪法是预先约束或自我约束的手段，由国家创立，为的是防止不难预见的倾向：做出不明智的决策。[1] 在对这个问题的早期讨论中，斯宾诺莎在个体预先约束和政治预先约束之间进行了明确的类比：

> 这决不违背惯例，因为法律被如此牢固地确立，以至于就连国王本人也不能废除它们，例如，波斯人过去把国王当作神来崇拜，然而，法律一旦制定，就连国王也没有权力废除，正如从《但以理书》第6章中清楚地看到的那样，而且，据我所知，如果没有明确的条款，任何地方的国王都不能无条件地颁布法令。事实上，这既不违背理性，也与对国王的绝对服从并不矛盾；因为国家的基本法必须视为国王的永久法令，所以，他的大臣们拒绝执行其任何违反基本法的命令就是对他的绝对服从。我们可以参考尤利西斯来阐明这一点，当他被海妖的歌声所迷惑时，他的战友们不顾他的所有命令和威胁，拒绝把他从桅杆上放下来，就是执行他的命令：正是由于他良好的判断力，他后来感谢他们如此顺从地执行了他最初的意图。就连国王们也仿效尤利西斯的榜样；他们通常命令手下的法官们在执行审判时不管任何人都一视

1　在本章，罗马数字引用的是费城制宪会议的会议记录，收入在 Farrand，ed.（1966）第Ⅰ、Ⅱ、Ⅲ卷中。阿拉伯数字引用的是法国第一次制宪议会的会议记录，收入在《议会档案。第一辑：1789－1799》（*Archives Parlementaires. Serie I*：1789－1799，巴黎，1875－1888）和《制宪议会记录》（Procès-verbal des conférences sur la vérification des pouvoirs，巴黎 1789）中，引用为“P”。

同仁，哪怕是国王本人，如果他由于某件古怪的倒霉事，命令做一件法官们知道违背既定法律的事。因为国王不是神，而是人，经常被海妖的歌声所迷惑。因此，如果每件事情都依赖于一个人反复无常的意志，那么就没有一件事情是稳定的。[2]

据约翰·波特·斯托克顿说："宪法是人们在清醒时设下的自我约束的锁链，以便在他们疯狂时不至于死于自杀之手。"[3]（不过，自杀隐喻有一个非常不同的用法，参见本章第9节。）类似地，弗里德里希·哈耶克引述了这样一个观点：宪法是清醒时的彼得强加给醉酒时的彼得的束缚。[4] 凯斯·桑斯坦写道："宪法的预先约束策略可能有助于克服集体的短视或意志薄弱。"[5]在本章，我将讨论宪法的意义和用途。

正如第一章第1节所解释的，我将区分作为行为基本约束的宪法和作为偶发约束的宪法。一方面，我们可能会问，是否存在这样一些规定，是为了限制那些投票支持它们的个体以及未来处于类似位置的个体的行动自由而订立的。当匈牙利制宪会议在1989—1990年投票创立一个权力很大、有权推翻议会立法的宪法法院时，这是一个自我限制的明确行动。[6]（一个富有教益的对照是罗马尼亚，那里的议会1991年投票授予自己推翻宪法法院裁决的权力，还有波兰，那里的制宪议会1992年拒绝放弃推翻宪法法院裁决的权力。）制宪议会多数派约束行政部门的决议也是自我约束的实例，如果行政部门源自同样的多数派的话。一个例证是捷克的制宪议会在1992年投票支持一项规定：禁止政府对中央银行发号施令。

另一方面，我们可能会问，是否存在这样的宪法规定，它们事实上往往对一个政治行动者的子集产生有益的约束效应，不管它们的建立首先是为什么约束和约束谁。尽管修订宪法要求绝对多数的规定从来都不是为了防止循环多数的目的而确立的，但它们可能有这种效果（参见本章第9节）。尽管要求宪法修正案必须由连续两届立法机构通过的规定从来不是为了克服由于双曲

2　《神学政治论》(*Tractatus Theologico-Politicus*)，第七章第1节。感谢艾蒂安·巴里巴向我指出了这个段落。

3　在1871年关于三K党法案的争论中，转引自Finn (1991, p. 5)。

4　Hayek (1960), p. 180.

5　Sunstein (1991b), p. 641.

6　正如这些实例中的典型情况，这一决定背后的动机实际上更加复杂（参见本章第12节）。

贴现而导致的时间不一致问题而确立的，但它们可能有这种效果（参见本章第7节）。

很容易混淆这两种方法，并满足于并未得到支持的功能主义解释。在《尤利西斯与海妖》中（除了别的内容之外，此书也是对这一解释模式的批判），我准确地指出了这一错误，我认为，定期选举的制度“可以被解释……为全体选民约束自己、保护自己免受一时冲动之害的方法”。[7] 很显然，全体选民从来都不曾做过这种事情。如果选民缺少随意召回其代表的手段，这个解释想必更多地关系到政治家的动机，而不是选民的动机。然而，这种混淆并不完全是不可补救的。在某些情况下，偶发约束的效应解释了某些制度的维持，而这些制度最初是出于完全不同的理由而引入的。两院制的理由是一个恰当的实例。尽管它经常是精英少数派为了控制大众多数派而引入的，但这一手段可能是由于它的延迟和冷却特性而作为一种民主自我控制的形式而得以维持下来（本章第6节）。

在解释这些观念的过程中，我将使用和第一章相同的方法论，既考量预先约束的理由，也考量预先约束的策略。比较表Ⅱ.1和表Ⅰ.1便可以看出宪法预先约束之间的差别和相似。某些对个体自我约束可用的策略对集体的情况不可用，反之亦然。

现在，我继续展开如下。在本章第2节，我将讨论社会“自我约束”的观念是不是有意义，并得出结论：在某种意义上，或者在某些条件下，我们可以给出肯定的回答。在第3节，我将简略概述与我这里的目的密切相关的宪法的主要特征。除了我的主要论题（成文宪法）之外，我还将考量不成文的宪法惯例。在第4节，我将考量对于当前分析特别重要的制宪过程的某些方面，尤其是宪法制定者是不是始终拥有要求约束自己（或别人）的自治决定权。正如在第7节中一样，这一分析是通过1787年的美国制宪会议和1789年的法国制宪会议的案例研究来进行的。在第5节，我将讨论制宪与平常政府机构组成部分之间的关系，作为获得本质上一样的结果的两种手段。在第6节，我将考量作为一种针对多数决策的约束体制的雅典民主制。在第7至第10节，我将考量

---

7 Op. cit., p. 90。我并不是第一个满足于这种推理的人。稍后我将会援引拉利托勒达勒在1789年法国制宪会议上的介入（8, pp. 517－518），以及麦迪逊在联邦会议上的介入（I, pp. 430－431），我相信，这些介入是基于同样的谬误。

宪法预先约束的 4 个理由,与表 II.1 中的各列相对应。在第 11 节,我将讨论这样的预先约束为什么在可欲的时候可能是不可行的,以及在可行的时候可能是不可欲的。最后,在第 12 节,我将试着把各种不同的考量——概念的、因果的和规范的——整合在一起,这些考量往往质疑了作为预先约束策略的宪法这一观念。[8]

表Ⅱ.1 **预先约束的理由**

		克服激情和利益	克服双曲贴现	克服策略时间不一致	确保效率
预先约束的手段	强加成本	(第 3 节)		(第 3 节)	
	消除选项	第 6 节			
	制造延迟	第 5~8 节	第 8 节		
	要求绝对多数	第 5、7 节			第 10 节
	分权	第 7、9 节		第 9 节	第 9 节

2. 与个体预先约束的不相似性

我在《尤利西斯与海妖》中指出,尤利西斯隐喻对于制宪只是部分有效,特别是,社会约束"自己"的观念是一个颇有争议的观念。[9] 然而,我并不认为我充分理解了个体自我约束与集体自我约束之间不相似性的程度。正如在其他很多实例中一样,概念的转换往往是从研究个体到集体的行为,仿佛这些个体是显而易见的,这一转换是非常具有误导性的。[10] 首先,宪法可能约束别人,而不是自我约束的行为。其次,宪法可能首先没有约束的权力。

宪法可能约束别人

在法国第一部宪法制定的早期阶段,国王与制宪议会之间有一场激烈的、

8 在本书手稿完成之后,我有幸看到杰里米·沃尔德隆(1999)对宪法作为预先约束策略这一观念提出的批评(我自己的作品隐含地捍卫了这一观念),这一批评与后面提出的某些反对理由非常般配。然而请注意,在预先约束的动机当中,他只考量了预防激情的需要,因此忽视了克服党派利益和时间不一致的愿望,以及提高效率的愿望。我想象,沃尔德隆也会支持下面这些主张:现任政府不应该能够轻而易举地为了对自己有利而改变政治游戏的规则,政治框架的稳定对于扩大经济和政治行为人的时间视野是可欲的。

9 Elster(1984), p. 93.

10 参见 Elster (1989a), pp. 176 ff.;还可参看 Holmes(1988), pp. 237—238。

即便是没有言明的斗争。1789 年 7 月，路易十六让军队在议会开会的凡尔赛宫周围集结，9 月，下令佛兰德斯的一个团向巴黎进军，从而没有言明地威胁议会。他的行动触发了 7 月 14 日巴黎的一些决定性的事件，而且，事后回想起来，10 月 5—6 日是革命的转折点。胜利的议会没有忘记这个教训，在 1791 年 9 月 3 日的宪法中规定："行政权力[亦即国王]不得致使任何军队从立法机关 30 突阿斯[约 37 英里]之内的地方经过或逗留，除非根据立法机关的要求或授权。"这不是一个自我约束的行动。国王在宪法中获得了否决权，但是，1789 年 10 月 5—6 日炫耀武力之后，他便失去了对宪法的否决权。[11] 国王不是约束自己，而是被议会所约束——证实了我在序言中引用的塞普的那句名言。

接下来假设一个自我约束的假定实例，制宪者凭借简单多数决定：(1)立法必须受到某些财产权的约束，(2)在下一届立法机关必须三分之二多数通过才能修改(1)。这并不必然是一个自我约束行为。首先，我们不可能接受下面这个观点(西哀士明显鼓吹这一观点)：一旦多数派发言，其意见便事实上成为普遍意志。[12] 多数派约束少数派，仅此而已。其次，如果制宪议会的选举是以有限投票权进行的，那么宪法制定者当中的当前多数可能代表了全体人口中的少数。预防未来投票权的扩大，他们可能试图限制未来多数派的行动自由。据桑顿·安德森说，在美国制宪会议上，"建国先贤们……为保护财产免受预期的无财产多数的侵犯，而把一套采用起来不够灵活的制度留给了他们的子孙后代。"[13]第三，即使有了普遍选举权，多数派也可以策略性地采取行动，约束少数派，使一部法律宪法化，而不是把它作为普通法令来制定。假设 51%的制宪者想要保护财产，但担心他们的观点可能很快就会成为全体人口中的少数意见。在那种情况下，他们可能利用他们的 51%多数，要求必须有 67%的多数才能撤销这项规定，从而巩固他们的观点。在这样的情况下谈自我约束是伪善之词。

有一个更微妙的例证，来自亚里士多德的《政治学》(*Politics*)：

---

11 Castaldo(1989), pp. 277—281.

12 关于这一点，参见 Manin (1995), pp. 237—242, p. 241，注释 36。在法国第一次制宪议会(1789—1791)中，把多数支持等同于普遍意志有这样一个实际含义：不记录支持或反对一项给定提议的票数(Castaldo 1989, p. 351，注释 192)。

13 Anderson (1993), p. 15.

> 宪法中为了用虚假的权利搪塞人民大众而采用的手段总共有5种……关于公民大会,所有人同样可以自由出席;但不出席公民大会的罚金要么只施加给富人,要么施加给富人的数额远远高得多。关于行政官,那些符合财产条件的人不允许宣誓辞谢公职,但允许穷人这样做。至于法庭,富人因为不出席而处以罚金,但穷人可以缺席而不受惩罚……在某些城邦,对于出席公民大会和法庭采用了不同的策略。所有报名登记的人都可以出席;那些登记之后没有出席的人被处以很重的罚金。在这里,目的是要阻止人们报名登记,因为人们担心自己可能招致罚金,最终由于他们没能登记而阻止了他们出席法庭和公民大会。对于拥有武器和体育运动,也使用了类似的措施。穷人不允许拥有任何武器,富人则因为没有武器而被处以罚金。穷人如果不参加身体训练不会罚款,而富人则会罚款。(1297a)

这个段落中描述的这些安排充分利用了下面这个事实:如果一组个体可以通过限制自己的自由来增加他们自己的权利,那么,他们也可以通过扩大别人的自由来减少他们的权利。这些希腊宪法迫使富人参与公共事务,因为他们不参与的话将付出高昂的代价,同时通过减少穷人缺席的成本,从而让他们更少可能参与。一些现代宪法(澳大利亚,比利时)规定了所有人的投票义务,这可以被恰当地视为自我约束的机制,为的是克服投票所涉及的集体行动问题,而选择性的投票义务则起到了控制别人而不是约束自己的作用。

宪法根本不可能约束

宪法也不是严格意义上的自我约束行动(但后面几节是从不那么严格的意义上来看)。当尤利西斯把自己绑在桅杆上并用蜡把水手们的耳朵封住时,那是为了让自己不可能被海妖们的歌声所诱惑。宪法的设计通常是为了让改变宪法规定变得困难——跟普通的立法比起来——而不是不可能。尽管有些宪法有一些免受修订影响的规定,但即使是这些规定,也不是严格意义上的约束,因为宪法之外的行动始终是可能的。想要约束自己的个体可以把自己的意愿托付给外部的机构或力量,超出他的控制之外,防止自己改变主意。但对社会来说不存在任何外部的东西,除非是通过拥有强制执行权的国际机构实施预先约束的情况,比如国际货币基金组织或世界银行。即使是这些机构,也不可能让违反预先约束的行动变得不可能,而只能让这样的行为付出更高昂的代价。[14]

事实上,试图牢固地约束社会的努力可能适得其反,理由有二。

首先,公民可能对被束缚的观念作出反应。[15] 想要冲出堡垒的一个理由可能是:一个人并不想生活在暴君的权威之下——这个暴君被定义为某个为了防止臣民离开而建造堡垒的人。但是,如果统治者放下吊桥,给他们提供离开的机会,这可能会降低他们使用这一机会的欲望。因此据报道,在民主德国最后的日子里,领导人考虑让公民可以自由进入西柏林,希望这可以缓解他们的挫败感,让他们更倾向于留下来。托克维尔反思了自己作为1848年法国议会宪法委员会成员的经历,他以类似的口吻写道:"我思考了很长时间,不要试图让我的政府形态永恒,相反,我们应该关注让有序改变成为一件很容易的事。考虑到所有因素,我发现这比相反的选项危险更少。我认为,对待法国人民应该像对待那些疯子一样,你小心谨慎地不敢约束他们,唯恐他们被约束所激怒。"[16]

其次,公民可能发现,太过严格的修宪规定对变革来说是一个无法忍受的障碍。一部要求所有修正案都要全体一致同意的宪法多半不会持续很长时间。挪威1814年的宪法禁止犹太人和耶稣会士进入这个王国。(前面这个规定在1851年被废除,后面这个规定在1956年被废除)。如果这个禁令是不可修正的,那么它最终要么被无视(亦即不言而喻的宪法惯例使之不起作用),要么通过宪法之外的手段加以改变。类似地,随着平等在现代西方社会的进步,对投票权的既定约束不可能幸存下来。尤利西斯将会建立起扯断把他捆绑在桅杆上的绳索的力量。

尽管个体实例与集体实例之间存在这些不相似性,但宪法预先约束的观念并非毫无意义。在少数情况下,我们可以谈论字面意义上的自我约束,例如,如果制宪议会毫无异议地一致决定放弃它的某些权力,交给另外的政府分支。这个观念也完全是字面意义上的,如果制宪议会的多数派也预期是第一

14　然而,Vreeland (1999)认为,事实上,国民政府寻求国际货币基金组织的帮助,并不是为了捆住自己的手脚,而是为了捆住国内反对者的手脚。这个论点明显十分契合本书序言中引用的塞普的那句名言,契合本章的主要论题。

15　因此,Brehm (1966)证明,如果人民更喜欢强加给他们的选项,而不喜欢选择,那么他们可能发展出这样一个偏好:宁愿要起初级别更低的选项。

16　Tocqueville (1990), p. 181.

届立法机关的多数派。这种实例来自本章第 1 节引用过的东欧国家制宪过程。在更为宽泛的意义上,创造一部约束未来几代人的宪法也可以被视为自我约束行动,亦即,如果未来的政治行为人被预期拥有像创立宪法那一代人同样的理性,想要被约束。尽管这些行动并不是绝对意义上的自我约束,但我们还是应该记住,个体的预先约束也不需要是绝对的。

3. 宪法的性质与结构

除了本章第 6 节讨论雅典的政治之外,我在本章的主要关切是成文宪法,从联邦宪法直至现在。[17] 在除了英国(更有歧义的,还包括以色列)之外的所有西方社会,政治生活都被成文宪法所控制。在英国,宪法完全由不成文的"宪法惯例"所组成。[18] 在其他国家,这样的惯例可能补充、有时候甚至是修改成文宪法。[19] 在继续讨论成文宪法之前,请让我从预先约束的角度对不成文惯例说几句。

成文宪法与不成文宪法

成文宪法与不成文宪法之间的一个差别是:前者是人为制定的,后者是逐步出现或演化而来的。另一个差别是:违反成文宪法可能会触发法律制裁,例如借助立法或行政命令的司法审查,那些违反成文宪法的人冒着政治制裁的风险,其范围从选举失败到革命。尽管大抵说来是准确的,但这个陈述并不普遍适用。在英国及其他英联邦国家,宪法惯例有时候被法庭援引。一个有趣的说明是加拿大最高法院在 1981 年提供的,当时,它裁决(6 票赞成,3 票反对):有一个宪法惯例,要求政府在修改宪法之前征求各行省的同意,同时还裁决(7 票赞成,2 票反对):法律上并没有要求政府这样做。[20]

在某些实例中,当先例逐渐变成了(或多或少)约束规则时,宪法便出现

17　关于欧洲和北美制宪过程的研究,参看 Elster (1995a)。

18　Marshall (1984).

19　例如,参见 Heard (1991)论述加拿大成文宪法和不成文宪法之间的关系。

20　这个裁决可以很方便地在 Bayefsky, ed. (1989)中找到,此书还提供了全套的支持文献。关于政治和法律的语境,参看 Russell(1993)和 Heard(1991)。

了。因此，

> 加拿大的每一个内阁部长如果获得任命时在立法机关尚没有一个席位的话，都会试图在短期内赢得一个席位。一些负面先例需要行为人避免一些看得见的行为，以服从一项规则。自1707年之后，任何一位英国君主都不得拒绝签署一项法案。只有当先例——要么是正面先例，要么是负面先例——的一致模式出现时，先例才最有用；因此，人们普遍同意，女王不能否决一项法案，所有内阁部长在立法机关要么已经拥有一个席位，要么获得一个席位。[21]

有时候，一个先例就足够了。一个著名实例是1962年戴高乐决定修改宪法，创立由全民公投批准的总统直接选举。尽管1958年的宪法中有全民公投的一席之地，但它们并不是正式修宪过程的组成部分。当时的所有宪法学者都同意：通过全民公投修改宪法是违宪的。[22] 然而，在宪法委员会那位温顺听话的主席的帮助下，戴高乐能够无视这些反对意见。20年后，通过全民公决修宪成了法国宪法法律体系的组成部分。来自法国宪法史的另一个例证涉及1877年"麦克马洪丢掉总统职位"。在他放弃使用总统解散议会的权力来解决一场危机之后，这一权力便不再是总统特权的组成部分。[23] 这一宪法惯例得以创立，一直持续到了60年后第三共和国终结。1999年，美国宪法学者争论克林顿在弹劾案中被定罪会不会同样削弱总统的权力。

在另一些实例中，当普通立法获得准宪法身份时，一个宪法惯例便产生了，因为，任何一个人试图推翻它都会招致严重的政治风险。在今天的美国，有一个宪法惯例，会让任何一个试图去做罗斯福总统1937年威胁要做的事情的人付出高昂的政治成本：通过任命更赞同新政政策的大法官来给最高法院"掺沙子"。另一个更复杂的实例涉及美国参议院常设规则的第32条第2款："参议院的规则应当一届接一届国会持续下去，除非它们按照这些规则的规定被改变。"尽管这一规则很可能是违宪的（一届立法机关试图约束后来的立法

21　Heard (1991), p. 144.

22　Burdeau, Hamon, and Troper (1991), pp. 480 ff.；还可参看 Lacouture (1990), vol. III, pp. 572 ff.。

23　Derfler (1983), Ch. 2，尤其是 p. 37。

机关）[24]，但它作为一个宪法惯例而存在，其效应是（除了其他的作用之外）通过阻挠议事在参议院创造了60%多数的要求。而且，假设共和党人没能实现他们正在进行的努力：试图引入一项平衡预算宪法修正案，以及一项加税需要国会三分之二多数通过的宪法修正案。他们依然可以前进，引入有同样效果的普通立法，希望这些法律获得准宪法的气质，这会阻止后来的民主党控制的国会推翻它们。

在实践中，故意而成功地试图创造一个不言而喻的宪法惯例的努力大概很少见。（稍后将会讨论的1985年的"格拉姆－拉德曼法案"是一次不成功的努力。）一个例证可能是挪威中央银行的法规。尽管政府被允许指导中央银行，但它任何时候这样做都要向议会发送咨文。这项规定旨在通过让政府更不愿意干涉，从而为中央银行创造事实上的独立。[25] 它可以这样做，但要付出一定的政治成本，或冒一定的政治风险。这样的实例为宪法预先约束提供了例证，它是通过给选择特定选项附加额外成本来发挥作用的。（尽管它们说明的可能不是自我约束，而是一个政府分支约束另一个分支。）在表II.1中，这一策略的使用被置于圆括弧之间，不是因为它们少见，而是因为它们落在了我所遵循的主要论证之外。行政法规转变成宪法惯例也严重依赖于某些特定的政治事态，它们契合于我在这里的主要关切，亦即以一定程度的规律性和可预期性发挥作用的预先约束策略。

从规范的观点看，你可以认为，宪法修订的工作应当留给宪法中明确设计的代理人和程序。因此，朱利安·奥伊勒认为，对1985年的"格拉姆－拉德曼法案"——该法案规定，在接下来的6个财年里，如果预算赤字超过了目标额度，就自动削减支出——的主要反对意见并不是最高法院推翻这一法案所援引的意见，亦即：它违背了分权。相反，这一法案之所以令人反感，乃是因为它代表了本届国会试图约束未来国会的努力。"格拉姆－拉德曼法案基于这样一个政治判断：未来的国会要想废除格拉姆－拉德曼法案，远比拨款超出支出目标更加困难……我认为，这恰好就是我们的临时代理人不应当享有的那种跨期影响力。"[26]

24　Eule (1987), p. 408.

25　Smith (1994), pp. 96－97；还可参看 Willoch (1994)。

26　Eule (1987), p. 426，注释215。

成文宪法的结构

接下来，从现在起，我主要考量成文宪法，尽管我偶尔会讨论不成文宪法如何可能有类似的效果。从实质上讲，一部成文宪法控制着政治生活的大多数基本特征。从程序上讲，改变宪法比制定普通的法律更难。从法律上讲，宪法在冲突的情况下优先于普通法律。立宪主义的观念被理解为遵守宪法和司法审查的一般倾向，不可能简化为仅仅是存在一部带有这些特征的宪法。在1989—1990年匈牙利制宪期间，有时候出现这样的情况：当议会注意到一项刚刚被采用的宪法规定与现有的法律相冲突时，它接下来会修改宪法，而不是法令。当印度宪法法院以违宪为由推翻立法时，议会经常通过修订宪法来作出回应。[27] 奥地利议会甚至以更加随便的方式对待宪法。

尽管这样的做法完全符合宪法，却可能违反立宪主义。跟普通议会政治的快车道比起来，立宪主义确保宪法改变很缓慢。宪法应当是政治行动的框架，而不是行动的工具。在大多数国家，修订宪法都需要绝对多数通过，而议会中绝对多数派十分罕见，这确保了宪法的改变事实上很缓慢。在一些宪法传统悠久的国家，强有力的不成文宪法也可能阻止政治家不断为了促进短期目的或党派目的而乱改宪法。与可以替代或补充成文宪法的宪法惯例相比较，你可能认为这些都是元宪法惯例(meta-constitutional convention)。正如在违反宪法惯例的情况下一样，违反元宪法惯例也会触发政治制裁，而不是法律制裁——选举失败或革命，而不是不利的司法审查。

宪法控制政治生活，也控制它们自己。前一项任务通过两组规定来执行。首先，有权利法案，旨在保护公民免遭政府不当干涉之害，确保提供各种不同的程序物品和实质物品。其次，有一些规定控制我们可以称之为政府机器的那种东西：选举和代表的模式，政府的职能，分权和制衡，以及诸如此类。宪法的自我控制任务也通过两组规定来执行。一方面，有一些规则控制宪法本身的修订。另一方面，很多宪法包含了控制宪法暂时中止的规则。由于本章的主题是预先约束和立宪主义，我主要关注宪法本身的某些使之更抗改变的特征，亦即，关注一些控制宪法修订的形式规则。我还要讨论当尤利西斯想要解

---

27 Rudolph and Rudolph (1987), Ch. 3.

开把他捆绑在桅杆上的绳索时暂停宪法的规则。宪法自我约束与政府机器之间的关系是本章第5节的主题。在本章第8节，我将简略考量作为预先约束策略的权利所扮演的角色。

修订宪法的程序

除了新西兰之外，修订宪法比制定普通法律更难。[28]（然而，宪法通常是通过简单多数而采用的，一个罕见的例外是最近的南非宪法，它需要绝大多数。[29]）宪法修订的主要障碍有：

- 绝对保障
- 议会中绝对多数通过才采用
- 要求比普通立法更高的法定人数
- 延迟
- 各州批准（在联邦体制中）
- 全民公决批准

很多宪法还声称，在紧急状态期间不得修订宪法。在德国，一次修订即使按照宪法规定的方式通过了，如果它被认为违反基本的宪法原则，也有可能因为违宪而被联邦宪法法院推翻。[30] 印度如今获得了同样的法律体系。[31] 这些原则中间的结合、分离和交换也得到了遵守。此外，美国宪法打开了通过援引具体宪法惯例来修订宪法的可能性，这一可能性从来没有被使用过。经常有人提议把定期修订宪法的惯例宪法化，但据我所知，这一提议从来没有被执行。[32]

28　即使在新西兰，仅仅是把某些条款命名为“宪法条款”而不是法令条款这个事实，就可能赋予它们某种免疫力，使之不容易修订（Eule 1987，p. 394），凭借的是一个元宪法惯例。

29　关于南非的情况的细节，可参看 Shapiro（1996），p. 216，注释85。在制宪会议上，来自右翼的代表试图——但没有成功——在对新宪法的投票中推行特定多数制（Castaldo 1989，p. 129）。

30　Finn（1991），p. 190.

31　Rudolph and Rudolph（1987），pp. 110—111；Davis，Chaskalson，and de Waal（1995），p. 37.

32　在美国，这个观念被托马斯·杰斐逊所提倡，并被詹姆斯·麦迪逊批评带来了毁灭性的影响（Holmes 1988，pp. 215—221）。在法国，1789—1791年的制宪会议讨论过这个观念（30，pp. 36 ff.）。在1776年的宾夕法尼亚宪法中发现了一个观念，这部宪法要求每7年选举一届审查委员会，对宪法进行审查，向一次特别召开的会议提议必要的修订。1791年的波兰宪法要求每隔25年召开一次“非常宪法议会”，只生效了两年。1921年的波兰宪法中有一个类似的规定，其寿命在执行它的时机成熟之前便终结了。

有些宪法提供了绝对的权利保障。德国宪法第 79 条第 3 款说，基本权利免受修订的影响。类似地，保加利亚宪法第 57 条说，基本权利是不可改变的。[33] 有些宪法还对基本政体提供了同样的保护，例如，国家的联邦组织（德国）或共和政体（罗马尼亚）。尽管美国宪法并没有让各州在参议院平等的投票权免于修订，但它十分接近于这样做了，宪法规定："任何一个州，未经它的同意，不得剥夺其在参议院里同等的投票权。"

绝对多数的范围从一致同意（在 1791 年之前的波兰是自由否决权），直至四分之三多数（保加利亚）、三分之二多数（很多国家）以及五分之三多数（法国、捷克和斯洛伐克共和国）的要求。[34] 如果这些数字指的是投票的多数而不是代表的多数，它们常常结合更高的法定人数，一个常见的组合是三分之二法定人数和三分之二多数。在加拿大——在这个国家，围绕修宪程序的斗争几十年来是政治的核心——大多数规定要求联邦议会和三分之二行省的同意，代表 50%的人口。然而，修宪程序本身只能通过所有行省全体一致的决议来修改。

延迟可以通过很多方式来实现。在挪威，宪法修正案必须在一届议会任期内提出，在另一届国会任期内采用。在瑞典，宪法修正案必须由连续两届议会通过。在保加利亚，通向宪法修正案的一条途径被描述如下：

> 一项修正案应当在国民议会中进行辩论，辩论时间从其被提出的日期算起，不得早于一个月，也不得晚于三个月。一项宪法修正案需要国民议会在三个不同的工作日的三次投票中所有议员四分之三的多数票通过。一项议案得到的票数如果少于四分之三并多于三分之二，则有资格随后再次提出，提出时间不得早于两个月，不得晚于五个月。要想在这次新的审读中通过，议案需要全体议员三分之二的多数票。（第 154—155 条）

一旦一项修正案在议会中被采用，它就可以进入另一个程序：批准。在用联邦的方式组织起来的国家，普遍需要一定比例的州立法机关的批准。公民

33　然而，第 158 条暗示，第 57 条本身是可修订的。类似地，罗马尼亚宪法的第 148 条和德国宪法的第 79 条列出了宪法中不可更改的条款，但并没有把自己包括在内。关于这个不解之谜的讨论，参见 Suber (1990), p. 101 及各处。

34　Wagner (1997), p. 62 声称，美国宪法保护各州在参议院的代表平等的条款非常类似于自由否决权。尽管在理论上，一个州在下列条件下可能失去它在参议院的平等投票权：(1)这一改变得到了正常修宪程序的批准，(2)该州投票支持这一改变，即使(3)其他有些州投票反对。

投票的批准在某些国家是可选的,而在另一些国家则是强制性的。再一次,可能需要一定比例的登记选民投票支持修正案,要么把参与要求与多数要求结合起来。由于这些过程都是旷日持久的,它们往往也起到了刹车的作用。

这些障碍可以通过几种方式结合起来。首先是通过联合:正如在挪威那样,宪法可能要求延迟和绝对多数。在联邦制中,可能要求多数公民和多数组成共和国投票支持。1848 年的瑞士宪法有一条这种规定;加拿大有一套类似的、但更加复杂的体系。其次是通过分离:例如,在法国,宪法修正案的采用,要么先在议会通过,再提交全民公决,要么通过议会中的五分之三多数,无需全民公决。一个典型的实例是分离交换,在这个实例中,延迟可以被压缩,作为交换,需要比例更大的多数。有这种交换的国家包括法国、保加利亚、挪威(但只是对于国家主权代表)和芬兰。

因此,总的说来,最重要的宪法预先约束策略是绝对多数和延迟。正如我们将在本章第 7 至第 9 节看到的那样,使用其中一者或另一者的理由完全不同。而且,正如我们将在本章第 5 节看到的那样,某些预先约束的动机可能通过一些与修宪程序无关的策略来满足。

暂停宪法

在本节的最后,我将简短评论一下控制宪法暂停的条款。[35] 在紧急情况下,如果修宪太耗费时间,或者只需要临时措施,你可能想要暂停宪法。1978 年的西班牙宪法区分了警戒、紧急和戒严三种状态,在后两种状态下允许暂停大多数公民自由。1958 年的法国宪法第 16 条赋予总统在紧急状态期间不受限制的权力,除了改变宪法的权力之外。[36] 有些公民权利在紧急时期可以得到保护,而免于暂停。因此,魏玛宪法第 48 条允许总统取消人身保护令、集会自由和结社自由,但不能取消表达自由以及对溯及既往立法的禁止。[37] 波恩宪法

35　感谢伯纳德·曼宁让我对宪法中紧急权力规定的重要性留下了深刻印象。关于从罗马独裁政体迄至今日的例外政体的研究,可参看 Loveman (1993)第 2 章。那部作品的主体部分是对西属美洲历史上此类政体的研究。Finn (1991)比较了北爱尔兰及魏玛和波恩宪法治下的紧急政体。

36　Burdeau, Hamon, and Troper (1991), p. 696.

37　最后,第 48 条,连同授权总统解散国会的第 25 条,成了“一个工具,通过这个工具,魏玛议会民主制转变成了总统制”(Finn 1991, pp. 142—143)。

的第 81 条规定，在紧急状态期间，不得通过任何修订或暂停宪法的立法。[38] 很多宪法禁止在紧急状态期间修订宪法；有些宪法还禁止修改选举法。宪法暂停本身可能服从于分权和制衡的宪法原则，议会可以撤销紧急措施。在法国，必须正式咨询宪法法院。我将在本章第 11 节回到紧急条款的意义。

4. 对制宪的约束

制宪的形式过程是相对晚近的现象。[39] 最早的实例 1776 年之后出现在美洲殖民地。不久之后，美国、法国和波兰都采用了成文宪法。后来的很多制宪过程一波接一波地出现：紧接着 1848 年革命之后，第一次和第二次世界大战之后，很多前殖民地纷纷独立之后的 1960 年前后，1989 年紧接着东欧剧变和苏联解体之后。[40] 当然还有很多制宪实例不是任何一波的组成部分。

上游权威

本章的中心主题是：这些过程究竟是应该被视为约束别人的行动，还是自我约束行动。这个问题的一个必要的序论是：制宪议会本身是不是服从于限制它们约束或自我约束权力的约束。这个问题的提出是由于一个简单的理由：制宪议会实际上从未创造它们自己。召集制宪议会的决定必定是由某个外部权威作出的。在美国，这个权威是大陆会议；在 1789 年的法国，是国王；在 1848 和 1946 年的法国，是临时政府；在第二次世界大战之后的日本和联邦德国，是占领国；在 1989 年后的波兰、匈牙利和保加利亚，是旧政权与反对派之间的圆桌会议。尽管自我召集的制宪议会在逻辑上似乎是不可能的，但 1848 年的法兰克福议会在某种程度上适合于这一描述。1848 年 3 月 5 日，51 个自选的公众领导人在海德堡开会，决定德国的未来，“没有政府的合法性，没有来自任何人的明确授权，没有正当的选举程序，仅仅由他们自己的政治意志

38 波恩宪法较早的一份草案允许政府在紧急状态期间经两院主席的同意暂停某些基本权利。“这一条在最后一次审读中从基本法中删除了，因为人们认为，只要任期权力继续保留捍卫联邦共和国、维护其宪法秩序的责任，联邦政府行使紧急权力就可能导致混乱。”(Golay 1958, p. 132)。还可参看 Finn (1991), pp. 193 ff。

39 有一项研究可参看 Elster (1995a)。

40 关于制宪成批出现这一趋势的例外，参见 Elster (1995a)。

授权。”[41]他们召集了一次 Vorparlament(预备议会),3 月 31 日在法兰克福开会。这个团体反过来投票选举一个制宪议会,并成立一个委员会帮助管理他们。制宪议会随后在 5 月 18 日开会。1958 年的法国制宪是另一个边界实例。从形式上讲,第四共和国议会赋予了戴高乐起草新宪法的权力。但实际上,他迫使代表们来做这件事。

一旦做出了召集制宪议会的决定,就必须推举或选择代表。代表们不可能选择自己。再一次,推选程序的变化范围相当大。在美国,他们由各州立法机关推选,除了南卡罗来纳州之外,在那里,立法机关授权州长选择代表。在 1789 年的法国,他们由三个阶层推选。在 1848 年的法国和德国,他们通过普遍投票权直接选举。这也是 20 世纪大多数宪法的制宪规则,例外是 1948 年的印度宪法和 1949 年的德国宪法由间接选举的议会起草。

换句话说,一个制宪议会有两个上游权威或创立者:召集者和推选者。很自然,两者都会试图影响制宪议会产生的最终文本和(或)它在商议时应当采用的程序。特别是,他们想让自己成为最终的下游权威,而宪法必须经过下游权威的批准才能生效。同样自然地,宪法制定者会千方百计抵制其他人试图影响议程及其结果的努力。在 1958 年的法国,皮埃尔·科特警告戴高乐,他将会成为那些把他推上权力宝座的将军们的囚徒:“Qui t'a fait roi(法语:谁让你成为国王)?”[42]正如我们所知道的,事实证明科特错了。戴高乐很大程度上能够不理睬那些帮助他获得权力的人。[43] 由于我们将要简短讨论的那些理由,这事实上似乎是相当普遍的情况。制宪议会往往认为自己拥有德国人所说的“Kompetenz-Kompetenz(德语:管辖权的自裁权)”,亦即界定其权力的权利。

正如前面已经指出的,上游召集者可能是一个胜利的占领国,就像 1945 年的德国和日本那样。在日本,美国人在很大程度上能够强制推行他们的宪法。[44]

---

41 Huber (1960), p. 593.

42 Comité National (1987—1991), vol. I, p. 125.

43 尽管将军们是戴高乐事实上的权力来源,但在法理上,戴高乐的权力源于第四共和国的议会。从技术的观点看,他的制宪权事实上受到议会的限制。尽管这是“(法国)宪法史上第一次制宪机构没有被授予无条件的绝对权威”(Burdeau, Hamon, and Troper, 1991, p. 449),但这些限制并不是约束。被议会的指示——特别是“le Gouvernment doit être responsable devant Ie Parlement(法语:政府必须对议会负责)”这一条款——排除的唯一解决方案是美国式的总统制,而戴高乐并不想要总统制。

44 更微妙的分析可参看 Koseki (1997)。

在德国，占领国遇到了更大的抵抗。德国人能够利用西方强国之间的内部分歧以及日益增长的共产主义的威胁，让美国人不再坚持一部强烈分权的宪法。[45] 然而，我在这里并非要探讨这种来自外部的强加宪法的努力，而是要讨论更有趣的实例：一个旧政权试图约束它很不情愿地产生的新政权。正如在本章第 7 节中那样，我的例证是费城的制宪会议（1787 年）和巴黎的制宪议会（1789－1791）。它们大概是历史上最著名的两个制宪实例，在很多方面极其有趣。[46]

正如我们已经指出的，召集制宪议会的决定必定是先前已经存在的权威作出的，在我们的两个实例中，这个权威分别是大陆会议和法国国王。我们还指出了，推举或选择代表的机制同样必须在议会本身之前就存在。就我在这里所关注的实例而言，以及就其他大多数实例而言，这两个外部权威并非同时存在。[47] 尽管路易十六决定召开三级会议，但他不能挑选代表。当他试图获得验证代表资格的权力时，他遭到了拒绝。而大陆会议作出召集制宪会议的决定，各州立法机关选择代表。[48]

尽管制宪议会没有能力决定最初的召集和代表，但它可以攫取其他所有决策权。在不同的程度上，18 世纪的这两次制宪会议都出现了这种情况。它们验证自己的资格，制定它们自己的很多规则，有时候推翻它们的指令，有时候加以补充。制宪会议与其召集者之间——被造物与其创造者之间——的紧张关系是这两个制宪过程的核心。在费城，各州立法机关是其代表的权力来源，也被很多人感觉到是其努力的主要障碍。在巴黎，国王与制宪议会之间也存在一种多少有点类似的关系。

这个问题的一般形式很简单。一方面，一个总体原则似乎是：如果 X 创造了 Y，那么 X 就有比 Y 更高的权威。[49] 另一方面，如果 Y 被创造出来是为了——除其他事情之外——控制 X 的活动，那么 Y 似乎就有更高的权威。这

45 Golay (1958), pp. 17, 8, 110。关于中央银行的具体实例，参看 Marsh(1992)第 6 章，尤其是 pp. 149－150。

46 关于这两次议会的比较分析，还可参看 Elster (1993b, 1994, 1995b ,1995c)。

47 这样的同时存在将会表明，我们所讨论的纯粹是傀儡议会，没有自己的意志。一个例证是 1914 年袁世凯在中国召集的六十六人团体，通过一部"约法"，赋予他的统治以合法性的外表。

48 我并不否认各州立法机关与大陆会议联系紧密。然而通过大陆会议集体行动召集制宪会议不应该与他们各自选择代表混为一谈。

49 然而，如果宪法修订条款被用来修订自己的话，这个原则就产生了一个悖论(Suber, 1990)。

个悖论还可以用两个针锋相对的口号来概括："让拥立国王者提防国王"和"让国王提防拥立国王者"。无论是制宪会议与其召集者之间，还是代表与其选区之间，都存在这些关系。集体上，代表的存在要归功于一者，而从个人上讲又要归功于另一者。这些事实对于理解这两次制宪会议上的争论是至关重要的。

在这两个实例中，制宪会议都占了上风，绕过了它们的创造者。联邦制宪会议的代表们成功地以特别会议取代各州立法机关成为批准机构。而且，当它们要求 13 个州当中 9 个州批准，而不是控制修改《邦联条例》的全体一致同意。[50] 法国的代表们把国王在宪法中的否决权转变成了仅仅是搁置否决权，他对宪法的否决权变成了空洞无物的形式。而且，它们不理睬其组成部分在很多重大问题上的指示。这个结果应该不会让我们吃惊。几乎是根据定义，旧政权就是制宪会议不得不解决的问题的组成部分。但是，如果旧政权有缺陷，制宪会议为什么要尊重它的指示呢？

受到约束的授权

遵循塔列朗在制宪议会上所作的区分（8，p. 201），我们可以区分三种受到约束的授权：关于在特定议题上如何投票的指示；拒绝辩论特定议题的指示；在作出某些决议的情况下退出制宪议会指示。这些全都是试图约束个体代表的努力。此外，有人认为，无论是在巴黎，还是在费城，制宪会议本身的授权也是有限的，因为某些惯例或议题不在讨论的界限之内。

在法国制宪议会上，个别授权主要针对三个问题被援引：按阶层投票还是按人头投票的指示，在宪法被采用之前拒绝同意借款的指示，支持国王在宪法内及对宪法本身的否决权的指示。在所有这三个问题上，大多数代表最终决定不理睬他们得到的指示。关于制宪会议的集体授权，主要问题出现在围绕国王在宪法内及对宪法本身的否决权的辩论中。对很多人来说，有一点是不证自明的：制宪议会没有得到授权去毁灭或限制它的创造者。对另一些人来说，也有一点同样明显：制宪议会可以做它想做的任何事情，是国家意志的体现。

在联邦制宪会议上，特拉华的代表是带着这样的指示来的：各州在新联邦中的投票权是平等的，不得接受任何缺少这种平等的事情。尽管这些指示本

50　关于这些问题及其他问题的充分讨论，参见 Ackerman and Katyal (1995)。

身(Ⅲ,pp. 173, 574)充其量相当于第一种受到约束的授权,但退出的威胁在会议一开始时便发出了(Ⅰ,p. 37)。各蓄奴州的代表们还威胁,如果不在奴隶贸易上让他们独行其是,他们就退出会议(Ⅱ,p. 364),但他们从未提到第一种或第三种授权。[51] 尽管这些威胁如果得到上级机构支持的话就会更可信(参见第一章第 4 节),但蓄奴州的强大利益使得人们相信,如果不让他们独行其是,他们真的会退出。对他们来说,一个强有力的约束蓄奴和奴隶贸易的联邦比孤立地存在于联邦之外更糟。因此,在谈判过程中,他们可以令人信服地拒绝一个比谈判破裂更糟的选项。[52]

特拉华州的指示是联邦制宪会议上个别授权的唯一实例。更加重要的是这样一个问题:会议本身是否有权提议对宪法进行大范围的改动。联邦制宪会议的有些代表(例如,参见 I, pp. 34, 249, 250)声称,他们得到的指示是不要扩大到正在出现的这种大范围的改革。激进变革的鼓吹者有两个答复。詹姆斯·威尔逊站不住脚地说:"他相信自己得到了授权可以不得到任何结果,但可以自由地提出任何议案"(I, p. 253)。乔治·梅森更坚定地认为,"在某些出现公共危害的时期,越权是值得称赞的"(I, p. 346)。类似地,伦道夫"在权力这个点上并不过于拘泥"(I, p. 255)。外部环境可以证明自作主张是有道理的。这种说法在法国制宪议会上也经常出现。创造召集制宪议会的异常环境也证明僭取权力的正当性,而在正常环境下似乎是非法的。在制宪过程中,拥立国王的人应当提防国王。

验证资格

一旦代表们聚到一起,就必须验证他们的资格,好让会议可以开始工作。在费城,这个潜在地非常棘手的步骤没有导致任何问题。代表们开会,宣读他们的资格证书,然后继续处理他们的正事。在巴黎,验证资格的争论被证明是三级会议自我转变成国民议会过程中的一个至关重要的阶段。[53] 争论的问题有两个。首先,贵族阶层想让各阶层验证各自代表的权力,而第三阶层想在一

---

51 纽约州的两位代表(兰辛和耶茨)实际上退出了会议。但这并不意味着纽约州代表团退出。

52 关于从谈判理论的角度解释联邦制宪会议上其他一些争论,还可参看 Elster (1995f)。

53 在最初几次全体会期之后,在一个很小的委员会中与来自三个阶层的代表们发生了这些争论。争论的记录相对比较完整,但并没有让我们能够识别出发言者是谁,只知道他们是哪一个阶层的成员。

次所有阶层参加的联席会议上进行验证。[54]（从一开始，教士阶层就说，他们赞同另外两个阶层达成一致的任何意见。）其次，当贵族阶层认识到不会让他们独行其是时，他们接受了这样一个提议：出现有争议的情况时，国王是仲裁人。这是第三阶层不能接受的。

第一个问题在很大程度上是不相干的。其背后是一个更加重要的问题：制宪议会究竟是应该按阶层投票，还是按人头投票。贵族阶层认为，联席验证会制造出有利于按人头投票的偏见（P, p. 8）。尽管第三阶层极力否认这一含义（P, pp. 9, 95），甚至声称（并非毫无道理），按阶层投票会让共同验证更加必要（P, p. 117），几乎不用怀疑，他们利用这个问题，为更加重要的按人头投票的要求埋下了伏笔。事实上，这个问题的最终解决办法的出现，是在第三阶层单方面地把自己转变成国民议会并邀请另外两个阶层加入的时候。

然而，在此事发生之前，委员会研究了把有争议的情况提交给国王仲裁的折中提议。国王的代表们认为（P, p. 160），召集了制宪议会之后，在阶层之间出现分歧的情况下，国王也有权验证代表的资格。（他们实际上把这说成是一个妥协，正如在先前 1614 年的三级会议上，在各阶层内部出现分歧时，国王甚至有权作出裁决。）代表第三阶层发言的人清楚地认识到了这个困境的性质（P, pp. 75, 86－87）。一方面，由外部权力来判断制宪议会的代表资格是不可接受的。在这一限制下，这种做法可能相当于国王选择代表。另一方面，自我验证制造了一个恶性循环：一个还没有组成的议会怎么可能验证其成员的资格，未经事先的资格验证怎么可能组成一个议会？他们对这个困境的回答纯粹是实用主义的："我们不可能相信，大多数作为代表出席的人没有合法有效的资格。"[55]在最后，第三阶层快刀斩乱麻，简单地宣布自己组成了议会。

议事规则

制宪议会构成的另一个方面涉及其内部的程序规则。这两个制宪会议都

54　在这次联席会议上，每个代表各有一票。教士阶层提出的一个折中办法（P, p. 39）——按照各阶层一票的方式验证资格，使得任何两个阶层都可以阻塞第三个阶层的一名代表的资格——没有得到严肃的讨论。

55　即使承认这个前提，困境依然存在。假设制宪议会有 100 个代表，3 个的资格证书是有争议的，而且，没有争议的代表对有争议资格证书的有效性的投票是 49 比 48。如果在对一个有争议的情况进行投票时，另外两个有争议的人投票支持少数，那么有争议的资格证书就会被接受。

不得不把握这样一个事实：国家之前就已经被分为规模不等的团体（分别是各州和各阶层）。在两种情况下，都会出现这样一个问题：会议进行下去应当依据的原则究竟是“一人一票”，还是“一个团体一票”。在这两次制宪会议上，召集权威都试图推行后面的原则。他们在美国制宪会议上成功了，在法国制宪议会上没有成功。

在巴黎，内克尔的努力以失败而告终，他试图推行这样一个观念：传统的议事方法和按阶层投票不能变，除非三个阶层一致同意并得到国王的批准。相反，第三阶层单方面强加了共同议事和按人头投票。诚然，这个结果显然正是内克尔打算导致的。第三阶层投票的加倍将会使得这和按阶层投票并没有多大的不同。然而，他希望这个结果是通过妥协和谈判来实现的。为了这个目的，他并不成功地极力反对那些指示其代表投票支持或反对按人头投票的选举议会。[56]

联邦制宪会议中的投票是按多数投票的方式，每州一票。尽管宾夕法尼亚人拒绝给小州同等的投票权，但他们的提议从未摆上桌面（I, p. 10 n.）。当为了在上议院的问题上促成妥协而组成一个委员会时，詹姆斯·威尔逊“反对这个委员会，因为它作决定所依据的，正是一方反对的投票规则”（I, p. 515），但他的反对无济于事。然而，制宪会议上投票权的平等本身并不能确保结果是参议院里同等的代表，正如各州中间多数投票所采取的决议那样，小州组成了少数派。大州试图推行比例代表制，没能成功，但并不是因为制宪会议的投票规则使得平等代表制成为一个预料之中的必然结局。

美国的制宪过程有三个阶段。第一个阶段是大陆会议召集制宪会议。第二个阶段是采用制宪会议上使用的投票程序。第三个阶段是采用未来参议院的投票程序。在所有这三个阶段，都遵循了“一州一票”的原则。从这一事实中解读出某种因果关联是颇为诱人的。制宪会议之所以为自己的议程采用这一原则，是因为它被召集制宪会议的机构所使用。有人提议未来也使用这一原则，因为小州在制宪会议上受益于那一阶段使用它所带来不成比例的力量。尽管这一原则本身并不能解释参议院有同等代表的最终决定，但它可能是一

---

56 Egret (1975), Ch. V，尤其是 pp. 248, 266；还可参看 Castaldo (1989), pp. 143－144。

个贡献性的、或许甚至是关键性的因素。[57]

在这里,有两个机制可能起了作用。一方面,存在优先权和一致性的绝对力量。正如帕特森在制宪会议上所问的:"如果比例代表制是正确的,那么我们在这里为什么不这样投票呢?"(I, p. 250)另一方面,制宪会议上投票权的平等增加了小州的投票力量。由于小州属于少数派,这本身不可能确保它们的胜利。但制宪会议上的投票程序增加了它们互换赞成票程序的谈判力。不管是什么机制,我们都注意到了美国议程深刻的连续性。《邦联条例》打造了惯例。通过制宪会议,它还打造了最终被采用的宪法。法国制宪议会更明显地与过去决裂。一旦第三阶层获得了按人头投票,也就没有什么东西能够阻止他们了。

下游权威

最后考量宪法的批准。这一行动打算赋予宪法以下游合法性,把它与源自召集制宪会议的权威的上游合法性区别开来。普通法律只需要被合法选举的议会所采用的合法性,而宪法似乎需要第二次仔细审查。因为宪法控制着政治生活最基本的方面,被故意构建得很难改变。你可能认为,应当有一次仔细审查的机会,如果必要的话就推翻制宪会议的决定。此外,认识到存在这样的可能性会让宪法制定者保持在约束边界之内。不等到被推翻,他们就会预料并感觉到可能出现的非难对自己的约束。

有一点似乎是不证自明的公理:召集制宪会议的权威也想有权否决宪法的最终文本。然而,宪法制定者自己可能不接受其创造者的权威,尤其是,如果他们已经超越授权的话。相反,他们可能把自己界定为最终的和最高的权威,无需正式批准。或者,他们可能直接诉诸人民或特定惯例。这些都是人们分别在法国和美国的实例中注意到了的结果。

在法国,国王否决宪法的权利是一个棘手的问题,尤其是在1789年8月4日的法令颁布之后,这部法令废除了所有的封建税赋。正当国王对于批准这部法令犹豫不决时,有人提出了这样一个问题:究竟需不需要国王的同意。国王和议会都倾向于把对方看作是自己的被造物,只是通过自己的行动而被授

57　关于可能形成这一决定的另外一些机制的讨论,参见Elster(1995f)。

予权力。穆尼埃认为，由于国王创造了议会，他也必定有权否决议会的决议(8, p. 587)。在答复中，塔格特认为，国王对宪法的否决权是荒谬的，仿佛“制宪权(constituent power)必须征求宪定权(constituted power)的许可”(8, p. 603)。当这个问题在制宪议会的最后几天被再次提出时(30, pp. 127ff.)，国王被正式给予了拒绝宪法的自由。尽管他的有些顾问敦促他讨价还价，但他还是选择无条件接受。[58] 公正地说，到那个时候——在逃往瓦雷纳损害了他的权威之后——他别无选择。阅读议会的辩论，没有迹象显示这些辩论是在未来批准的阴影下进行的。

相比之下，这样的阴影很大程度上笼罩着联邦制宪会议。尽管在召集制宪会议时并没有制定批准程序，但很多人都以为宪法最终必须得到各州立法机关的批准。从这样一个前提出发，他们认为，宪法必须被调整得让这些立法机关能够接受。例如，查尔斯·平克尼宣称：“各州立法机关如果被排除在外的话，它们不大可能促成新政府的采用”(I, p. 132)。“如果我不回家告诉它们：由于我们不可能信任你们，所以我们授予了[联邦政府]以这样的权力”，那么，宪法就不会得到它们的批准。另一些人把这个论点颠倒了过来：如果结果关系到州立法机关的制度利益，它们就不应该在自己的案子中充当法官。例如，鲁弗斯·金主张由特别会议来批准宪法，理由是“州立法机关也要失去权力，它们很可能会提出反对”(Ⅰ, p. 123)。到最后，后面这个观点被采纳了。制宪会议决定，宪法必须被十三个州中至少九个州的特别会议批准。这个程序涉及与《邦联条款》的双重决裂，《邦联条款》的所有修改都需要各州立法机关全体一致的批准。

制宪会议因此体现了我在别的地方所说的“民主悖论”：每一代人都想自由地约束其继任者，同时不想被其前任所约束。[59] 一方面，制宪会议想挣脱召集制宪会议的上游权威的授权和约束。另一方面，它又想为后代制定法律，让他们很难解开自己的束缚(并让他们很难束缚其继任者)。在一个解释中，宪法制定者认为自己既优于他们即将取代的腐败或低效的政府，也优于未来将会取代他们的、受利益或激情支配的政府。然而，正如我们即将看到的那样，

58 Hampson (1988), p. 182。实际上，早些时候已经达成了一笔交易。

59 Elster (1984), p. 93；还可参看 Holmes (1988)。

更温和的解释也是可能的。

5. 宪法预先约束的两个层面

在本章第 3 节,我认为,强制延迟和绝对多数处于宪法预先约束的核心。然而,延迟和绝对多数在普通政治过程当中也被使用着。正如我们即将看到的那样,两院制的一个标准论证是:通过减缓立法过程,能够让激情冷却下来,让理性(或利益)重占上风。类似地,必须让立法的绝对多数压倒行政的否决权,可能反映了某些关切,正是类似的关切,构成了修宪程序中要求绝对多数的基础。然而,这些对立法机关的遏制,如果在宪法中没有受到保护的话,它们就不会有多少约束作用。它们是约束,但仅仅因为它们自己也被纳入约束之中才发挥作用。如果要求国会中三分之二多数才能推翻行政否决权的宪法条款在国会中可以被简单多数废止,那它就没多大意义。如果延迟手段可以随时废止,那它们也不会有用。[60]

在本章第 9 节,我将证明,分权可能充当了一个预先约束手段。但是,比方说,把货币政策委托给中央银行,并禁止政府对中央银行发号施令,宪法就解决了其他可能出现的时间不一致的问题。然而,如果宪法可以被简单多数改变的话,这一设计可能就没多大效力。政府如果觉得中央银行不可忍受地妨碍自己,接下来它就可能利用其议会多数,废除中央银行的独立性。但是,如果政治成本过高,也就是说,如果中央银行的独立性得到了宪法惯例的支持,政府可能就不会这样做。

波兰的两个实例

1989 至 1992 年间生效的波兰宪法生动说明了没有得到宪法支持的绝对多数要求如何毫无意义。这部宪法允许议会不理睬宪法法院推翻议会立法的裁决。尽管宪法对于所需要的议会多数没有任何说法,但关于宪法法院的法律规定:需要三分之二多数。然而,由于这部法律可以被简单多数改变,因此绝对多数本质上是虚构的。任何一届议会都不可能通过普通法律来约束未来

60　我是从元宪法惯例可能的约束效应中抽象而得。

的议会。[61]

关于这种虚构的自我约束，一个更加引人注目的实例是在1992年“小宪法”的制定过程中被观察到的。[62] 在1989年圆桌会议所创造出来的这部宪法中，国民议会（下院）需要三分之二多数才能推翻参议院的否决。在它自己的法规中，国民议会还采用了这样一个原则：接受参议院对普通法律的修改只需简单多数，宪法的修改需要三分之二多数。这意味着，一项修正案在国民议会得到的票数如果少于50%（对于宪法是67%），但多于33%，它就会被毙掉——无论是修改版还是未修改版都不会通过。为了克服这个问题，它尝试了两个解决办法。1992年7月，国民议会修改了它的法规，使得一项修正案自动通过，除非国民议会有三分之二多数反对这一修正案。这个解决办法消除了早先体制中的不确定性，但付出的代价是赋予参议院以决定性的立法权。参议院的一半，加上国民议会的三分之一，如今可以决定任何法律的命运，包括宪法的修改。第二个解决办法是“小宪法”所采用的，在小宪法中，参议院的修正案被接受，除非被国民议会中的多数代表所拒绝。为了让包含这一规定的小宪法获得通过，国民议会再次首先修改了它自己的法规。随后，代表们为普通法令重新引入了最初的程序，但决定，在宪法修正案的情况下，只对是否采用参议院的修正案进行投票。如果这项修正案没有得到三分之二的多数票，它就会被拒绝，而在这之前，必须有三分之二的反对票才能拒绝。接下来，国民议会投票否决了参议院对小宪法的修正案。

预先约束的两个层面

因此，宪法预先约束在两个层面发挥作用。在第一个层面，宪法可以设计普通的政府机构，以便抵消激情、克服时间不一致和提高效率。在一个更高的层面上，修订宪法本身的机构可以被设计得缓慢而麻烦。这些更高层面的约束有两种效应。一方面，它们直接作用于激情、时间不一致和效率的问题；另一方面，它们担保并稳固第一层面的机制，而后者反过来作用于同样的问题。

当宪法决定是否应该允许或要求政治行为人预先约束自己时，出现了一

61　这是Eule（1987）的主要论题。

62　关于更充分的阐述，参见Elster（1993a）。

个特例。让-雅克·拉丰和让·梯若尔在政府与企业就利用诸如一口油井这样的自然资源所产生的收益进行谈判的语境中讨论了这个问题。[63] 仁慈的宪法制定者面对的选择是:要么是一部要求政府与公司签订长期(两期)约束合同的宪法,要么是一部禁止长期合约的宪法。(他们没有考虑把这一选择交给第一期政府的选项。)在他们的模型中,如果政府诚实守信的可能性要么很低要么很高的话,预先约束便是最优选项;在中间范围内,禁止预先约束可能是可欲的。[64] 再一次,要想有效,对预先约束的预先约束需要得到当前多数派介入的保护。

6. 雅典政治中的自我约束

如果我们所说的政体指的是满足本章第 3 节列举的实质标准、程序标准或法律标准的政体,那么,公元前 5 世纪和 4 世纪的雅典政治体制并不是宪法制度。在那里不存在这样一个法律子集,其在等级上高于其他法律,或者更难改变。[65] 事实上,在大约公元前 400 年之前,并不存在这样的要求:必须根据成文法——与不成文法截然不同——来裁判案件。然而,整个这一时期,我们发现了一些恰当的程序,其效果——大概还有目的——是要设置反多数主义的障碍,以防止多数的激情。由于缺乏文献证据,我将把下面这个问题搁置一旁:它们究竟是故意预先约束策略,还只是对政策制定的偶发约束。

上面说的那些程序本身相对来说不受激情的影响,为了针对冲动行为提供有效的保护,它们不得不如此。整个这一时期,一个元宪法惯例似乎防止了公民大会在游戏当中改变游戏规则。在情绪热烈的时刻,雅典人可能违反规

---

63 Laffont and Tirole (1994), Ch. 16.

64 在他们的模型中,制宪议会和政府以相同的贴现率贴现未来。我不知道,如果一个人假设建国先贤们有更低的贴现率的话,结果会有多好。

65 “与梭伦最初的法律截然不同的是,修订后的法律汇编开始收入相当数量的宪法(亦即界定政府机关的结构和权力的规则)。它们并没有构成法典中一个单独的、受特别保护的部分;雅典人没有形式意义上的宪法,而且,尽管他们有时候使用保障条款,使得更难撤销一项法律或法令,但这样的条款与我们所说的宪法并无关系”(Hansen 1991, p. 165)。作为保障条款的一个实例,汉森援引了一项法令(Demosthenes 23. 62 中给出的),大意是:“任何人,不管是行政长官,还是个体公民,只要导致这项法令落空,或者改变该项法令,都将剥夺他的孩子和他的财产。”我不敢肯定,这一条款怎么和他的下面这句陈述相一致:“在雅典,所有的政治决策都是通过简单多数作出的。”(Hansen 1991, p. 304)

则，正如我们即将看到的那样，但不会改变规则。在公元前 4 世纪，还有一个形式保障以防止草率改变。到那时候，公民大会只能通过法令。法律由更小的公民团体通过，他们必须至少 30 岁，还要通过一个更加精密复杂的程序。

民众激情的危险

材料来源显示，雅典人主要关注约束多数主义激情的方法。由于直接民主制的特性，不大需要约束小集团的利益。雅典人可能有松散的政治派系，但任何派系都不可能根据利益动员选民。[66] 关于多数主义激情的重要性，对于材料来源应当格外小心，它们常常有着贵族的偏见（正如修昔底德的情况那样），或者是在它们所描述的事件过去几百年之后（正如普鲁塔克的情形）。例如，珍妮弗·托尔伯特·罗伯茨认为，人们普遍把雅典民主视为暴民的统治，被情绪所支配，这个观点严重错误。[67] 在她的解释中，对雅典官员提起的诉讼主要是对犯罪行为或不称职行为的正当指控，或者源于实质性的政策分歧。我没有能力在一般层面上评估她的主张。相反，我将只是援引两个众所周知的民众情绪的实例，然后指出：雅典人精密复杂的政治体制的某些部分可能有助于保护他们免遭这一倾向之害。[68]

第一个实例（约公元前 440 年前后）涉及希腊司库（Hellenotamiai），那是一个由 10 位官员组成的委员会，管理来自提洛同盟的税收。关于这个故事，我们所知道的一切只是安提丰一篇演说（5.69—5.70）中的一个段落："希腊司库曾经被指控侵吞公款，就像我今天一样不公正。愤怒把理性一扫而光，除了一个人之外，他们全都被处死了。后来，真相变得众所周知。幸存的这个人，据说名叫索西阿斯，尽管被判处死刑，但尚未执行。在此期间，有人证明钱是如何消失不见的。雅典人把他从'十一人'（负责执行判决的官员）手里营救了

66　Hansen (1991), p. 287.

67　Roberts (1982).

68　雅典人在正当的和不正当的民众情绪之间画了一条线——这对我们来说可能很难理解。希罗多德（IX. 5）讲过一个关于利西达斯的故事，利西达斯是"五百人委员会"的成员，他建议委员会答应波斯人的要求。当雅典人听说此事时，他们"怒火中烧，立即把利西达斯给团团围住，拿石头把他砸死了。"而且，雅典的女人们拿石头砸死了他的妻子和孩子。"这位演说家发现自己仅仅因为提出了一个没有被采纳的建议而受到惩罚；这个案子非但没有引发后来几代人的恐惧或懊悔，反而充当了一个被援引的例证，为的是让那些愿意与敌人妥协的人受到惩罚。"（Ruzé 1997, p. 439）

出来；而其余的人完全无辜地死去了。”没有必要强调对这一冲动行为的隐含谴责。

第二个实例（出自公元前 406 年）出现在雅典人在阿吉纽西群岛一场海战中获胜之后。据色诺芬说（*Hellenica* Ⅰ.6—7），一场暴风雨使得获胜将军们无法把水兵们从舰队中受损的船只上营救出来。后来，10 个将军当中有 8 个人被集体指控叛国，并被判处死刑，其中 6 个人在雅典被处决。我将概述导致这个结果的过程的主要步骤。[69] 在这样做的过程中，我将提到违法提议诉讼（graphe paranomon）——起诉在公民大会上提出非法提议的行为——稍后将会对之进行更充分的解释。

在公民大会的一次预备会议——会上围绕将军们的责任展开辩论，未作任何决定——之后，问题被交（回）到给公民大会准备案子的五百人委员会。委员会的一位成员卡利克塞努斯极力说服委员会采用立即审判这些将军的提议，并把案子提交到公民大会，他声称，公民大会已经辩论过这个案子，无需进一步的听证。欧里庇托勒摩斯及其他人随后声称，他们打算对卡利克塞努斯提起违法提议诉讼，理由大概是：他的提议“把公民大会的一次审议会议当作司法程序”来对待。[70] 用道格拉斯·麦克唐韦尔的话说：

> 这样做的结果是，这个提议不可能生效，除非首先审判卡利克塞努斯并宣告他无罪。接下来出现了骚动，有人大喊大叫：如果不允许人民做他们希望做的事，那将是令人无法容忍的。一位演说者建议，应当根据（将军们的案子）同样的投票审判欧里庇托勒摩斯及其支持者，他们被迫撤回了违法提议诉讼的威胁。[71]

色诺芬（Hellenica Ⅰ. 7.14—7.16）继续讲述这个故事：

> 当主席团（五百人委员会的执行委员会，在雅典的十个部落当中轮流）某些人拒绝把这个问题提交违法投票时，卡利克塞努斯再次登上讲台，强烈要求对他们提起相同的指控；人群呼喊着要求把那些拒绝的人传唤到法庭。随后，深感恐惧的主席团同意提交这个问题——他们所有人都同意，除了苏格拉底之外。

69　完整的记述可参看 Ostwald (1986), pp. 431—445。

70　Ostwald (1986), p. 439.

71　MacDowell (1978), p. 188.

欧里庇托勒摩斯随后发表了另一通演说，他在演说中强烈要求给将军们一些时间准备辩护词，并个别而不是集体审判他们。色诺芬最后这样结束他的记述：

> 因此，当欧里庇托勒摩斯发言时，他提出了一个解决办法：分别……审判这些人；而委员会的提议是通过一次投票审判他们所有人。眼下先对这两个提议进行投票，他们起初决定支持欧里庇托勒摩斯的解决办法；但是，当墨涅克勒斯打断议程，宣誓发表反对意见时，进行了第二次投票，他们决定支持委员会。这之后，他们宣判参加那场战斗的将军们有罪，总共 8 个人；其中 6 个雅典人被处死。不久之后，雅典人后悔了，他们投票决定：对任何欺骗人民的人提出控告……卡利克塞努斯被包含在内。(*Hellenica* Ⅰ. 7.34—7.35)

为了抵消民众情绪的爆发，雅典人依靠四种手段：(据我们所知)很少使用的复议(anapsephisis，重新考虑早先的决议)，分权，两阶段程序，以及一些精密复杂的机制。借助这些机制，那些煽动民众情绪的人将承担责任。

复议

这一程序最著名的例证来自修昔底德对密提林辩论的记述(3.36 ff.)。[72] 公元前 428 年，提洛同盟的成员、莱斯博斯岛的密提林城邦反叛雅典。叛乱被镇压了，雅典人"处在愤怒的时刻，决定处死密提林所有的成年男性"。修昔底德继续说：

> 他们因此派出了一艘船，向帕基斯(统治密提林城邦的雅典将军)通报这一裁决，命令他立即杀死密提林人。第二天人们后悔了，并反思这一裁决可怕的残酷性：仅仅依据定罪判处整个城邦在劫难逃的命运。密提林城邦驻雅典的使节和他们的雅典支持者刚刚觉察到了这一点，便立即说服权威人士把这个问题再次提交投票；他们很容易获准这样做，正如他们清楚地认识到的那样，大多数公民希望有人给他们一个机会，重新考量此事。

---

72 修昔底德 6.14 中另一个明显不一致的段落暗示，对先前通过的法令复议是非法的。Dover (1955)认为，这两个段落事实上是互相一致的；还可参看 Ruzé(1997)，pp. 440—443。

在接下来的辩论中，克里昂和狄奥多图为互相对立的观点辩护。[73] 克里昂开篇便说："我之前常常相信，一个民主国家没有能力成为帝国，眼下你们在密提林的问题上改变主意让我更加相信这一点。"他随后声称："这个案子中最令人害怕的特征是：衡量我们受到威胁的标准持续不断地改变，而且我们对下面这个事实一无所知：对一个城市来说，从不改变的恶法要好于没有权威的善法。"狄奥多图一开始宣称："我不责怪那些重新提起密提林的案子的人，我也不赞成我们所听到的抗议，这些抗议针对的是经常被争论的重要问题。我认为有两样东西与好的建议背道而驰：轻率和激情；轻率通常和愚蠢携手并进，激情与头脑的粗鄙和狭隘相伴而生。"

仔细分析两篇演说，我们会看出，主要争论的不是程序问题，而是屠杀密提林人会不会给未来提供一个有效的威慑。然而，克里昂的演说暗示，程序和威慑是连在一起的。从威慑的观点看，最优是屠杀密提林人，次优是决定不这样做，最糟的是先决定这样做然后又重新考量，这一行为可能被其他城邦解释为软弱的信号。尽管复议可能保护民主制免受自己之害，但也可能削弱它在对付外部敌人上的效力。我将在本章第 11 节回到这种一般性的紧张状态。

分权

在公元前 5 世纪，公民大会可以把一切权力据为己有，只要它愿意这样做。[74] 正如阿吉纽西战役的将军们的案子一样，有些政治审判是在公民大会上进行的。而且，公民大会既通过法令，也通过法律。大约公元前 400 年之后，公民大会只保留了通过法令的权利，而立法则委托给了专门的立法者（nomothetai）团体，随机地（每个会期）从 6 000 个公民组成的委员会中抽出。在这一改革之后，"平民再也不能把自己喜欢的任何东西看作是具有法律效力和约束力的"。[75] 陪审员（dikastai）也随机地从同一个委员会中抽取，这个委员会一年一次通过在所有出席的公民当中抽签的方式组成。这些团体各有 500

73　对这场辩论的分析，参见 Kagan (1974)，pp. 155－163。

74　决议必须先在五百人委员会中进行准备，然后才提交给公民大会，这看上去似乎是这个陈述的一个例外（Hansen 1991，pp. 138，307）。然而，就我所能判断的而言，Ruzé（1997，Ch. XXII）的论点是令人信服的：五百人委员会的职能相当有限。

75　Ostwald (1986)，p. 5 22 .

人，有时候多一些。大约公元前 355 年之后，法庭对政治审判有独享的裁判权，就这样完成了分权。

这些变革的总体效果是要降低公民大会轻率鲁莽立法的危险。陪审员和立法者必须 30 岁以上，而所有 20 岁以上的男性公民都可以出席公民大会。正如摩根斯·赫尔曼·汉森所写的："对陪审员和行政官的更高年龄限制的理由在任何地方都没有明确陈述过，但我们不难猜想。希腊文献中我们到处都可以遇到这样一个观念：智慧和经验随着年龄而增长。"[76]还有人认为，陪审员和立法者属于雅典人口中的中上阶层。[77] 如果确实是这种情况，那就会提供一个额外的论据，让人相信陪审员"充当了制约宪法的一个保守的刹车"[78]。在很多其他社会中，年龄和财富事实上都被看作是审慎的和保守的政策制定的保证。[79] 然而，汉森认为，陪审员和立法者属于全体人口中较穷的那一部分。[80] 如果他们是审慎的，那仅仅是由于他们的年龄。

延迟策略

两阶段程序作为冷却手段的使用在现代宪法环境中非常普遍。雅典人在他们的很多制度中也采用了这一技术。如果没有之前的准备工作，在公民大会上提出一个议题并迫使当场作出决定是不可能的。所有案子都必须首先在五百人委员会进行讨论，然后才提交到公民大会。据汉森说，"有些法令，比如和平条约及缔结，似乎要求在公民大会的连续两次会议上进行辩论；另一些法令要在第二次公民大会会议上批准，在这个场合必须达到法定人数。"[81]放逐的制度遵循同样的原则。一年一度，人民开会决定是否要进行一次放逐，亦即把某个人流放 10 年，同时他并不失去自己的财产和其他公民权利。如果投票是肯定的，那么两个月后就再开一次会，在会上，每个公民在一块陶片（ostracon）

76　Hansen (1991), pp. 89—90.

77　Jones (1957), pp. 36—37.

78　同上，p. 124。

79　在两院制中，上议院的代表必须符合更高的年龄条件。例如，在当前的捷克宪法中，对选民的年龄限制是 18 岁，议员是 21 岁。在 18 和 19 世纪的宪法中，财产和收入条件很普遍，要么证明他是一个识文断字的合格代表，要么证明凭借自己的能力而成为一个迫切需要的人。

80　Hansen (1991), p. 185.

81　同上，p. 307。

上写下他希望放逐的那个人的名字。这两次会议上都不允许辩论。在至少有6 000人投票的条件下,名字出现在陶片上数量最多的人将被放逐。

这些制度化延迟的形式可能产生可欲的效果。首先,"过程可能变得复杂而缓慢,以至于——比方说——很难启动一项有效的外交政策。"[82]其次,两次会议之间的间隔并不必然导致一项经过改进的决议。例如,就放逐而言,"两次会议的程序要求意味着决议不会是仓促的。但时间间隔也给了组织投票以机会"。[83] 在最后一宗被记录在案的案例中,两个主要的放逐候选人尼西阿斯和亚西比德反守为攻,打败了提议人希珀伯利斯,他们利用这段间隔收集了多数票,放逐了希珀伯利斯,这一次滥用可能对这一程序的消亡做出了贡献。

问责程序

雅典人有一套精密复杂的官员问责制度。将军们可以且经常遭到弹劾。公民大会上的发言人可以因为他们的提议而被问责,主要是通过graphe paranomon(违法提议诉讼),但是,正如阿吉纽西战役将军们的案子中那样,也可以通过probole(先由公民大会听讼,再提交法庭审判)。每一个都是合法程序,服从于雅典法律的基本原则:所有诉讼都必须由个体公民发起。主要有两类诉讼。dike是私人事务的诉讼,比如损害或攻击。在这里,原告通常赢了有经济收益、输了有经济损失。graphe是(粗略地说)公共事务的诉讼,例如不虔敬或军人开小差。除了某些案例之外,原告如果赢了案子,并不会有经济上的收益。他们的动机可能是出于公共利益、对报复的渴望或妒忌,而不是出于物质利益。很多由于城邦事务而提起的诉讼事实上是私斗的组成部分,而不是公益介入。[84] 相比之下,原告如果没有获得五分之一的投票就要处以罚金,并丧失未来提起类似诉讼的权利。

probole是预备控告,可以在公民大会上对那些用虚假陈述欺骗公众的政治领导人提起,我们在这里并不关注。它是一种保护公民免遭其领导人之害的手段,而不是一种保护他们免遭自己之害的手段。相比之下,违法提议诉讼恰好有后者的特征。借助这个程序,一位发言人可能因为提出了一项违宪建

---

[82] Hansen(1991), p. 308.

[83] Sinclair (1988), p. 170.

[84] Todd (1993), Ch. 9; Cohen (1995).

议而受到惩罚，即使这个建议在公民大会上没有被通过。这个程序是雅典政治中最引人注目的特征之一。如果要在当代找一个类似的东西的话，我们不得不想象美国众议员或参议员因为提议一项法律由国会投票，后来被最高法院裁决违宪，从而招致一笔巨额罚款。在公元前 4 世纪，违法提议诉讼是雅典民主制的中心构件。汉森指出：

> 违法提议诉讼的重要性，通过把它和现代国家的情境相比较，才能最好地凸显出来，在现代国家，法院监督立法的权利是最强大的。自 1803 年后，美国最高法院便有权检查并推翻国会法案。在 1803—1896 年间的那段时期，这一权力被使用了 135 次；我们的材料来源显示，在雅典，20 年时间里才将近达到这个数字。[85]

尽管经常被描述为"违法提议诉讼"，但 graphe paranomon 的制度实际上范围更宽泛。在公民大会上提议的一项法令可能被否决，它的提议人受到惩罚，如果它(1)违反了一部现有法律，(2)程序上有缺陷，(3)被认为损害了人民的利益。[86] 在某些最著名的案例中，被告被指控提议公民大会把荣誉和特权授予给一个不值得授予的人。尽管这些指控通常是用法律术语陈述，但真正的问题经常是政治的，甚或是个人的。

这个程序的一个专有特征还暗示了指控经常不是实质性的，而是形式性的。违法提议诉讼由 hypomosia(宣誓反对)引入，那是一篇宣誓陈述，指控某项特定法令违法。这一指控既可以在这项法令提交投票之前，也可以在投票并采用之后。如果 hypomosia 发生在投票之前，投票就要延期，直至法庭作出裁决。你可能预期，在法庭作出这项提议合法的裁决之后，它就会被提交给公民大会投票通过。但情况并非如此。汉森认为，如果法庭裁决这项法令合法，他就自动被视为已经通过[87]，这一做法只有当你根据实质性的而不是形式性的理由来评估它的时候才是有意义的。

我们并不清楚，违法提议诉讼究竟在多大程度上服务于它表面上的功能，亦即让政策制定保持在法律的约束之内，而不是告发或迫害特定的个人。要服务于前一个功能，提起指控的公民就必须是真心实意地被理性所驱动，而不

85　Hansen (1991), p. 209.

86　同上，p. 206。

87　Hansen (1991), p. 210。汉森(亲自与笔者交流)告诉我，他对这一点的解释是有争议的。

是出于利益或激情。欧里庇托勒摩斯威胁对卡利克塞努斯提起违法提议诉讼,其动机似乎是出于对公共利益的真心关切。一个(多少有些)不公正并成功实施的违法提议诉讼的实例是公元前403年“三十人僭主集团”垮台之后对色拉西布洛斯提起的指控。色拉西布洛斯提议,所有在僭主统治期间离开雅典前往比雷埃夫斯的人,回来的时候让他们都成为雅典公民,包括外国人和奴隶。“不管意图多么良好,这个提议还是吓坏了城邦的人民:数量未知的奴隶和成百上千的外国人的涌入,会让选举的天平朝着不利于他们的一边倾斜,这个动议在公民大会的成功通过赋予他们的恐惧以实质。为了减缓这些忧惧,同时又不危及和解,阿奇努斯通过违法提议诉讼让这项法令被宣布无效。”[88]

这些都是公元前5世纪的案例。在公元前4世纪,违法提议诉讼日益成为“政治战中一项重要武器”[89]。“克法罗斯是公元前4世纪初的一位政治家,他自吹,尽管他提议了很多法令,但从未有人对他提起过违法提议诉讼;而亚里斯多丰(他死于公元前330年代)的吹嘘是,他在75次违法提议诉讼中被宣判无罪。”[90]其中最著名的政治案例是埃斯基涅斯对克特西庞提起的诉讼,指控他提议了一项法令:雅典人民应当把金王冠授予埃斯基涅斯的老对头德摩斯梯尼。埃斯基涅斯举出了三个理由证明这一提议非法,其中两个理由是基于技术细节。然而,第三个反对理由纯粹是伪法的。克特西庞提议,掌礼官应当宣布德摩斯梯尼赢得了王冠的奖赏,“因为他连续不断地说和做对人民最有好处的事”(Aeschines, 3.49)。然而,埃斯基涅斯说,鉴于“所有法律都禁止在人民的法令中插入谎言”,他只要显示这段献给德摩斯梯尼赞颂之词是虚假的,也就足以证明提议是非法的。因此,他的演说中很大一部分致力于展示德摩斯梯尼连续不断地做出违背人民利益的行动。

由于违法提议诉讼可能被不负责任地利用,所以,提起诉讼的公民如果在公民大会上没有得到五分之一的投票就要被处以罚金,并丧失某些公民权利。如果违法提议诉讼本身被视为保护人民免遭煽动者的影响,那么,这个惩罚条款就是保护这个保护手段不被滥用。在民主制的最后几年里,同样的条款被附加给 eisangelia(检举告发),亦即以宗教的或政治的行为不端为由对官员提

---

88 Ostwald (1986), p. 504.

89 Sinclair (1988), p. 153.

90 MacDowell (1978), p. 51.

起诉讼。这种两步问责机制——向官员问责的人也要被问责——是雅典民主独一无二的特征。

在讨论这些反多数主义策略的过程中,我们已经指出,疗法即使不一定比疾病更糟,但它们可能制造出自己的问题。复议和两阶段程序可能降低处理外交政策的紧迫问题的效率。违法提议诉讼可能被利用服务于私人目的。关于政治自我约束为什么可能是不可欲的,更一般的讨论读者可参看本章第11节。在这里,我只想强调,尽管有这些问题,总的来说,雅典人的制衡体制引人注目地成功。雅典人设法把广泛的民主参与和合理程度的效率以及防止多数主义激情的保护措施结合了起来。尽管这一体制有一些病态特征,但我们并不清楚它们是不是比现代民主制的病态更严重。

7. 费城和巴黎的利益与激情

在18世纪末的两次制宪会议上,尤其是美国的制宪会议,宪法制定者都关注多数统治的危险。美国人的担心更强烈,因为他们面对的是一个不同的问题。在这两个国家,我们都看到了一个三阶段的连续过程。在第一阶段,有强大的君主制,人们觉察到它是专制的和残暴的。在第二阶段,君主制被不受限制的议会民主制所取代。在第三阶段,当人们发现议会也可能像国王一样残暴而专制时,便引入了抑制和平衡。[91] 1787年,美国人从第二阶段走到第三阶段。1789年,法国人从第一阶段走到了第二阶段。第二阶段的病态,以及向第三阶段过渡,出现得更晚。这为这两场争论在一般趋向上的差别提供了主要的理由。美国人关注的是保护自己,避免法国人正在发明或重新发明的那个解决办法。尽管稍后将援引的法国制宪议会中的温和派和美国制宪者有同样的反民主情绪,但他们属于少数派。

激情与利益

据麦迪逊说:"在多数派被共同的利益或激情联合起来的所有情况下,少

---

91 据Vile (1967), p. 43说:"一个议会支持者组成的团体,利用议会的权力威胁其他的团体,这让那些从前只把王权看作是一个危险的人看到,议会也可能像国王一样专横残暴。"这段话尽管是针对1648年之后的英国,但它对1776年之后的美国和1791年之后的法国也同样有效,对于1814年之后的挪威也是如此(Sejersted 1988, pp. 136-137)。

数派的权利都岌岌可危”。(Ⅰ. p. 135)如果穷人或相对来说没有财产的人组成了多数派,他们的利益可能诱使他们制定违背财产权的法律。恰当的反制措施可能包括限定投票权或投票资格,以及受到强有力保护的宪法限制,范围从禁止纸币,到充分补偿被征用的财产。而且,麦迪逊认为,大选区会减少基于利益的小集团的活动范围。完全不同的措施也适用,正如我们将会看到的那样,如果把多数派领入歧途的是瞬间的激情,而不是持久的利益。[92]

不妨看看这两次制宪会议上人们所使用的语言,充满激情的多数派似乎让人觉察到是一个更严重的问题,而不只是自私自利的问题。[93] 然而,选民的利益只代表了问题的一个部分。另一个经常被讨论的多数统治的问题是这样一个风险:可能出现一个有自己利益的立法精英集团。正如米拉波所言,当选代表是“一种实际上的贵族”(8, p. 538),如果不受遏制的话,他们就会僭取一切权力,据为己有。作为可能发生什么情况的一个例证,他援引了“根据制宪议会一位成员的简单要求把公众排除在国民议会之外,并禁止公共文件报告其审议过程”。在联邦制宪会议上,谢尔曼(I, 365)表达了这样一个担心:代表们可能发展出一种会让他们忘掉其选民的 esprit de corps(法语:团队精神)。

那么有两个危险,我将在下文中讨论:充满激情的民众多数和自私自利的代表。这两次制宪会议上讨论的抵消手段包括两院制和行政否决权。这两个策略是后文讨论的主要论题。此外,这两次制宪会议都讨论了把个人权利包

92　这一陈述也是建立在简化的基础上,忽略了“持久激情”的现象,比如宗教狂热或种族狂热。我将在本章第 11 节回到这个问题。

93　在费城,我们发现有人提到“民主的混乱和愚蠢”(伦道夫:I, p. 51),“民主的愤怒”(伦道夫:I, p. 59),“像野火一样蔓延的大众激情,变得不可抵挡”(汉密尔顿:I, p. 289),“浮躁和激情”(麦迪逊:I, p. 421),“无法控制的激情所带来的动乱和暴力”(麦迪逊:I, p. 430),以及“轻率鲁莽,反复无常,以及第一分支的过分行为”(古弗尼尔·莫里斯:I, p. 512)。在巴黎,拉利托勒达勒(8, p. 516)提到制宪议会“entrainée par l'éloquence, séduite par des sophismes, égarée par des intrigues, enflammée par des passions qu'on lui fait partager, emportée par des mouvements soudains qu'on lui communique, arrêtée par des terreurs qu'on lui inspire.(法语:被雄辩所训练,被诡辩所误导,被与之共享的阴谋所煽动,被传达给它的突然行动所裹挟,被它所激发的恐惧所吓阻。)”另一些人谈到“les prestiges de l'éloquence, l'effervescence de l'enthousiasme(法语:雄辩的威信,热情的兴奋)”(格雷古瓦:8, p. 567),“les causes d'erreur, de précipitation ou de séduction oratoire(法语:错误的原因,仓促草率或言辞诱惑)”(西哀士:8, p. 597),或者谈到“l'erreur, la précipitation, l'ambition(法语:错误,轻率,野心)”(罗伯斯庇尔:9, p. 81)。

含在宪法里，以抵消多数统治的各种危险。[94] 在宪法预先约束的第一个层面（本章第 5 节），权利法案通过彻底排除某些类型的立法，从而给少数派提供了绝对的保护，免遭多数派的伤害。然而，这种保护并不比权利法案本身更强大。因此，在更高层面上，绝对的保护需要个人权利的绝对确立，也就是说，完全不受修宪的影响。正如本章第 3 节所指出的，很多现代宪法事实上提供了这样的保护。

传统上，我考量的这两种策略，各与这两种危险之一密切相关。一方面，第二议院的存在会通过很多机制抵消多数的激情冲动。特别是，两院制所固有的延迟被看作是针对冲动多数的主要保护。另一方面，行政否决权会阻塞立法暴政的趋势。即使行政否决可以被推翻，绝对多数的需要也使得立法机关更难自行其是。但这些绝对的陈述需要细微的变化和限定条件。事实上，这两种手段是作为两个问题的解决办法而提供的，正如表Ⅱ.2 所显示的。

表Ⅱ.2

	激情多数的问题	自私自利的立法者问题
两院制是解决办法	上议院会减缓这个过程，而且还会通过财富和智慧抵抗激情多数	一个分裂的议会不大可能成为一个贵族阶级
行政否决权是解决办法	否决权可以充当遏制危险冲动的一个额外手段。	行政机关会抵制立法机关的任何自我强化

在我接下来讨论 4 个实例之前，让我先澄清几个要点。我们这里讨论的两个社会都不是直接民主制。多数派只能通过他们选出来的代表行动。当我提到激情或利益是民众多数派的动机时，我假设这些都被忠实地传达给立法机关，并体现在立法机关，尤其是在直接选举的下议院。当我提到立法者自己的激情和利益时，心里想的是别的东西。立法机关的利益是在政府机构里给自己开辟出尽可能最大的地方。（有几个实例来自东欧最近的制宪过程，参见本章第 11 节。）而且，立法者的行动可能受到议会本身出现的激情的影响，完全独立于他们的选区。例如，演说者一旦当众陈述了一项政策，虚荣可能阻止

94 有一项研究可参看 Elster (1993c)。正如我在 Elster (1995b) 中所证明的，这两次制宪会议并没有太多地关注作为抵消手段的司法复审。

他撤回这项政策。

与动机的这一四重分类相对应的,有制宪任务的四重分类。从18世纪宪法制定者的观点看,构建宪法时心里必须有两个目标。首先,必须尽可能消除激情的破坏性非理性力量。在最好的情况下,激情会被理性所取代或遏制——对共同利益不偏不倚的关切。然而,宪法制定者并没有按照最佳剧本进行,至少在费城没有这样进行。相反,他们假设,未来的选民和政治家在他们没有被激情所掌控时会被私利所驱动。因此,第二项任务是要设计出这样的制度,给政治行为人以私人激励,使他们的行为方式能同时促进公共利益。这一推理思路既适用于选民,也适用于他们推选的代表。尽管我将主要考量充满激情的多数派和自私自利的立法者,但制度设计还可以试着处理自私自利的选民和富有激情的立法者的问题。[95]

最后一句初步评论关注的是利益与激情之间的区分。当美国制宪者把私人利益与"共同体持久的总体利益"对立起来的时候,他们指的可能是两件不同的事情。[96] 一方面,私人利益常常聚焦于短期好处,区别于长期好处。另一方面,它聚焦于给一个个体或群体带来的好处,区别于整个共同体所得到的好处。当麦迪逊及其他人提到派系斗争的危险时,他们心里想的主要是私人利益的后面这个方面。例证包括债务人对债权人,金钱利益对土地利益或制造利益,以及诸如此类。尽管派系斗争的危险可能因为短视而变得更加严重,但二者在概念上明显不同。就其本身而言,短视在某些方面更接近于激情,而不是利益,如果后面这个概念是在沉着冷静、深思熟虑地考量个人好处的意义上。例如,在《联邦党人文集》(*The Federalist*)第6篇中,汉密尔顿同时提到"瞬时激情和眼前利益"。尽管短命的激情和短视的利益不是一回事,但汉密尔顿在第15篇中还是把这两者同化了,他把"对和平和正义的一般考量"与"任何眼前的利益或激情的冲动"对立起来。因为制宪者们在某种程度上模糊了这一区别——还因为它事实上确实有点模糊(第一章第2节)——我将允许

95　正如我在前面已经指出的,麦迪逊非常担心后面这两个问题中的第一个问题。至于第二个问题,本杰明·康斯坦十分关注"自尊心的问题,他认为这是法国人特有的一个缺点",并认为需要"制度手段"来对抗它。例如,他鼓吹英国的制度,这一制度禁止在议会发表书面演说(Holmes 1984, pp. 139—140)。还可参看本节末尾对美国制宪者的评论。

96　在这个段落中,我紧密遵循 White (1987)中的讨论,尤其是 pp. 121—122 和 254—255。

自己在讨论他们的陈述时做同样的事情。

两院制是多数派激情问题的解决办法

这个命题有几个方面。一个标准论证(还可参看本章第5节)是:两院制有助于让过程变得更缓慢、更笨拙,让火热的情绪有时间冷却下来。[97] 当托马斯·杰斐逊问乔治·华盛顿制宪会议为什么要建立一个参议院时,华盛顿反问道:“你为什么把你的咖啡倒进浅碟里?”“让它凉凉,”杰斐逊答道。“既然如此,”华盛顿说,“我们就把立法倒进参议院这个浅碟里让它凉凉。”在法国,穆尼埃指出,多数派甚至可能需要保护,防止他们自己忍不住放弃权力:

> 一个一院制议会……可能在热情洋溢的时刻决定增加一位获胜国王的权力,或者在不同的环境下,确立可能变成永久性的、有利于自己的独裁专制。相比之下,分开议事的两个议院就会确保其各自决议的明智,赋予立法团体以缓慢而庄严的步伐,他们的步伐决不应该偏离常轨。(8, p. 555)

这一论证并不依赖于参议员们跟下院议员比起来有任何特别的美德,而只是诉诸缓慢的优点。[98] 因此,论证接下来转到其他任何延迟或冷却策略,比如宪法修改必须由连续两届立法机关批准或国王的搁置否决权。[99] 此外,这一论证并不需要参议院对决议有否决权或任何其他种类的形式权力。在巴黎,拉罗什富科提议建立一个纯咨询性的参议院或“委员会”:

> 可以建立一个委员会,审查众议院呈送它评议的法律方案。委员会由那些被选择出来履行这一光荣职责的人组成,众议院在作出一项权威性决议之前,必须向该委员会咨询两次或三次。这样的反复咨询,加上印刷技术和出版自由给予这些方案的广泛宣传,让所有公民

---

97 对于这个论点的正确性的某些怀疑,参看 Mueller (1996), pp. 192—193。

98 “到1784年,南卡罗来纳的一个小册子作者主张,参议院只是……另一个代议团体,就像下议院一样,必定要服从其选民的指示。事实上,参议员在立法机关的位置并不具有社会意义,要不是‘立法权的分权对于给我们太过仓促的议程提供恰当的抑制似乎很有必要’的话,它就会‘完全无用’”(Wood 1969, p. 239)。

99 有人可能会问,同样的目的可不可以通过这样一条宪法规定来实现:要求对任何一项立法按照恰当的时间间隔经历连续几次审读。然而,任何这样的制度都会在立法者当中制造出大量的挫败感,他们确信自己已经打定主意,只想过渡到行动;他们可能不想被(自己或别人)看作是不断改变主意的人。

> 卷入其中，将会确保一段延迟，让立法机关足以冷却他们的激情。（8，pp. 548—549）

然而，大多数两院制还通过参议员与众议员之间某种性质上的差别来证明它的合理性，借助这一差别，上议院会更审慎、更保守，因此充当了一个刹车，遏制更冲动的下议院。设计了很多屏障机制。参议员较低的年龄限制可以定得更高。[100] 参议员可以通过间接选举选出（美国的解决办法）。可以让他们的任期更长，把议员的新旧交替错开（也是美国解决办法的组成部分）。更有争议的是，他们可以服从于关于财产或收入的更严格的资格要求。从一个角度看，后面的这个标准可以被用作明智决策的次优近似值。[101] 当然，从另一个角度看，财产标准只起到了保护财产的作用。

两院制是立法者自私自利问题的解决办法

这个论证背后的机制是某种形式的“分而治之”：一个同质的议会比一个内部分治的议会更有可能组成一个对抗行政长官的联合阵线。在制宪会议上，“迪金森先生并不担心，由按照不同原则组建的不同分支所组成的立法机关，会为了取代一个法官的目的而很不恰当地联合起来”（Ⅱ，p. 429）。梅森声称，像新泽西计划中提议的那样，一个单一的立法机关包含了“立法专制”的种子（Ⅰ，p. 254）。在法国制宪议会上，拉利托勒达勒十分一般性地陈述了这个问题：

> 单一权力必然会以吞噬一切而告终。两权则会相争，直至一者消灭另一者。但是，三权会维持完美的平衡，如果它们以这样一种方式结合，使得两权相争时，第三权——维护一者和另一者同样符合它的利益——会联合受压迫者对付压迫者，并因此恢复所有各方的和平。（8，p. 515）

在这两次制宪会议上，都有这样一种担心：上议院可能变成一个贵族阶层。在费城，格里说“如今建立的‘新体制’像从前一样完全构成了贵族统治。如果要赋予参议院以巨大的权力，我们将像人们所担心的那样实际上被私党

100　Clermont-Tonnerre：8，p. 574；Malouet：8，p. 591.

101　“杰斐逊说，就他的经验而言，‘诚实’并不是‘财富的典型特征’。但麦迪逊和杰斐逊都困惑于人民没有能力认识真正有才能的人，因此很不情愿地被迫赞同财产是新共和国中优秀杰出的可能来源。”（Wood 1969，p. 218）。

(Junto)统治”。(Ⅱ, p. 286)威尔逊类似地说:“他不得不考量整个事情,因为出现了贵族统治的危险趋势,把危险的权力交到参议院的手里。”(Ⅱ, p. 522)这个论点在巴黎甚至有更强大的吸引力,在那里,正是上议院的观念强有力地让人民想到了旧的秩序体系。然而,这一论点也可以颠倒过来。恰恰是为了防止立法机关形成贵族统治,你必须接受立法机关内部的贵族统治[102]。尽管参议院更长的任期可能把参议员变成一个贵族阶层,但是,要想成为对下议院的恰当抑制,还需要更长的任期(麦迪逊:219—219)。

两院制在遏制立法暴政上所发挥的作用并非没有争议。古弗尼尔·莫里斯认为:“在第二分支提供遏制手段,并不是为了遏制立法机关篡夺权力,而是为了遏制合法权力的滥用,遏制第一分支有立法实施纸币计划和类似权宜之计的倾向。它不是遏制立法暴政。相反,它有利于立法暴政,如果第一分支经不起诱惑而发现了成功手段的话。”(Ⅱ, p. 52)立法机关内部分权可能不足以制止立法暴政,这个观念更有吸引力。正如下一节将进一步讨论的那样,可能还需要行政否决权。

行政否决权是多数派激情问题的解决办法

行政长官的绝对否决权在美国制宪会议上并没有得到严肃的讨论。在法国的制宪议会上,某些“保皇派”极力鼓吹行政否决权,但最后被压倒性地否决了。如今,有两种主要方式保留某种形式的行政否决权,即使绝对否决权遭到否决。一方面,可以允许议会推翻行政否决,但需要合格的多数。这是费城制宪会议所采用的解决办法。另一方面,可以允许议会以普通多数推翻行政否决,但要求决议延迟到后来的立法机关。这是巴黎制宪议会所采用的解决办法,允许国王否决连续两届立法机关的议案,但第三届议会可以推翻国王的否决。在这两个实例中,除了其他理由之外,解决办法都因为它对激情多数派的有益影响而得到辩护。

这个论点在美国的辩论中被提出过几次。据麦迪逊说,“行政长官的否

102　“在共和主义者的论证中,上议院纯粹成了一个遏制不受限制的立法权力的手段,同时它在社会上失去了其作为贵族统治化身的体现。实际上,正如领头的共和主义者阿瑟·圣克莱在1784年坚持认为的那样:‘正是因为我憎恶任何种类的贵族统治,我才反对立法机关中的单一分支’”(Wood 1969, p.250)。

决:不仅对于它自己的安全是必要的,而且对于少数派的安全也是必要的,后者处于受到不公正的、有私心的多数派压制的危险中。”(Ⅰ, p. 108)[103]古弗尼尔·莫里斯更明确。7月19日,他提出,上议院必须作为一种遏制,以遏制“第一分支立法实施纸币计划及类似权宜之计的倾向”(Ⅰ, p. 52)。两天后,他援引相同的现象——“纸币的发行,对人民的慷慨馈赠——债务的免除,以及类似的措施”——作为强大的行政遏制的理由。[104] 梅森同样认为,“尽管在宪法中采取了预防措施,这很像各州的宪法,但人们还是经常预期会通过不公正的恶法”(II, p. 78)。换句话说,三重体制提供了对多数统治的双重遏制。[105]

在法国制宪议会上,论证采取了不同的形式。对大多数代表而言,行政否决权仅仅被看作是一种延迟和冷却的手段——一个遏制多数激情的刹车。对制宪议会中的激进成员来说,它更有可能是允许国民遏制其代表的一种手段。正如拉萨里所指出的,“搁置否决权是一种诉诸国民的策略,允许国民介入,充当国王与其代表们中间的仲裁人”(8, p. 529)。这一论证出现了两个版本。有些代表想在最终否决之后把决定权留给立法机关(拉梅特:8, p. 572;格雷古瓦:8, p. 567);另一些代表则想召集预备会议,对国王否决权所反对的动议进行直接投票。(拉萨里:8, p. 534;佩蒂翁 8, p. 581)

行政否决权是立法者自私自利问题的解决办法

行政否决权作为对立法暴政趋势的一种遏制,其作用是这两次制宪会议的持久主题。在巴黎,拉利托勒达勒援引英格兰作为先例,他声称,1688年,议会两院为了防止立法暴政,而放弃了自己的一些权力,交给行政长官:

> 正是为了捍卫自由,议会两院让国王批准人身保护令,而且,还是为了捍卫自由,他们把所有行政权力统一在国王的手里。从国王手里去掉了所有暴政的手段,他们不想给自己保留任何这样的手段。在不久前的过去,人民受到议会的压迫,正如议会曾经受到军队的压迫。

---

103 在这里和后文中,我模糊了利益与激情之间的区分。

104 他提到了诸如“立法篡夺”之类的措施,因此反驳了较早引用的陈述,大意是,它们并不代表对权力的篡夺,而是对合法权力的滥用。

105 与这一联言论证(conjunctive argument)相比较,我们可以援引杜波尔在法国制宪议会上的选言推理(disjunctive reasoning):“如果遏制立法团体的刹车不是一个君主,一个单一个体,那必定是一个个人组成的团体,比如参议院或行政委员会。”(28, p. 264)

议会想要保护人民免受他们自己的压迫;他们要防止所有压迫,限制所有压迫者的自由。在他们曾经篡夺的、如今又从他们手里被拿走的特权当中,就有独自制定所有法律的绝对权力。法律禁止支持议会两院之一(或者两者一起)拥有没有国王参与的立法权,违者以蔑视王权罪受到惩罚。(8, pp. 517—518)

法国制宪议会上其他很多发言人都赞成这样一个观点:需要国王否决权来遏制立法暴政。在这样做的时候,他们沉湎于数量可观的伪善之词,并认定,要么国王与人民之间利益的完美和谐让他能够遏制立法机关的贵族统治倾向(米拉波:8, p. 539),要么,国王的意志与普遍福祉之间完美一致(马卢埃:8, p. 535—36)。1789年秋天,没有一个人公开说即使是一位软弱或堕落的国王也会成为立法暴政的一个有益遏制。在国王逃到瓦雷内之后,支持他既仁慈又智慧的错误观念变得更加困难了。在关于国王豁免权的辩论中,杜波尔和巴尔纳夫认为,国王不可能履行其作为立法机关遏制者的宪法职能,除非他的人身是不可侵犯的(28, pp. 263ff,pp. 326 ff)。"如果君主依赖于立法团体,那么接下来将会是:后者可以摧毁它自己的刹车。"(杜波尔:28, p. 265)稍后我将会回到这个主题。

美国人也提到了英国的经验:"在那里,行政长官确实是自由的保障,在人民的头脑里,国王和暴君自然联系在一起,而立法机关和暴政则不是这样。但在那里,行政长官并不令人生畏,后两者最恰当地关联在一起。在英国彻底摧毁国王之后,更纯粹的暴政出自议会,而不是被君主行使。"(威尔逊:Ⅱ, p. 301)古弗尼尔·莫里斯援引了另外一些历史先例。在首先重申他的绝对否决权动议之后——这一动议一周前被否决了——他接下来继续说:

作为立法团体的成员,品德高尚的公民常常会同意这样一些议案,后来,当他们以私人身份出现时,他们会为此感到羞愧。应当防止侵犯政府的民众分支。斯巴达的五督政官最后成了专制的……如果行政长官被民众分支推翻,就像英国发生的那样,一个人的暴政就会随之出现——在罗马,贵族推翻了国王,其结果是不同的。他扩大了立法权篡夺行政权的趋势,并希望这一部门被延缓,为的是考量某个更有效的遏制,而不是只要求三分之二便可以推翻行政长官的否决。(Ⅱ, pp. 299—300)

要设置表Ⅱ.2中列举的那些遏制，你必须解决两个在任何制衡体制中都密切相关的问题。遏制本身必须受到遏制；否则就不会有一个遏制和平衡的体制。在巴黎，国王绝对否决权的捍卫者们认为，议会始终可以通过拒绝纳税来推翻他。（安特雷格：8，p. 544；米拉波：8，p. 539；穆尼埃：8，p. 561）在费城，对行政长官的遏制包括通过三分之二多数推翻他的否决，弹劾，以及连任资格所提供的激励。

其次，还有一个谁来任命监护人、并在必要的时候把他们撤职的问题。遏制必须真正独立于它们应当与之抗衡的机构。我已经引用过杜波尔在法国制宪议会上的评论：如果议会可以随意废黜国王的话，国王就不可能充当遏制立法机关的刹车。在联邦制宪会议上，问题的提出既针对行政机关，也针对上议院。关于后者，谢尔曼反对伦道夫的提议"联邦立法机关的第一分支应当有参议员的任命权"，其貌似有理的反对理由是，"如果参议院由第一分支任命和撤职的话……就会让他们有太大的依赖性，因此摧毁了参议院为之而任命的目标"（Ⅰ，p. 60）。关于前者，古弗尼尔·莫里斯声称，如果行政长官由国会来选择，"他就会是立法机关纯粹的傀儡：如果由立法机关任命并且可以被立法机关弹劾的话"（Ⅰ，p. 29）。麦迪逊也反对由立法机关选择行政长官，他声称："候选人就会与立法机关密谋串通，让他的任命源自占主导地位的政治集团，并容易让他的政府对立法机关言听计从。"（Ⅱ，p. 109）

制宪会议上的自我约束

我最后要指出的是，美国和法国的立法者也预先约束自己，防止他们被激情和利益所诱惑。在联邦制宪会议上，制宪者们决定让他们的议程保持封闭和保密。正如麦迪逊后来所说的，理由是："假如会议成员首先公开约束自己，他们后来就会有假想的一致性要求他们坚持自己的立场，而通过秘密讨论，一旦他们确信自己的意见不再正当有理，谁也不会觉得自己有义务固执己见。"（Ⅲ，p. 379）换句话说，制宪者们选择保密来预先约束自己，防止他们自己的虚荣。相比之下，跟法国的制宪者们比起来，美国人并没有强调未来政治行为人——他们的行为将被制宪者们起草的宪法所控制——的虚荣动机。

不像联邦制宪会议，法国制宪议会还履行了作为普通立法机关的职能。

然而,这一安排可能是不可欲的。制宪议会的一项主要任务是要在政府的立法分支与行政分支之间达成恰当的平衡。把这项任务分派给同时充当立法机关的制宪议会,就是要求它给自己的案子当法官。人们可能预期,立法议会起草的宪法会赋予立法机关过大的权力(II, 11)。抽象地讲,这个问题通过立法机关里使用的类似手段——亦即遏制与平衡——来解决。例如,国王对宪法的否决权可能让立法机关自我扩张的趋势受到遏制。[106] 法国制宪议会采用了另外的解决办法,通过投票选出没有资格进入第一届普通立法机关的制宪议会成员。正是罗伯斯庇尔,在他的第一次伟大演说中,为一项"自我否定法令"赢得了制宪议会的支持——制宪者预先约束自己,防止他们自私自利(26, p. 124)。

8. 时间不一致、贴现和延迟

在本章第 3 节,我们看到,很多宪法强加了最早的修宪提议与其最终采用之间的延迟。在第一章第 3 节,我认为,延迟可能有助于克服与双曲贴现相关联的问题。当然,我们不可能推断,延迟条款的存在是为了防止双曲贴现导致的时间偏好逆转。即使在施特罗茨 1955 年识别并描述了后面这个机制之后,据我所知,它也从未被援引为宪法预先约束的理由。延迟是为了遏制激情而被引入的,而不是为了抵消双曲贴现。但是,尽管这一观念不可能充当故意预先约束的例证,可它还是暗示了,某些延迟程序可以充当防止时间不一致行为的偶发约束。

为权利而预先约束

不妨考量一下被不恰当地称作"积极权利"的最早宪法条款,比如免费医疗或免费教育的权利。有时候人们假设,这些都是社会消费的形式,其发生必定以牺牲社会投资和效率为代价。发展中国家,包括那些正在向市场体制过渡的国家,不可能"负担得起"这些福利。这不可能是全部的真相,因为教育和

106 然而,这几乎不是一个完美的解决办法。一般来说,没有理由预期,行政分支与立法机关在制宪团体中的议价力的相对力量符合你可能想要写入宪法的通常可欲的分配。

医疗也是对劳动生产力的投入。[107] 如果不提供这些福利,理由可能是:政府受制于双曲贴现。政府可能充分认识到了教育和医疗投入的价值,但决定把它们推迟到更晚的日期。然而,当那个日期到达时,优先权将再次给予带来眼前收益的项目。为了绕开这个问题,把教育和医疗的权利宪法化,甚至把它们确立为不可修正的权利,可能管用。"当权者几乎总是想谨慎从事,至少在短期是这样,授权程序捆住了他们的双手。'权利法案'也是要捆住政府的双手。"[108]

为预算平衡而预先约束

在今天的美国,不仅有对预算平衡的要求,而且还有对预算平衡宪法修正案的要求。(为了论证起见,我假设预算平衡修正案实际上会约束国会。)[109]要求修正案的一个主要论点是,如果没有对这个目标的宪法化,国会就没有能力抵制很多利益集团为了让政府支出花销在这样那样的活动上而游说。议员们也需要这样的修正案,好让他们能够告诉选民:他们的双手被捆起来了。[110] 然而,有一点至少是可以想象的:国会——或者毋宁说是个体议员——也由于双曲贴现中固有的拖延而苦不堪言。由于当前对未来所有日期的特权,国会就会像圣奥古斯丁一样告诉自己:平衡预算是个好主意——在未来。但是,当未来到达时,它总是以"当前"的形式来到的,于是,同样的推理也适用于它。预算平衡修正案可能克服这种拖延。

然而,要让这一修正案被采用,可能要规定:它只能在下一届国会甚或更

---

107 如果完全从这个角度来看教育和医疗,那么这些福利就不会是今天的西方社会所提供的那个样子了。更突出的重点就会是治疗劳动力的当前和未来成员。抽烟可能受到鼓励,而不是劝阻(抽烟通过早死给社会节约了大量的金钱)。人文学科和(大概还包括)社会科学筹集资金就会很难。而现有医疗供给体系可以通过安全和效率考量的结合来解释,现有教育体系可以通过消费和投资考量的结合来解释。关于这些问题,还可参看 Elster(1995d)。

108 O'Flaherty (1996), p. 285.

109 对预算预先约束的可执行性,有人提出怀疑,参见 Keech(1995), pp. 172—174。

110 因此,拉塞尔·贝克说:"于是有预算平衡宪法修正案。如果通过的话,这项修正案会迫使所有国会议员在再次花钱之前住手。这些可怜的倒霉蛋在恶行中陷入得如此之深,以至于他们如今通过残害宪法来寻求慰藉。他们建议让政府给政府本身做靠山,好让他们没有能力控制自己的毛病受到约束。"[《国际先驱论坛报》(*International Herald Tribune*),1994 年 11 月 30 日]类似地,他对单项否决权的解释是"如今折磨着国会的自我憎恶。国会议员近来喜欢抱怨他们自己的软弱。一项宪法修正案被通过。金里奇先生和多尔先生到处兜售它,像热乎乎的福音一样。当然,这些罪孽深重的可怜废物当然想——真心实意地想——修补他们的路,他们当然可以控制他们的坏习惯,只要它是神圣的文件——宪法——所禁止的"(同上,1995 年 3 月 31 日)。

遥远的未来才生效。[111] 事实上，延迟的观念在这里服务于两个功能。一旦修正案被采用，提案与采用之间的延迟会保护它免遭废除。要让它被采用，可能不得不在采用与执行之间强加人为的延迟。美国的情况并不十分适合于说明这一点，因为修宪过程的持续时间是可变的，不确定的。因此，假设预算平衡修正案是在瑞典议会中提出的。为了被采用，修正案必须在当前立法机关和下一届立法机关刚开始时被通过。立法者的（双曲）贴现使得他们更愿意在任意给定的时间让当前立法机关和下一届立法机关出现预算赤字，然后再也不允许。根据这一假设，修正案就不会通过，除非有可能规定：它只在第四届立法机关才生效。

延迟执行

制宪者们可能还想把新一届政府的当选与其就职之间的延迟写入宪法。在拉丁美洲（秘鲁、阿根廷）和东欧（波兰、匈牙利），最近观察到了效率导向的自由主义政党与安全导向的平民主义政党之间的选举竞争，前者致力于先紧缩、后发展的政策，后者承诺高水平的福利和失业救济规定。在某些情况下，自由主义政党在民意调查中最初有更多的支持者，但随着选举的接近，平民主义政党便超过了它，后者接下来将赢得选举。这些程式化的事实完全符合我们的预期，如果选民双曲地贴现未来的话。[112] 此外，这个问题可以通过规定新一届政府必须延迟——比方说——6 个月就职来解决。当然，6 个月可能还不够。也有可能，6 个月太长，因为国家不可能受得了一个即将离任的政府持续这么长的时间。这样说来，这个问题是一个真问题，这种解决办法至少在理论上是可以想象的。

采用与执行之间延迟的观念也可能根据完全不同的理由来辩护。一个困扰着大多数宪法立法的问题是，无论是在创立阶段，还是在修宪过程中，制宪

---

111 Tabellini and Alesina (1994), p. 171。然而，在作者的模型中，时间不一致的来源是选民未来偏好的不确定性，而不是双曲贴现。

112 更带有猜测性（事实上非常有猜测性）的是，双曲贴现可能与 Stokes (1997, 1999) 发现和分析的另一个程式化的事实有关，亦即，紧接着选举之后，很多靠平民主义政纲当选的政府开始执行其竞争对手的自由主义纲领。在选举之前，选民当中存在偏好的转变；选举之后，有政府的政策转变。这两个现象可能相关，如果政府相信，在执行自由主义纲领时，它所做的事情在某种意义上正是选民“真正”想要的，因此没有理由担心下一次选举失败。

者们总是发现他们自己处在冲突中。一方面,正是宪法的性质要求他们立法时着眼于所有人的利益,以及期限不定的未来的利益。另一方面,他们也有选民强加给他们短期动机和派系动机。后面这种动机的重要性要小很多,如果立法是在无知之幕(veil of ignorance)下进行的话,这个无知之幕是通过要求决议必须等到(比方说)20年后才生效而创造出来的。

这种无知之幕推理在联邦制宪会议上被使用过好几次,最引人注目的一次是在乔治·梅森的干预措施中:

> 我们应当关照每个阶层的人的权利。他经常对较高社会阶层对人道和政策的要求漠不关心感到惊讶,考虑到不管他们的环境多么富足,或者他们的地位多么高,随着时间的推移,用不了多少年,他们的子孙后代不仅可能,而且肯定会分布到最低的社会阶层。因此,每一个自私的动机,每一种家庭归属感,都应当推荐这样一个政策体系,其对最低阶层公民的权利和福祉的关切丝毫不亚于对最高阶层的关切。(Ⅰ, p. 4)

古弗尼尔·莫里斯以类似的口吻说:

> 州的归属感,以及州的重要性,是这个国家的祸根。我们不可能消灭它们;但我们大概可以拔掉这些毒蛇的牙齿。他希望我们的观念扩大到人的真正利益,而不是局限于一个特定场所的狭隘范围之内。为了这样一项政策,自私自利所能产生的动机毕竟很小。谁能说,无论是他自己,还是他的孩子们,明年会是这个州的居民,还是那个州的居民。(Ⅰ, p. 530)

这个论点提到了13个州,但它也被用来涵盖未来正式加入的州。格里提议"以这样一种方式限制接纳加入联邦的新州的数量,使得它们不能在数量上超过大西洋沿岸各州"(Ⅰ, p. 3),对这个提议,谢尔曼答复道:"我们是在为我们的后代、为我的子子孙孙做准备,他们既有可能是老州的公民,也有可能是新的西部州的公民。"(同上)

我前面提出的论点将会通过增加不确定性来增强这一论证。如果宪法明天生效,我可能很有把握地预测,我的孩子们在安排A之下比在安排B之下过得更好。我的孙子和重孙们在安排B下更好的预期效用可能抵消不了这一偏好。但是,如果宪法的生效被延迟20年,我的孙子和重孙们的命运就可能成为更重要的考量，理由有二。首先，无知之幕如今涵盖了相关时期的更大一部分，延迟就会在很大程度上削弱我所说的“跟所有未来日期比起来对当前的强烈偏好”（第一章第3节）。

不用说，这个观念是乌托邦的，由于其他理由大概也是不可欲的，制宪或修宪的需要往往出现在危机时期，而在这样的时期，等待是一件买不起的奢侈品。但我相信，这种使用延迟在其他决策语境中可能是值得考量的。一个关于延迟的标准论证是：通过提供冷静下来的时间，它们约束了激情的有害影响。我已经证明，通过增加不确定性，延迟还创造这样一个无知之幕，迫使一个行为人设身处地为每一个人着想，因此降低了利益的重要性。

9. 无限权力、策略行为和分权

在本节，我将考量这样一个观念：权力要想有效，就必须分权；无限权力非但不是福，反而可能是祸。[113] 我将主要从时间不一致和可信度的角度考量这个观念，但它实际上更一般。因此，一个权力太多的困境在拿破仑的一个顾问提供给他的一句格言中得到了概括：“On ne s'appuie que sur ce qui résiste（法语：我们只能靠在有抵抗力的东西上）。”托克维尔可以把这句短语用作他的《旧制度》(*Ancien Regime*)的题词。下面这段话给出了那部作品主要论证的风味：

> 在向地方行政长官提出的问题当中，我们至今依然发现这样一个问题：你那个行省的贵族是不是喜欢待在家里？我们手里有一位地方行政长官答复这个问题的信；他抱怨，他那个行省的贵族喜欢和他们的农民待在一起，而不是履行他们对国王的职责。但我们注意到，他说的那个行省是安茹，后来被称作旺代。这些因为更愿意和农民生活在一起而受到批评、据说拒绝履行他们对国王的职责的贵族，是法国

113　尽管这里的焦点集中在制度因素，但拥有绝对权力也是一个心理方面。专制暴君不信任或不相信任何人；因此，台比留“既痛恨阿谀奉承，也害怕坦率直言”(Veyne 1976, p. 720)。类似地，希罗多德说(3.80)：暴君“是一切动物中最反复无常的；如果你适度地给他以赞美，他会很生气，认为没有给予自己以极端的殷勤；如果有人对他极端殷勤，他也会生气，认为对方是个马屁精”。

唯一拿起武器捍卫君主制并能够为之战斗到死的贵族。[114]

托克维尔的书研究的是成功带来毁灭,这里使用的短语是斯蒂芬·霍姆斯杜撰出来的,为的是描述托克维尔在他的《回忆录》(*Recollections*)中描述的1848年的事件。[115] 把贵族和资产阶级削弱到无能为力的状态之后,君主在自己受到攻击时就没有同盟者可以依靠了。然而,在接下来的讨论中,重点在于政府各个分支之间、而不是社会各个阶层之间的分权。尽管就传统的英国分权概念来说,这两个问题密切相关,但它们在现代社会完全分离。

无限权力的悖论

在最一般的层面上,就术语而言,无限权力的存在就是一个矛盾。"如果一个实体有权制定任何法律,或者在任何时候做任何事情,那么,它能不能限制自己行动或制定法律的权力呢？如果能那么它就不能,如果不能那么它就能。"[116]这个悖论最初是就神的全能而陈述的,它也适用于政治君主。因此,据霍布斯说:

> 国家的主权者不论是个人还是议会,都不服从国法。因为主权者既有权立法废法,所以便可以在高兴时废除妨碍自己的法律并制定新法,使自己不受那种服从关系的约束;这样说来,他原先就是不受约束的。因为愿意不受约束就可以不受约束的人便是不受约束的。(译者注:这里引用的是黎思复、黎廷弼的译文,参见《利维坦》第207页,商务印书馆1985年9月第一版)。[117]

作为一个抽象命题,最后这句话似乎无懈可击。应用于现实政治它就不是这样了,正如我在本章开头引用的斯宾诺莎那段话所显示的。尽管文中所说的那位国王(玛代的大流士)就他可以颁布的法律而言是全权的,但他却无权撤回他的总督们为了诱捕但以理的目的而欺骗他颁布的法令。对这种不可

114　Tocqueville (1998), p. 181.

115　Holmes (1992)。在《回忆录》中,霍姆斯注意到的模式是:如果A与B结成同盟,为的是打败他们共同的敌人C,A应该提防彻底消灭C,以免B反过来对付自己。《旧政权》中的模式是:如果A借助分而制之的战术来削弱B和C的力量,当他遭到D的攻击时就不可能请求他们的帮助。

116　Suber (1990), p. 12.

117　*Leviathan*, Part II, Ch. 26。Holmes (1988)也引用了这段话,把这个观念向后可以追踪到塞涅卡,向前可以追踪到卢梭及其他人。

撤销的解释从圣经经文来看并不清楚。我们也不可能得到其他材料，正如玛代的大流士是否存在也被包裹在不确定性中一样。推测起来，某个像元宪法惯例（本章第 3 节）那样的东西在发挥作用。如果他撤回自己的法令，大流士可能会招致宗教合法性的损失。然而这个观念预设的前提条件是：祭司有竞争性的权力来源，事实上，国王并不是全权的。

霍布斯的论点为什么不能直接应用于现实政治，其理由源于承诺的不可撤销性。“愿意不受约束就可以不受约束”并不是真的，如果那句话的意思是约束和不受约束同样容易的话。在政治中，就像在别的地方一样，做出承诺然后食言，比一开始就不做承诺更糟（还可参看本章第 6 节引用的克里昂在密提林辩论中的陈述）。在法国第一次制宪议会上，宣布将在 1789 年 8 月 4 日晚上采取的激进措施使得后退已经不可能。用一句绝妙的当代短语说：“对别人承诺的好处动心的人不会让自己回到没有动心之前的状态”。[118] 托克维尔在他对 1848 年制宪过程的分析中提出了类似的观点。起初，在 1848 年 6 月暴动之前，担心暴动到来的时候，他觉得：“需要的不是一部好的宪法，而是一部随便什么样的宪法”[119]。在时间压力下行动，他“更关注的是尽快把一个强有力的领导人推到共和国元首的位置上，而不是起草一部完美的共和国宪法”。[120] 6 月的那几天之后，他支持了这一提议，但这个时候他的理由是：“向国民宣布，这个人们热切渴望的权利将会被授予，拒绝它将不再可能。”[121]在公众面前做出的承诺常常是不可撤销的。

然而，假设我们是和一位主权者打交道，那就不必担心预期落空所带来的失望。此外，假设他想要预先约束自己，奉行一项固定的长期政策，这项政策创造有助于经济持续增长的环境。一个例证是 20 世纪 80 年代中国的政策。当时，中国经济已经开始走市场化道路，允许民营经济发展，经济行为人不可能知道这一状况会不会持续，会不会允许他们保留自己的利润。结果，他们的时间视野被缩短了，他们常常更愿意用他们的利润购房置业或奢侈消费，而不是把利润投回到业务中。中国的政策制定者很可能想要预先约束自己，奉行

---

118 转引自 Mathiez (1898), p. 265，注释 4。

119 Tocqueville (1986), p. 826。这句话在英译本中被省略了（Tocqueville 1990）。

120 Tocqueville (1990), p. 178.

121 同上。

不插手的政策,但他们必然会进行干预。[122]

可信度

当权力在行政、独立司法和民选立法机关之间分配时,约束可能是可信的。这是道格拉斯·诺斯和巴里·温加斯特在他们对17世纪英国政治经济的重构中所讲述故事的核心部分。光荣革命之后,“废黜的威胁(1648年的革命使这一威胁变得可信)限制了国王不理睬议会的能力”。与此同时,“政治上独立的司法的创立极大地扩大了政府承诺尊重其协议的能力,也就是说约束自己的能力。”最后,“通过创造议会与君主之间的平衡——而不是像内战之后发生的那样消除后者——议会的利益确保了他们自己独断专行的趋势受到限制。”[123]

你可以设想一个试验,来证实民主与效率预先约束之间的关联,我缺乏能力来进行这样的试验。在关于中央银行独立性与经济增长之间关系(稍后进一步讨论)的研究中,前面这个变量通常按照形式标准来衡量,例如根据法令银行拥有的独立性,还有根据行为标准,比方说银行总裁的人事变更率。我们发现,中央银行独立性有两个方面在工业化国家集团内部高度相关,而在发展中国家内部则不是这样。[124] 这一点可以从我的论点推断出来:对于民主国家,比对于非民主国家,它们的相关度更高。

然而,有一个难题要归因于下面这个事实:一些专制政权或许能够做出可信的承诺。更具体地说,何塞·坎波斯和希尔顿·罗特认为,在表现优异的亚洲经济体中,一些多少有些专制的政权通过“隐含的宪法”获得了必要的可信度,在这样的宪法中,亚洲特有的协商委员会制度充当了“预先约束手段”[125]。这些委员会都是非民主团体,其成员既有来自公共部门的,也有来自私人部门的。他们有准立法权威,可以调控一个给定产业的内部事务,甚至在更高的集合层面。在它们的几项职能当中,最重要的大概是减少政府行动

122　Elster (1989c), p. 199。

123　North and Weingast (1989), pp. 817,819,829。他们并没有清楚地表明,这究竟是故意约束,或只是偶发约束。

124　Cukierman (1992), p. 421 , pp. 453—454.

125　Campos and Root (1996), p. 103.

自由的职能：

> 就其本性而言，一个独裁者一般不会接受别人遏制（或平衡）他的权力。但长远来看，这种缺乏制衡侵蚀了可信度：企业怎么知道他明天不会改变政策呢？如果独裁者想要得到信息，以便做出恰当的政策选择，他们就必须确保，信息的披露不会导致直接的（通过征用）或间接的（通过有害的政策改变）资产的充公。为了解决这个约束问题……，东亚的领导人用权力交换信息，实际上就是通过建立起相关制度，约束他们任意行为的范围，从而把自己的双手捆起来。[126]

尽管这一体制依赖于不成文的宪法惯例，而不是一部成文宪法，基本论证类似于我前面给出的论证。权力要想有效，就必须分权。在本节余下的部分，我将用中央银行独立性的问题来说明这个观念。

独立的中央银行

最近这些年里，人们似乎一致同意：需要独立的中央银行。至少有一个国家（捷克共和国）选择把中央银行的独立性写入宪法。在其他国家，独立性要么是由法规来提供，并作为宪法惯例而被确立，要么只是建立在宪法惯例的基础上。接下来，我将无视这些差别，只是假设：出于这样或那样的理由，中央银行有大量事实上的独立性。

标准论证是：独立的中央银行是一种预先约束策略，可以克服策略互动导致的时间不一致问题。[127] 有几种方式可以产生这样的不一致。在这里，我将聚焦于这样一个论证版本，其中主要行为人是政府和公众，包括雇主和中央工会。我假设政府的客观功能消极地依赖于通胀，积极地依赖于就业水平。此外，我还假设，这一客观功能源自它的公共利益概念，而不是源自党派动机或选举动机。政府可以直接作用于第一个变量，通过利用它的权力设定汇率，并因此设定通胀率。通过制造通胀来增加就业（参见后面的讨论），它可以间接作用于第二个变量。工会只关心其成员的实际工资，而实际工资是名义工资

---

126 Campos and Root(1996)，pp. 77－78.

127 尤其可参看 Cukierman (1992)，接下来的讨论我在很大程度上依赖于这本书。关键论证是 Kydland and Prescott (1977)最早陈述的。正面攻击这一推理思路的是 Blinder (1998)。我稍后将证明，他的某些批评是带有偏见的。

与通胀率的函数。惯例是这样的:首先,工会和雇主开始就名义工资进行谈判,考虑到他们对通胀率的预期。接下来,政府设定汇率,并因此设定实际的通胀率。

进一步假设:(1)政府宣布它会遵循零通胀的政策,(2)工会和雇主相信这一宣称,并据此设置实际名义工资,(3)政府坚持执行已经宣布的政策。随后产生的失业率被称作"自然失业率"。出于各种不同的理由,政府可能认为这个失业率太高。[128] 假设(1)和(2),那么政府可能决定通过扩大货币供给来创造就业,这会导致更低的实际工资和更高的就业率。然而,如果工会和雇主知道政府的目标,这一政策就不会起作用。如果预先知道政府会利用它对货币政策的自由控制权来创造就业岗位,他们就会向上调整名义工资,以抵消通胀。特别是,他们会带着这样的预期来设定名义工资:政府会鉴于这一名义工资来设定最优的通胀率。实际通胀和预期通胀会相等,中央银行的行动对就业没有影响。然而,通胀率是正的,给所有人带来损害。

对政府来说,最好的结果是可信地宣布零通胀,然后实施通胀;次优是可信地宣布零通胀,然后不实施通胀;最坏的结果是可信地——因为是自我实现的——宣布正通胀率。由于宣布零通胀绝不可信,政府坚持最坏的结果。如果你审视政府为什么可能想扩大货币供给的其他理由,比如渴望财政收入或渴望减少赤字,你也会得到同样的结论。因为所有这些情况都会导致囚徒困境的一个动态版本[129],类似于图 I.3 中的"承诺"实例,它们全都容易受到动态不一致的影响。

如果制宪者或立法者开始理解这一困境,他们就可以用一项预先约束政策作出回应,这一政策可以采取两种形式。一方面,他们可能选择规则,而不是酌情决定权,把具体的货币政策直接写入宪法。反思起来,这一选项要么不可欲,要么不可行。一个简单的机械规则,比如货币供给的零增长,多半是不可行的,对于为适应意外事件而作出调整,它提供的灵活性太少。相反,试图对所有意外事件都规定最优回应将会复杂到不可能的程度。

另一方面,他们可能把酌情决定权委托给中央银行,而不是政府。为了确

128　Cukierman (1992), Ch. 3.

129　同上, p. 17。

保银行总裁真正的独立性[130],采取了很多措施。当挪威中央银行在1816年创立时,总部设在离首都几百英里的特隆赫姆,为的是确保它对政府的独立。更近,类似的推理是把德意志联邦银行的总部设在法兰克福而不是科隆这一决定的基础。[131] 在那些有双重行政的国家,银行总裁可能由总统而不是政府来任命,基于这样一个假设:他(或她)更有可能是一个保守派,而不是激进分子,也就是说,更看重价格稳定而不是就业。宪法还可以明确禁止政府指导中央银行,或者(正如在挪威那样)要求:如果它指导中央银行的话,就必须让这一事实公开。此外,可以把价格稳定宪法化为中央银行的目标。按照谢林的精神,还可以试着通过拿走中央银行的某些权利来增强它。因此,为了保护中央银行免受政府的非正式压力,你可以——像在阿根廷那样——明确禁止它参与赤字筹款。[132]

独立中央银行的创立生动说明分权作为克服时间不一致问题的预先约束策略的观念。分权当然还可以服务于其他目的。通过确保职能的专门化,分权可以提高效率。除了其他理由之外,对政府行政分支的需要源自这样一个事实:把战争管理托付给立法团体没有效率。而且,分权可以减少腐败,防止一个政府分支对其他分支工作的不当干预。后面这个观念的一个实例是给案件随机地分派法官,以防止司法部部长为"微妙的"案件选择"可靠的"法官。类似的论证事实上可以用于独立的中央银行。如果政府对货币政策有直接的控制权,那么,它就可能利用这一工具提高连任的机会,而不是服务于公共利益。在这种情况下,分权有助于对抗党派利益。然而,前面的论证显示,即使

130 政治家为什么想把银行与他们的压力隔绝开来,其理由未必是促进国家福利的高尚动机。他们放弃权力还可能只是为了出问题时能够推卸责任。

131 "迟至1956年9月,总理(阿登纳)还在法兰克福引发了惊慌,他暗示,联邦银行应当定址科隆,好让它离波恩更近。最后,联邦银行留在了法兰克福,与政府保持一定的距离。"(Marsh 1992, p. 167)还有几个国家把它们的宪法法院定址于首都之外:德国的宪法法院设在卡尔斯鲁厄,捷克的在布尔诺,爱沙尼亚的在塔尔图,斯洛伐克的在科希策。我不知道在这些实例中理由是不是明确地渴望把宪法法院与来自政府其他分支的压力隔绝开来。

132 G. Miller (1993).

政府完全被公共利益的考量所驱动,也需要一个独立的中央银行。[133]

10. 效　率

在本章第 7 至第 9 节,我考量了宪法预先约束的理由——激情和两种形式的时间不一致,这些理由在第一章讨论的个体预先约束的实例中都有类似之处。有争论的是,宪法自我约束最重要的理由在个体的实例中却没有类似的东西。它是这样一个观念:利用宪法规定来消除或减少某些形式的浪费和低效,如果所有立法都采用简单法规的形式,可以被普通多数所改变,那么这个观念就会盛行。我将区分可以用这种方式来补救的三种不同的低效:缩短时间范围,寻租,以及集合一致性。在所有这三个实例中,主要的补救办法都是要求绝对多数才能修订宪法。尽管延迟和需要把宪法修正案提交全民公投可能有一些同样的效果,但它们的效果不大可能一样好。持续的、即便是微弱的多数,可能挨过延迟,如果全体选民对议会有同样的看法,全民公决就不会是一个障碍。

扩大时间范围

稳定是促进很多重要目标的一般手段。在限制之内,有一部不受起伏波动的多数派摆布的宪法,比起有任何特定宪法都更加重要。正如莱布尼茨所言,从我这里跑掉的蜜蜂究竟是属于我,还是属于抓住它们的邻居,并不重要,因为只要法律是固定的,我就可以根据这些法律来调整我的行为。[134] 个体的计

133　基德兰德－普雷斯科特分析的这个版本遭到 Blinder (1998)的批评,接近于一幅漫画。布林德尔嘲笑他们的论证:"认为严格守纪、富有远见的政治家在治疗挥霍和短视的中央银行家们的任性方式,这样的想象似乎是一次古怪的角色反转。"(p. 46)有三个评论似乎是恰当的。(1)基德兰德－普雷斯科特论证依赖于这样一个假设:政治家和银行家有同样的价值观,但或许因为时间偏好问题而不能执行这些价值观。你可能会以经验主义的理由来质疑这一假设。或许,为了抵消党派性的或短视的政府,需要一个中立的中央银行,这一需要在实践中比为了抵消一个非党派性的和不短视的政府中的时间不一致而需要独立性更加重要。但你不应该曲解假设(2):布林德尔自己承认存在这样的可能性:政治家可能以非党派的方式行动,他写道:"或许,当选的政治家为什么要赋予中央银行以独立性的主要理由是:政治过程太容易短视。承认这一点,政治家们自愿而明智地把控制货币政策的日常权力让渡给独立中央银行家群体。"(p. 61)(3)然而,有足够的远见保护自己、避免短视的政治家怎么可能短视呢? 我在第一章第 3 节触及了这个问题,并将在本章第 11 节进一步讨论它。

134　参见 Elster (1975), p. 142 的讨论。

划和投资将会有更长的时间范围，如果他们合理地肯定，财产权——包括征收补偿的权利——的保护依旧到位，也将会结出更多的果实。政治党派如果可以认为选举和制度框架是给定的，它们也能更有效地运转。正如斯蒂芬·霍姆斯指出的："宪法规则是使人能(enabling)，而不是使人不能(disabling)，因此，把立宪主义完全等同于限制权力是不能令人满意的。"[135]当然你可以否认：对现有政党有益的东西对社会也有益。例如，在美国，彻底撼动政治体制可能允许新的政治力量出现，把政治参与水平提升到高于当前的惨淡水平。尽管这可能是真的，但没有理由相信，一个不断改变的政治体制会有这些有益的效果。我认为，它更有可能导致厌倦和混乱。[136]

修订宪法要求绝对多数的稳定化效果可能是宪法预先约束最重要的方面。它为下面这个看上去似乎有些随意的程序提供了正当的理由：在制宪会议上允许微弱多数采用一份只有相当可观的多数才能修改的宪法文本。我并不是说这个程序在所有情况下都是合理的。例如，在本章第 11 节，我将讨论在宗教和种族问题上，多数派把自己的意志强加给少数派所带来的危险。但我相信，任何时候，只要少数派在一个多数派更喜欢的、并受到绝对多数要求保护的政体下比生活在一个他们自己更喜欢的、但没有受到类似保护的政体下更好，这个程序就是合理的。新教徒肯定更喜欢生活在根基更弱的新教体制下，而不是生活在根基更强的天主教体制下，但两院制的捍卫者们可能宁愿要一个根基牢固的一院制，而不是根基不牢固的两院制。这个论点与下面这个观念有关：即便是弱者，也宁愿要一个偏向强者利益的合法政体，而不愿要一个完全没有任何法律的社会，差别在于，在这里，正是法律的稳定性，而不是法律的纯粹存在，让它们在那些更愿意要一套不同法律的人的眼里得到了弥补。

降低交易成本

理查德·波斯纳指出，绝对多数在降低交易成本上也是有用的。简单多数投票往往鼓励寻租。"如果简单多数投票可以改变基本政体或没收少数人

---

135 Holmes (1988), p. 227.

136 Holmes (1993), Ch. 6.

的财富,庞大的资源可能被用来寻求和抵制这样的立法。”[137]请注意,这个陈述暗示或预设了一个前提条件:宪法问题与服从于普通立法的问题之间潜在的寻租中存在着系统性的本质区别。据我所知,这个断言并没有得到检验。无论如何,有一点似乎很清楚,如果这个陈述成立的话,就是把宪法作为偶发约束而不是基本约束而求助于宪法。

消除循环

我们从孔多塞悖论和阿罗定理中知道,使用简单多数投票,可能会出现循环多数。集合不一致尽管不同于时间不一致,但就其颠覆性的效应而言同样是不可欲的。有人证明,如果我们相对较弱的约束强加给个体偏好可以接受的组合,64%以上的多数要求会确保社会偏好绝不会是循环性的。[138] 然而,它们在大多数情况下可能是不完全的,如果没有一项提议收集到所需多数的话。[139] 在普通立法中,如果没有一个现状,比如年度预算投票,这个问题就会非常严重。在宪法语境中,有一个界定明确的现状,不完全性就不是什么大问题。

11. 阻碍与反对

正如在个体自我约束的实例中(第一章第 8 节),宪法预先约束在可欲的时候可能并不可行或有效;当它可行并有效时,可能并不可欲。

预先约束可能不可行

关于第一个问题,基本约束与偶发约束之间的区别是相关的。有一些这样的情形,一项政策可能受益于约束,但不大可能把这些约束强加给自己。除非约束是从外部强加,或被这一政策的某个子集所强加,正常可欲的自我约束事实上不可能发生。我将就三组宪法旨在克服的问题讨论这个问题:持久的激情,冲动的激情,以及利益。

137　Posner (1987), p. 9.

138　Caplin and Nalebuff (1988).

139　这句评论要归功于安纳德·海兰。

持久的激情包括民族的、种族的和宗教的仇恨；对平等或等级制度的强大承诺；族群中广泛共享的、根深蒂固的其他情绪倾向。因为这些激情可能引发对少数派的压制，导致严重的社会冲突，可欲的做法提供某种宪法保护来防止这些后果，其形式为受到保护的少数派权利或在群体当中分享的权力。因此，我同意凯斯·桑斯坦的观点，他写道："宪法条款应当设计得恰好能够抵抗一个国家文化和传统的某些方面，这些方面很可能通过这个国家的政治过程产生危害。"[140]但是，这些条款也最不可能被采用，这恰恰是因为文化和传统抵抗它们。至少，在民主社会，没有理由指望制宪者们能免受那些赋予整个族群以生命的偏见的影响。

这不是一个纯粹抽象的担心。例如，考虑到保加利亚反土耳其人的强烈感情，把对少数民族的强大保护写入宪法确实是可欲的。然而，由于制宪会议上多数派也抱有这些情绪，所以 1991 年的保加利亚宪法对少数派权利的保护是东欧新宪法中最弱的。基于种族的党派遭到禁止，少数民族只被给予了教授他们的语言的权利，而不是用他们的语言教授（所有学科）的权利。再举一个例子，1931 年西班牙宪法失败的一个主要原因是它严厉的反教权条款。[141]如果小共和国在制宪会议中的多数派（宪法通过 55%的多数被采用）收回他们的拳头，后来的发展可能就不同了。

托克维尔对预先约束的怀疑可以从这个角度来理解。在《论美国的民主》(*Democracy in America*)中，他写道：

有一个事实足以表明，舞台表演在美国并不很受欢迎。美国人——他们的法律允许极端自由，甚至还有语言的出格——在其他方面依然让戏剧服从于某种审查。只有经过市政当局的许可，才能演出戏剧。这说明社群多么像个人：他们不假思索地屈服于自己的主要激情，却十分操心不要沉迷于他们并不拥有的爱好。[142]

我把最后一句的前半部分解读为表达了我前面论述的观念：人们并不预先约束自己来防止他们强大而持久的激情。后半部分可以用下面这个观念来说明：一个种族同质的共同体总是通过确保少数种族权利的法律。有一点很

140 Sunstein (1991a), p. 385.

141 Bonime-Blanc (1987), pp. 102—103.

142 Tocqueville (1969), p. 430.

明显:自由地做不想做的事情,其价值小于自由地做想做的事情。[143] 类似地,阻止一个人做不想做的坏事,总是比阻止一个人做实际上忍不住想做的坏事更没用。问题是:一旦有了永久性的诱惑,也就没有多少动机来设置抵挡这些诱惑的屏障。

可能出现例外的情况是,多数派觉察到,如果按照他们对少数派的偏见采取行动,将会付出代价,例如,引发社会动荡,影响国家的生产力或者在国际场合的地位。[144] 然而,还有两个因素在相反的方向发挥作用。首先,诱使人们违背自己的利益行动正是激情的本性。其次,如果过去有过一段受压迫的历史,优势群体可能害怕放松对少数派的掌控。例如,克劳斯·奥菲提到这样一个逻辑:"保加利亚人应用这一逻辑来对付他们的土耳其少数族裔,希特勒应用这一逻辑在 1941 年入侵苏联的前一天宣称:'在我们对他们做了这些事情之后,我们只能继续做下去,否则我们将会受到毁灭性的惩罚。'"[145]

冲动的激情被突如其来的危险事件所触发,比如经济危机,革命,战争或迫在眉睫的战争危险,以及诸如此类。[146] 正如我们在本章第 1 节看到的,宪法应当保护公民避免屈服于这种冲动的观念是这样表达的:宪法是清醒时的彼得强加给醉酒时的彼得的束缚。有一个压倒性的经验主义规律性:宪法往往是在动荡和剧变的时期起草的,在这样的时期,激情往往高涨。[147] 制宪的场合包括:社会和经济危机,正如 1787 年美国宪法或 1791 年法国宪法的制定;政权崩溃,正如南欧和东欧的宪法制定;担心政权崩溃,正如 1958 年法国宪法的制定,是戴高乐在军事反叛的阴影下推动的;战争失败,正如第一或第二次世界大战之后的德国,或者第二次世界大战之后的意大利和日本;战后重建,正如 1946 年的法国;新国家的创立,正如第一次世界大战之后的波兰和捷克斯洛伐克;从殖民统治下解放,正如 1776 年之后的美国各州,以及 1945 年之后

143　这并不是说,做不想做之事的自由没有价值,参见 Elster (1983b), pp. 128—129。

144　我要感谢詹姆斯·费伦向我指出,压制少数派的永久性诱惑可能比短命的冲动代价更高昂。

145　Offe (1992), p. 23.

146　诚然,这些激情必定根植于潜在的情绪倾向,但这些情绪倾向比我所说的持久激情更一般。仇恨另外的宗教群体或种族群体的倾向比害怕敌人的倾向更具体。

147　Russell (1993), p. 106。Holmes and Sunstein (1995), p. 284 认为:"考虑到所有行为人在动荡环境中容易犯下巨大错误的普遍公认的倾向,任何制宪者群体都不可能貌似有理地垄断宪法框架的权威。"然而,在论述宪法预先约束的其他作品中,Holmes (1988)和 Sunstein (1991a,b)都无视或默不作声地否认这一点。

的很多第三世界国家。

如果宪法典型地是在危机时期起草，那么，制宪者们是不是特别冷静就不是很明显了。例如，法国1791年的制宪者并不以清醒著称。[148] 在制宪议会上，起初设想每周开会两天，其余的时间在小组委员会(bureaux)工作。[149] 然而，温和派和爱国者对这两个议事模式的看法非常不同。在温和派领导人穆尼埃看来，委员会偏爱“冷静的理性和经验”，把成员与可能刺激其虚荣和恐惧的每一件事情分离开来。[150] 在激进的布歇看来，委员会往往会弱化革命热情。他更喜欢大议会，在那里，“灵魂变得强大而兴奋，姓氏、职衔和声望毫无价值”。(8, p. 307)根据他的提议，议会决定每天上午开全体会议，下午委员会开会。

这一举措对温和派来说构成了终结的开始，其意义十分清楚。[151] 通过点名投票，这一举措得到了加强，这一程序使得议员或观众们能够认出那些反对激进措施的人，并在巴黎散布他们的名单。[152] 因此，在关于两院制和国王否决权的决定性辩论中——这两个手段部分程度上是打算遏制多数派的激情(本章第7节)——很多代表被激情而不是理性(或利益)所左右。议会多数主义者的雄辩和这样一个观念并不相配：不受约束的多数统治可能很危险。正如我们在本章第7节末尾所看到的，法国制宪者能够保护他们自己免受自身利益的影响，但不像美国制宪者，他们没有采取步骤保护自己免受自身激情的影响。

冲动激情所制造出来的对制宪的威胁比持久激情的问题更一般，更无处不在。没有一般的理由预期一个民族在制宪阶段特别容易受后者的影响，然

---

148 关于激情在法国大革命中所扮演的角色，一部系统性的讨论是 Tulard (1996)。然而，作者并没有提到恐惧和虚荣，尽管这些激情无疑有相当的解释力，可以解释在不同的制宪会议上是如何投票的。

149 组成小组委员会时十分小心谨慎，为的是防止小集团的出现(Castaldo 1989, p. 120, note 65)。它们基本上是随机组成的(按字母顺序)，每个月更新一次，以便相同的代表决不会继续待在一起。

150 Mounier (1989), p. 926.

151 Egret (1950), p. 120。后来，穆尼埃(1989, p. 927)为他在这个场合的不积极而强烈自责。Castaldo (1989), p. 202, note 102 显示，埃格雷和穆尼埃都高估了小组委员会寿终正寝的政治方面。议会并没有只开全体会议，而只是用按主题组织的持久委员会取代了随机组成、经常改变的小组委员会。

152 关于1848年法兰克福制宪议会上的类似花招，参看 Eyck(1968)，尤其是 pp. 115－116, 120, 153ff。

而正如我所指出的,有一个系统性的趋势:宪法是在动荡环境中起草的,这个时候,瞬间的激情遮蔽了判断力。产生制宪需要的情境往往妨碍了制宪的任务。在别的地方,我曾证明:“情感为我们提供了意义感和生活的方向,但它们也妨碍了我们在那个方向上稳定前行。”[153]尽管在提出这一主张时我心里想的并不是制宪,但制宪过程完美地说明了这一观念。

最后,制宪者的利益可能会阻碍为了约束未来政治行为人的利益而进行预先约束。不妨举一个明显的例子,一次同时还充当普通立法机关的制宪议会不可能有兴趣创造遏制立法机关利益的机制(本章第 7 节)。东欧国家最近的制宪过程生动说明了这一点。[154] 除了某些例外,保加利亚、捷克斯洛伐克及其两个继任国家、波兰和罗马尼亚的制宪者们都小心翼翼地避免采取某些可能限制立法机关权力的手段。这些国家没有一个采用建设性的不信任投票,这一策略增强了政府面对议会时的权力。除了捷克斯洛伐克之外,其中没有一个国家选择创立一个强大的宪法法院,它可以因为违宪而推翻立法。除了那些有两院制制宪议会的国家之外,其余国家均未创立可以充当下议院平衡力的上议院。(捷克共和国也可以算作部分例外。)部分程度上除了罗马尼亚之外,也没有一个国家让全民公投成为修宪过程的重要组成部分。这一地区唯一放弃重要权力的制宪议会是匈牙利的制宪议会,它采用了建设性的不信任投票,并创立了据说是世界上最强大的宪法法院。

因此,总的来说,我同意亚当·普热沃斯基和费尔南多·利蒙吉的意见,他们指出:“那些鼓吹约束的人……并没有考量这些约束赖以确立的政治过程。”[155]但我不同意他们接下来援引这一论点反对一般意义上的预先约束的可能性,特别是反酌情决定权的预先约束。他们声称:“同样是把政府推向次优任意干预的那些力量,也把政府推向了次优约束。”但是,作为一个一般论证,这不可能是对的。[156] 首先,推动次优干预的力量可能被一次紧急危机所触发,而不是政治现场的永久性特征。其次,即使没有危机,政策制定者完全关注社会福祉的时候,政府也可能被“推向”次优任意干预(本章第 9 节)。诚然,任意

---

153 Elster (1989a), p. 70.

154 关于细节,参见 Elster (1993a , 1995e)。

155 Przeworski and Limongi (1993), p. 66.

156 但它可能是对 Blinder (1998)的一个恰当回应。

干预,例如补贴困难行业,常常是政治压力、渴望连任以及诸如此类的结果。但这一情境对于要产生的次优结果来说并不是必要的。缺乏作出有约束力的可信承诺的技术可能有同样的结果。

即使当一个政治组织不想约束自己的时候,其他的政治组织也可能试图约束它。它们的动机可能是为了促进自己的利益,为了保护这个政治组织免受自己之害,或者兼而有之。例如,在 1949 年的联邦德国宪法制定中,西方占领国试图把一个分权的结构强加给这个国家,它会防止德国民族主义的重新抬头。[157] 1946 年的日本宪法甚至更极端,完全由占领国美国起草。类似地,制宪会议上的少数派可能试图保护多数派免遭激励他们的持久利益或持久激情之害。这是 1787 年美国制宪者当中盛行的自我解释。在这种强加宪法的情况下,我们处理的是偶发约束,至少,如果这些约束是为了被约束者的利益而不只是为了约束者的利益的话。

预先约束可能不可欲

即使可行并且有效,宪法预先约束也可能不可欲。有两个主要问题,一个是由预先约束与效率之间发生冲突的潜在可能性创造出来的,另一个是由预先约束与民主之间发生冲突的潜在可能性创造出来的。

要陈述第一个问题,可以把自杀比喻颠倒过来。在本章第 1 节,我引用了一句短语:“宪法是人们在清醒时设下的自我约束的锁链,以便在他们疯狂时不至于死于自杀之手。”针对这句话,我们可以引用大法官罗伯特·杰克逊的名言,大意是:宪法不是一份自杀协定[158]。严厉的宪法自我约束可能与一场危机中所需要的行动的灵活性不相容。在费城联邦制宪会议上,乔治·梅森指出,“尽管他痛恨纸币,由于他不可能预见所有的不测之事,他不愿意捆住立法机关的双手。他指出,有了这样的禁令存在,最近的这场战争就不可能进行下去。”[159]类似地,当 1946 年意大利议会决定不把货币稳定宪法化时,一个反对意

---

157 Golay (1958), p. 5.

158 这是罗伯特·杰克逊大法官在“泰尔米涅洛诉芝加哥市” 一案(337 U. S. 1 [1949])中的异议的释义。自杀比喻的一次相关使用出现在国会预算办公室主任罗伯特·赖肖尔的一段评论中:“最近五年的教训是,程序改革本身不可能确保赤字发生显著的减少。预算程序也不可能迫使那些参与其中的人做出他们认为是政治自杀的勾当。”(引自 Keech 1995, p. 173)

159 Ⅰ, p. 309.

见是:在战争时期,政府需要行动的自由。[160]

谈到预算平衡条款时,圭多·塔贝里尼和阿尔贝托·阿莱西纳指出:

> 每一个当前多数派都不想被规则所约束,即使他们想让规则约束未来所有的多数派。然而,一项在预先规定的未来某个日期生效的预算规则是不相干的……如果这项规则可以通过简单多数废除的话……这个问题可以通过要求特定多数才能废除该项规则来克服,但这个要求将会极大地减少回应意外事件的灵活性。一项预算规则可能包含免责条款,例如针对税收的循环波动或战争。然而,由于很难、甚或是不可能列举所有相关的意外事件,要求绝大多数同意才能放弃(哪怕是临时性地)预算平衡,其结果可能适得其反。[161]

在战时,诉诸很多宪法中列举的紧急权力可能足以防止货币自杀协定被执行。更一般地说,紧急条款就是为了防止自杀而专门设计的手段。然而,尽管这些条款可能充当一个安全阀并稳固宪法,但它们也可能危害宪法。伯纳德·曼宁利用从罗马共和国到魏玛共和国各种不同的紧急条款,证明了除非它们设计得非常小心,否则就有可能放大它们打算解决的问题。[162] 因此,如果说激情和利益构成一阶问题,宪法构成了一阶解决办法,那么,严厉性就是一个二阶问题,紧急权力就是一个二阶解决办法,而政变是一个三阶问题,可能需要三阶解决办法。例如,曼宁建议,冒险主义者利用紧急条款的风险可以通过这样的办法来降低:把决定宣布紧急状态的决策权托付给另外的机构,而不是在紧急状态期间行使权力的机构。

就货币政策而言,你可以想象对经济的突然打击,比如1973年石油价格的翻四倍,这并不是宪法意义上的紧急状态,然而大到了足以使恪守货币规则对就业产生灾难性影响。正如前面已经指出的,把货币政策托付给中央银行总裁的审慎,社会可能过得更好,尽管银行总裁主要关注物价稳定,但也给予就业一定的权重。宪法可能通过强调物价稳定的目标来约束他,但不能让他成为预设政策的纯粹执行人。不过还是有一个风险:银行总裁可能有着意料之外的、灾难性的严格原则。一个例证是两次大战期间的挪威中央银行总裁

---

160 Spinelli and Masciandaro (1993), p. 217.

161 Tabellini and Alesina (1994), p. 171.

162 亲自与笔者交流。

尼古拉·里格。对他的灾难性政策的记忆解释了挪威为什么没有仿效其他国家建立一家充分独立的中央银行。而德意志联邦银行则获得了独立性，作为对20世纪20年代通货膨胀惨痛记忆的回应[163]，1985年管控挪威中央银行的法律"是作为社会对通缩创痛的回应而设计的"[164]。挪威不是禁止政府指导银行，而是选择了一个迂回策略：通过增加政府指导银行的政治成本，从而担保银行的独立性。[165]

当履行预先约束职能的行为人与民主控制隔离开来的时候，预先约束与民主之间的冲突便产生了。[166] 即使当宪法法院的裁决或中央银行的决策在任何技术意义上都不算低效——帕累托非最优或效用非最大化——的时候，它们也可能严重偏离大多数公民的稳定偏好。宪法法院可能违背大多数普通公民的稳定愿望而禁止或允许堕胎。中央银行可能为了它的决策而选择一个不同于多数普通公民的时间贴现率。在某种程度上，公民都有双曲的时间偏好，而银行只是遵循它们的长期时间偏好，同时忽略急剧升降的短期交易，这一分歧并没有提出一个规范问题。在这种情况下，银行本质上是在帮助公民运用自控力（还可参看第一章第3节）。在某种程度上，银行试图纠正（它所感觉到的）长期偏好本身的过度短视，这给基于民主的理由提出批评打开了方便之门。

安全出口

如果分权造成了这样的风险：中央银行总裁死板、教条或者对民主反应迟钝，那么就必须通过遏制和平衡来扩大分权。例如，可能有一个宪法条款允许立法机关的绝大多数罢免中央银行总裁。我不知道有任何国家允许发生这样的事情，但还有另外一些手段可以服务于同样的目的。艾伦·布林德尔认为，

---

163 这至少是传统故事（例如，参见 Marsh 1992，p. 146）。Déhay（1998）认为，它预先设定了一个非常有选择性的记忆。首先，德国中央银行在高通胀时期实际上是完全独立的。其次，20世纪30年代的通货紧缩经历至少像较早的通胀一样令人痛苦。第三，1957年确立联邦银行独立性的立法最好被解释为联邦政府与各州政府之间的一次妥协（它向各方担保，银行将会独立于对方），而不是解释为还没学会相信自己是货币政策监护人的政治家让权。然而，即便德艾是对的，这个传统故事到现在也已经成了一个神话，在解释联邦银行独立性的维持（即便不是起源）上有着独立的因果力量。

164 Sejersted (1994).

165 Smith (1994), p. 98.

166 感谢伯纳德·曼宁和帕斯奎尔·帕斯奎诺多次和我讨论这个问题。

在美联储体系中，抑制“过分热心的银行家”这一风险的，既有“内部制衡体系”，源于下面这个事实：关键决策是由一个委员会而不是由一个人作出；也有外部遏制，源于下面这个事实：国会可以推翻联邦储备委员会的决定。[167] 尽管国会从未使用过这一权力，但是，仅仅知道这一权力存在，由于“预期反应定律”，就有着约束性的影响。

这个论证可以扩大到最高法院的大法官，或者欧洲国家宪法法院的法官。像中央银行总裁一样，人们都知道法官持有教条武断的、宗派主义的原则，潜在地有着灾难性的应用与含义。因此，罗斯福总统在 1937 年 3 月 9 日——宣布扩大最高法院一个月之后——的演说中说：“最高法院的多数派一直拥有这样的权力：对国会行动……的智慧作出裁判。我们必须采取行动，把宪法从最高法院的手里拯救出来。”[168]他的威胁发挥了作用，所以他用不着执行这一威胁：最高法院改变了主意，而不是接受新增 6 个大法官。[169] 正如前面所指出的，这样的条款实际上在某些东欧国家的宪法中存在。而且，美国宪法第三条分配给最高法院的司法管辖权“须依照国会所规定的例外和规章”。按照字面解释，这一条款使得国会能够彻底阉割最高法院。一点也不奇怪，最高法院避开了这一解释，但这个条款可能仅仅通过知道它的存在而发挥一定的影响。

似乎有可能，在这样的情况下，对遏制者的必要遏制已经存在，因为你总是可以修订宪法或改变法律。然而，正如我们已经看到的那样，修订宪法可能是一个非常麻烦的程序。在一个给定情境中，可能根本没有时间。而且，正如在印度和德国那样，宪法法院还有一个选项：宣布宪法修正案违宪。不管什么时候，只要对宪法法院的这一遏制并不充足，一个专门向宪法法院问责的程序可能是必须的。类似地，你不可能通过改变控制其任期的法律来摆脱一个不负责任的中央银行总裁，除非你愿意让这些改变追溯性地应用。

然而，这个试图减轻预先约束问题的途径遇到了我在第一章末尾提到过的困难，亦即，如何把真例外与假例外区分开来[170]。在失业被看作是主要社会

167　Blinder (1998), pp. 21—22,48,68.

168　Cited after Currie (1990), p. 235, note 158.

169　同上，note 159。

170　Temin (1991), pp. 72—73 在讨论德国是否应该在 1931 年让马克贬值时写道：“德国政府注定要在法律中以及在道威斯计划和杨格计划中维持马克的价值。难道会废除那项一直被视为对紧急情况的恰当反应或德国人不愿意接受战争裁决的又一个例证的规则吗？”

问题的语境下，议会中可能有绝大多数（即便是临时性的）罢免拒绝增加货币供给以便创造更多工作岗位的中央银行总裁。没有可靠的办法来区分这样两种情况：一种情况是应当制裁宪法法院，因为它违背多数的稳定偏好而行动，另一种情况是，宪法法院只是违背多数的临时偏好而做自己的本职工作。就连时间偏好也可能是状况依赖的。[171] 而且，如果预先约束策略制造出来的次要问题的任何解决办法都只会重新制造出它首先应该解决的问题，你可能决定不采用这些策略。

12. 解除束缚的尤利西斯

在《尤利西斯与海妖》中，我接近于声称：宪法是预先约束手段（在故意约束的意义上），而且，社会应当通过宪法预先约束手段来约束自己。正如我早先在不同的地方说过的，这些断言是颇可争议的，根据概念的、因果的和规范的理由。

社会不是扩大的个人

让我首先指出，把预先约束理论从个人选择扩大到制宪有点古怪。另外一些从个人决策扩大到集体决策，比如把博弈论应用于国际体系中国家之间的关系，依赖于单一行动者的假设。像个人一样，国家应当有一贯而稳定的偏好和信念，能够充分解释其行为。[172] 就当前的实例而言，这种扩大的基础是：个体和集体都被假设为分开的，而不是单一的。正如我们在第一章中看到的那样，很多个体的预先约束行为正因为个体在某种意义上是分开的才得以进行：自我的一个部分想保护自己免受另一个部分之害。即使个人不是单一的，有一个部分负责掌控并能够参与其约束另外一些部分的短视的或冲动的行为的长期计划。社会为何为非单一的，其理由就大不相同了。社会由很多个体组成，其中没有一个个体或其子集是"负责掌控"的。

诚然，在更早的年代，受过教育的精英阶层往往认为自己是负责掌控的，

---

171 Orphanides and Zervos (1998).

172 关于这个假设及其弱点的讨论，参看(1989b)的第四章。

肩负着约束和遏制多数派激情的任务。例如,在费城制宪会议上,詹姆斯·麦迪逊认为,一个上议院或参议院是必须的,因为"民主社会可能不稳定,并且被瞬间的激情引向行动。像个体一样,他们可能知道自己的弱点,可能渴望朋友们的忠告和抑制来保护自己,避免难以控制的激情所带来的狂躁和暴力"。(Ⅰ, p. 430)在当代社会,这个个人自我约束的类比已经失去了它曾经可能有的任何吸引力。一旦社会内部的分界线被看作是水平的而不是垂直的,宪法自我约束的观念便呈现在不同的光亮中。没有哪个群体拥有与生俱来的权利代表整体利益。社会既没有自我(ego),也没有本我(id)。

即使作为个体或群体的水平集合来考量,社会也可能有一定的能力约束自己,部分是字面意义上的,部分是隐喻意义上的。如果预先约束决定是一致同意的,那就更有理由声称它是一次自我约束行动,而不是多数派把他们的宪法观点强加给少数派的情况。即使在后面这种情况下,少数派也可能更愿意要多数派的宪法,而不是纯粹的法规体制。如果提出宪法作为其解决方案的那些问题可以预期无限期地持续,制宪者就可以不无道理地说,他们的行动代表了一个在时间上扩大了的"自我",包括子孙后代。然而,这些条件并非总是满足。宪法常常是为了建国一代多数派的利益而被强加给少数派和子孙后代。而且,仔细审视的话,很多表面上的自我约束行动结果只是被党派动机所推动。

少数派问题

当全体居民中的一部分人在法理上被剥夺了公民权时,这个问题最明显,但它也出现在充分民主的制宪过程中。制宪会议上的少数派可能没有足够的影响力让保护其权利和利益的条款写入宪法。相反,正如理查德·波斯纳所写的:"任何强大到足以获得宪法保护的少数派几乎不必担心——一个人可能认为是——不利的立法。"[173]然而,他接下来援引各种支持相反观点的理由,最重要的理由是,少数派可能通过参与宪法互投赞成票来获得保护。然而这是一件偶然发生的事。少数派可能有、也可能没有条件做交易。此外,如果多数派有强大的愿望压制少数派,正如我前面援引过的比利时和西班牙的情形,他

173　Posner (1987), p. 10.

们可能就不想在这个问题上参与互投赞成票的交易。[174] 这未必是一个激情与偏见的问题。如果英国议会明天决定采用一部成文宪法，保守党和工党可能会联合起来，把单一席位选区中的多数投票写入宪法文本，因此让自由党的少数派角色永久持续下去。

无论如何，要想在制宪会议上参与投票交易，你必须到场，并且有一张选票可交易。除非制宪会议的代表是通过某种形式的比例代表制选举出来的，否则的话，重要的少数派可能就要遭受事实上的被剥夺公民权。如果没有人代表他们，他们就不可能用他们的选票做交易。事实上，就连多数派也可能事实上被剥夺公民权。在政党出现和比例代表制被发明之前，没有办法确保议会代表全体选民。例如，1848 年的法兰克福制宪议会尽管（原则上）是通过普遍男性投票权选举，但不包括农民，只有很少的店主，几乎没有手工劳动者，根本没有产业工人。即使在更晚近的时期，制宪议会选举成员的模式也有很大的变化，没有办法确保所有规模可观的少数派都有人代表。

子孙后代问题

当预先约束采取延迟和稳定化策略时，这个问题最不严重。抑制冲动激情、克服时间不一致和防止经常改变结构所产生的浪费的需要是人们长久以来所关切的。当宪法强加实质性的权利和义务并结合严格的修订宪法的绝对多数要求时，人们就更加关切了。让一代人把实际上的禁止堕胎或堕胎权、禁止所得税或持枪权、不受限制的契约自由或获得足够收入的权利强加给子孙后代是专横独断的。不存在免于伪善的方式让这些程序可以被称作自我约束。这与后代可能欢迎被约束这个事实风马牛不相及，因为建国一代很少能够预期这一偏好。

格劳乔·马克思指出，子孙后代没有议价力（“子孙后代为我做过什么呢?”）。他们不可能参与和当前这代人的投票交易。可以说，他们唯一的希望是，制宪者可能被他们对自己子孙后代的关切所打动，给予他们的利益以一定的考量。正如本章第 8 节所提到的，联邦制宪会议上的几个代表认为，家庭的长期私人利益可能酷似跨期公平。然而，就连这个动机也只能是一个不完美

174 对西班牙的情况的分析，参见 Colomer (1995), p. 79。

的替代品,如果它像人们预期的那样结合了正的时间贴现率的话。

党派动机问题

这个问题可以借助来自挪威、法国和匈牙利的最近实例来说明。在挪威,极大的石油收入给政府的高水平支出提供了一个不可抗拒的诱惑。带着公开宣布的确保子孙后代福祉的动机,右翼"进步党"提出了一项宪法修正案,将超过某个水平的石油收入留作未来养老金支付的用途。然而,一个更重要的动机是为了争取老年人的选票。如果为了从现在算起 20 或 50 年后开始的那个时期而限制公共经费的使用,那么,公共利益论证就会更加可信。

挪威人的努力失败了。瓦勒里・季斯卡・德斯坦总统 1974 年对法国宪法委员会的增强,是一次显著成功的努力:把党派目标伪装成自我约束提出来。在那之前,宪法委员会主要是当时的政府用来对付难以驾驭的议会的一个工具。反对派没有权力要求宪法委员会对法律进行可能的违宪审查。作为总统,德斯坦把这个工具轻易地提供给了反对派,允许 60 个众议员或参议员组成的任何团体把一部法律提交到宪法委员会的面前。他正确地预见到了,下一届议会多数派会是社会主义者;而且——又是正确的——他们的优先事项之一将会是把重要工业国有化;最后——再一次是正确的——宪法委员会将会因为违宪而推翻这样的立法。[175] 他故意地并且成功地试图约束继任者的行动自由。就我所知,这是对我在序言中引用的塞普那句格言最好的说明。[176]

从当前匈牙利宪法的制定过程中可以举出一个类似的例证。正如约翰・希曼所显示的那样,有些匈牙利共产党人支持一个强大的宪法法院,因为他们预测——十分正确——如果议会为了把他们诉诸以法,而打算采用有追溯力的法律或者扩大限制法规,这些法案将会被宪法法院推翻。[177] 罗马尼亚圆桌会

175　Stone (1992), pp. 70—71。诺埃勒・勒努瓦(亲自与笔者交流)向我提出,因为德斯坦本人忠实于多元制和政府机构更大的自治权,他的政治哲学和战略兴趣可能是吻合的。

176　在讨论"顽固保守派为什么会出现赤字"时,Persson and Svensson (1989)提供了另一个例证,说明政府可能被诱使违背自己的偏好而行动,为的是约束未来的反对派政府,使之与他们行动一致。

177　Holmes and Sunstein (1995), p. 290 认为,类似的动机在制定最近的罗马尼亚和保加利亚宪法中发挥了作用:"宪法条款的'牢固确立',…… 是渴望'锁定'其特权的前共产党人控制那里的制宪过程的支配地位所带来的结果。"然而,他们并没有明确说出来哪些宪法条款打算发挥这种锁定作用,也没有说明他们打算锁定哪些特权。

议的一个共产党代表说："我们认为，这是那些以后将会有能力防止转而违反宪法、抛弃惯例、创造各种寻求报复的法律的制度之一。"[178]然而，还应该补充一句，不像德斯坦，他们因为错误的理由而被证明是正确的。匈牙利共产党人认为，他们能够任命"可靠的"法官担任宪法法院的第一批法官，作为一种保险手段，以防万一他们在新议会中成为少数派。实际上任命的宪法法院有着完全不同的构成。法官们在推翻报复性立法时援引的原则，亦即：它违反了法律确定性的原则，无论如何都不是为了党派的自卫而装饰门面。[179]

宪法制定者的动机

很多论述宪法预先约束的作品（包括我自己过去的作品）都假设了制宪者与政治家的区分，或者说高阶宪法政治与例行公事的日常政治之间的区分。[180]人们普遍假设，制宪者与政治家的差别，不仅在于他们各自的任务，而且还在于他们的动机。制宪者被假设免于政治家之恶——冲动激情，持久激情，以及私人利益——正是这些，构成了制宪的理由。但这再一次是伪善之词。认为制宪者是为野兽立法的半人半神，这一观念纯属虚构。A. O. 洛夫乔伊在费城联邦制宪会议上的下面这番评论非常中肯：

> 假设宪法制定者公正无私——亦即他们完全没有动机去控制其余人的政治行为——从心理上讲在制宪会议上是必不可少的；毫无疑问，很少有人愿意坦率地承认，他们自己的论证只不过是"党派精神"的表达。但我认为，事实上他们通常就是这样，这一点如今已经被所有合格的历史学家所公认；实际上，麦迪逊的论题——政治意见由个人利益、阶级利益或地区利益形成——最好的例证莫过于制宪会议的辩论中所找到的。[181]

我并不否认，制宪者可能是公正无私的和不带感情的——实际上，我认为联邦制宪会议上很多人的动机就是这样。我也不是说，这些动机对于好的制

---

178 引自 Schiemann (1998)。

179 尤其参看 Schwartz (in press)第 4 章。我可以补充一句：在意大利 1947 年的制宪过程中，共产党领导人陶里亚蒂反对创立宪法法院，因为他认为有人打算把它作为对付未来左翼多数派的武器(Pasquino 1999)。

180 例如，参见 Elster (1984)，p. 93 和 Ackerman (1991)。

181 Lovejoy (1961)，p. 52，note 16.

宪是必不可少的。例如，出于效率的论证并不以特别高尚的动机为先决条件。我只是说，就动机而言，宪法政治在很大程度上类似于例行公事的日常政治，而且，一般而言，我们不可能指望不完美的制宪者创造出完美的宪法，能够遏制未来政治家的不完美。事实上，在本章第 11 节，我已经证明，制宪者比那些他们试图控制其行为的人更有可能受到冲动激情的影响。与此同时，还有一些时候，党派利益可能强有力地坚持自己的权利。在制宪会议上有代表的政治党派或团体都会知道，他们的未来很大程度上依赖于写入宪法中的具体制度安排。由于这些决定很难推翻，他们有强烈的动机确保他们的利益得到尊重。在费城制宪会议上，小州的代表最强烈地主张各州在参议院的平等代表权，这绝非偶然。[182]

制宪者的动机对于他们有多大可能愿意预先约束自己至关重要。如果他们是自私的，他们为什么要预先约束自己以防止他们以自私自利的方式行为的倾向呢？这是普热沃斯基和利蒙吉提出的观点。如果他们屈服于持久的激情，他们为什么要预先约束自己防止按照这个动机行动的倾向呢？这是我反对桑斯坦时提出的观点。如果他们陷入在情绪的狂热中，他们怎么能体现清醒时的彼得采取行动约束醉酒时的彼得呢？在多数情况下，如果制宪者是不偏不倚的并且知道未来的场合可能缺乏这种不偏不倚，他们就会有动机预先约束自己。尽管不可能排除这种情况，但我还是认为，没有理由认为它是典型的或经常性的。

自杀预防还是自杀协定

让我回到弗洛伊德的类比。一部宪法类似于一个超我，在下面这个意义上：它包含一些严格的、不灵活的规则，可能阻止了特殊场合理性的最优行为。正如我们已经看到的，私有规则所制造出来的问题可能比它打算解决的那些问题还要糟糕（第一章第 8 节），一个宗派性的中央银行或教条主义的宪法法院可能比这些机构打算防止的机会主义行为更加糟糕。在本章第 11 节，我讨论了宪法如何可能通过允许宪法或其部分在紧急状态期间暂停，通过建立各

182　正如 Madison（I，pp. 447—448）所指出的，小州实际上没有理由担心大州联合起来反对它们；参见 Barry（1989），pp. 292—296。但小州对这样一种联合的担心似乎足够真实。

种遏制中央银行家和最高法院大法官的手段，而设置一些安全出口，以对付这些二阶问题。然而，正如我在这里所证明的，这些安全阀条款可能妨碍宪法对一阶问题的影响。如果制宪者试图防止宪法成为一份自杀协定，它就有可能失去作为一种自杀预防手段的效力。

第三章　少即多：艺术中的创造与约束

1. 导　论

法国小说家乔治·佩雷克写了一部长篇小说《消失》(*La Disparition*)，书中没有任何地方使用字母“e”。[1] 欧内斯特·海明威自吹，他可以用6个单词写一篇令人叹服的短篇小说：“转卖，童鞋，全新。”[2] 而且，在一篇科幻小说中，我曾经读到，主人公——一个小说写作者——遇到一个外国人，给了他一块“形容词磁铁”，他可以用来清理自己的小说。如果拿着这块磁铁隔着一定的距离，只有最长的形容词被吸起来，离开纸面。要是离得非常近，它甚至会吸走单音节形容词。推测起来，在这之间，有一段距离会产生最优的简朴散文。

没有e和只有e的长篇小说，以及只有6个单词的短篇小说，是下面这个一般观念的极端实例：艺术家可以把一些约束强加给自己，为的是创造更好的艺术作品。就佩雷克而言，约束完全是特异的。在另外一些更常见的实例中，约束采取了界定特殊体裁的惯例的形式。尽管在下面这个意义上是自由选择的：是不是服从体裁的规则由艺术家说了算，但它们并不是艺术家发明的。还有一些实例，约束是从外部强加的，一个电影导演被给予一笔预算和一个必须拍摄完成的日期，便是这种情况。强加的和选择的约束经常同时存在。由于

1　《消失》中“消失”的对象事实上就是元音字母“e”。据雅克·鲁波说，佩雷克所属于的作家群体乌力邦(Oulipo)偶尔遵循这样一个原则：“以一份遵照某个约束写出的文本谈论这个约束”(Oulipo 1988, p. 90)。由于这只是“偶尔”的情况，因此避免了否则将会产生的无穷回归(提到约束的需要本身就是一个约束，这个约束也必须提到，如此等等)。不像《消失》，《重现》(*Les Revenentes*)并没有尊重法语拼法和句法的规则，因此实际上不可能被视为“单元音约束”的一次应用(Bellos 1994, p. 517)。

2　Robbins (1997).

严格的技术约束，战前的爵士乐唱片不可能超过3分钟。借助惯例或软约束，这些唱片上典型的单曲不超过32小节。

当一个艺术家选择被约束时，我们必须假设，那是因为他相信，更小的可选集会让他在艺术上受益。这些都是标准的或故意的预先约束，正如第一章第1节所定义的。当约束是从外部强加的，他可能受益，也可能不受益。如果他受益，我们处理的是第一章第1节所定义的偶发约束。有时候，如果艺术家选择遵守约束，即使当它不再是强制性的，一个偶发约束就变成了基本约束。电影导演可能放弃使用声音和色彩，当这些技术已经可用时。

约束必须给选择留下空间。因为艺术家需要创造什么东西，艺术作品一定不能像填字游戏：有且（理想情况下）只有一种字母排列满足所有的约束条件。[3] 艺术作品的创造事实上可以被设想为一个两步过程：对约束的选择，紧接着是在约束之内选择。这两种选择之间的交互和往复在下面这个意义上是艺术创造的一个核心特征：约束之内所作出的选择可能诱使艺术家回过头来修订约束本身。

约束必须给选择留出空间，这一陈述有一个明显的例外。在很多从时间上延伸的艺术作品中——文学、电影和音乐，结尾提供了一种十分令人满意的必然感。先前的每一个发展约束了接下来可能发生的，直至最后，留给艺术家的只有一个选项。（我简化了：一个不那么过分简化的陈述可以在本章第4节找到。）这种可能性的不断收窄，其最清楚地——即便有点机械地——说明是经典的犯罪小说。然而，这种必然感或独一无二感，当然是艺术家带着明确的目的所作出的选择导致的。同样是这一陈述的另一个例外出现在下面这种情况下：约束是如此强大，以至于没有任何一组单词、音调以及诸如此类的结合能够满足所有的约束条件。在本章第7节，我将提出，司汤达未完成的长篇小说《吕西安·勒万》可以说明这种情况。他不是创造只有一个出口的情境，而是把自己逼入一个根本没有出口的死角。

声称艺术需要约束的远非长篇小说。事实上，它是古典艺术立场的基本

3　乌力邦群体的某些作品有一点微弱的或不十分微弱的填字游戏的风味。佩雷克本人就是一个填字游戏设计大师，例如，他设计了一个七乘七的填字游戏，只有一个黑色单元（Lecherbonnier et al. 1989, p. 544再现了这个游戏）。

要素。[4] 下面这个说法是错误的：这一立场强调形式，而以牺牲表达为代价；相反，它主张的是：表达需要形式。在一场反对自由诗的论战中，罗杰·凯洛斯认为，完全消除韵律的约束会创造“没有稳定性的散文，是试图用排版的花招来保持约束赋予给它的声望，而这样的声望会随着约束的消失而消失”。[5] 写自由诗的人是格律诗的寄生虫；他们想要诗歌的声望，却不想要纪律和刻苦的工作。

> 诗歌不是任何别的东西，就是约束，正是这些约束把它抬升到高于散文之上。没有约束，诗歌便立即溶解并蒸发得无影无踪。怎样反复无常的暴君才能强加它们？在什么样的黑暗时刻，才能想出这些专横而可恶的约束？是怎样变态的脑子才能想出？如果约束只不过是一些很不方便的麻烦，那么自古以来的诗人为什么全体一致地接受它们，而没有任何东西强迫他们这样做？……我们必须摆脱这样的幻想：有某种险恶的远古阴谋，故意要限制有灵感的人的自由。加诸诗歌的重负，与诗歌同在，也是诗歌的构成要素。诗歌对记忆的力量，以及其他优点，皆源于这些约束。擅自改动它们，不可能不带来致命的后果。用力一击，便会打断它的链条，破坏它的力量。[6]

马克思提出了类似的论点，针对把创造与无拘无束的游戏混为一谈：

> 下面这个观念似乎完全不是（亚当）斯密的想法：个体“在其健康、力量、活力、技巧、能力的正常状态下”，还需要一部分时间正常工作，以及一部分时间宁静的暂停。毫无疑问，劳动从外部获得其衡量，衡量的标准是它打算实现的目标，以及在实现这个目标时所克服的障碍。但斯密丝毫没有暗示，这种克服障碍本身是一个解放的活动。‘劳动’成了很有吸引力的工作：个人的自我实现，但这绝不意味着它

4　或者更准确地说，它是一种弱形式的古典立场的基本要素。强形式说：艺术家应当遵守具体的规则，要么是因为它们对生产艺术品来说必不可少（Haugom Olsen 1998, p. 150），要么是因为它们让艺术品的生产更加便利（Pavel 1998, p. 375）。弱形式只是说：艺术家应当被某些规则约束，而没有声称：任何具体的规则高于其他规则。因此，强古典主义者可能建议剧作家尊重时间、空间和行动的统一，因为它们有着自然的或内在的正确性，或者让观众更容易接受，而弱古典主义者会建议他们——仅仅作为忠告之一——通过约束来聚焦艺术想象力。

5　Caillois (1978), p. 38。Peyre (1944)收集了一批很有用的这种古典立场的陈述。

6　同上，p. 37。

成了纯粹的嬉戏，纯粹的娱乐，就像傅里叶带着青年女工般的天真所设想的那样。真正自由的工作，例如艺术创作，同时恰好是最严肃、最费力的。[7]

一个更不同寻常、大概也更有争议的主张是：对约束的选择和约束内的选择都可以表示为某种形式的最大化。具体说来，艺术家试图使艺术价值最大化。要捍卫这个主张，我大可不必提到艺术中的价值理论。至少为了我的某些目的，我只需证明，艺术家试图尽其所能地创造出最好的艺术作品。在证明这一点时，我不必提到我的艺术价值的概念，只需提到引导这个或那个个体艺术家的概念。只要这个概念是一个允许选择的概念，作品就能够根据它在何种程度上实现了艺术家的目标来评估，而不管这些目标是什么。诚然，我必须约定，他们试图创作出媲美于艺术品的作品，而不是作为宣传品，或者能够给他们带来大笔金钱或声誉的东西。然而，一旦这个前提得到了满足，我就用不着问：他们关于一件优秀艺术作品的概念是不是一个可以辩护的概念。

然而，通过采用这个极端主观主义的观点来看待理性，你可能就没有能力说出多少值得一说的东西了。创造过程当中，有些方面是所有渴望成为艺术家的人所共同的，识别出这些方面只是一件还算比较有趣的任务。相比之下，理解在一件伟大的艺术作品中达到顶点的创造过程则是一件极其有趣的任务。为了在这项任务上取得进展，我将不得不概述艺术价值的概念，我正是根据这个概念来声称，一件给定的艺术作品是一件优秀的或伟大的艺术作品。根据定义，所有艺术家都千方百计地满足他们关于优秀艺术作品的标准。我声称，优秀的或伟大的艺术家都千方百计地满足我的标准，或者，用一种更克制的、不那么自大狂的方式说：这里要讨论的标准捕捉到了伟大艺术家试图实现的目标的某些方面。

在试着对艺术价值进行一番论证时，我具备的能力只能是以一种天真而武断的方式来做。就我所能判断的而言，美学理论不是一个高度发展的、一致同意的学科。[8] 例如，有些批评家很严肃地对待观念艺术；另一些批评家则不

---

7 Marx (1973), p. 611.

8 我所找到的最志趣相投的作品是巴德的作品(1985, 1995)。然而，他的第一本书主要是对其他作者的批评，而且，第二本书常常太过抽象，在评判具体的艺术作品上没多大的帮助。

是这样；对我来说，有一点并不清楚：有什么东西让我们能够决定谁是对的。[9] 对一件艺术作品的主观感受可能太容易受到先入之见和理论的影响，没法充当评估那些理论的检验标准。[10] 此外——单独的一点——对于具体艺术作品的艺术价值存在相当大的分歧。世界上研究维梅尔的著名专家不仅被冯·米格伦的伪作《以马忤斯的晚餐》给骗了，而且相信它比维梅尔的其他作品更好。[11] 在艺术作品中发现美的意愿可能产生它想要发现的东西。[12] 尽管我相信，有些艺术作品超越历史、跨越文化地好于其他作品，而且，它们之所以更好，其理由是：它们更好地满足这里讨论的标准，但我并不知道，我如何能让其他并不抱持相同观点的人相信这一点。相反，我接下来将归纳性地聚焦于那些被广泛认为具有伟大价值的艺术作品，看看它们有什么共同之处。实际上，那些人们广泛认为有瑕疵的或不完美的艺术作品在我的论证中将扮演一个更重要的角色。要想识别恰当的标准，看看那些并不满足这些标准的实例常常更容易一些。不消说，我并不假装参照所谓"广泛认为"的东西让我能够摆脱困境。多广泛的人认为？谁认为？自封的精英吗？如果有的话——当然有——什么比得上精英？

我采用我所说的古典立场似乎是要暗示一种反现代主义的姿态。由于现代主义可能意味着很多东西，这一暗示可能会、也可能不会追随其后。到本章第 2 节末尾，我将讨论我所抵制的现代主义的某些变种——及其论证。在第 5 节，我将证明，在 20 世纪，艺术常规如此频繁地改变，以至于艺术家未必有时间竭尽其潜力，因此导致对原创性的强调，而以牺牲创造力为代价。在第 8 节，我将讨论并否定——因为缺乏艺术价值——约翰·凯奇的某些文学和音乐创作。这些论

9　关于这个问题的某些评论，参见 Elster (1983b)第二章第 7 节；还可参看 Shattuck(1997)和 Greenberg (1999)。

10　正如 Rawls (1971)针对道德理论有点类似的实例所解释的那样，美学可能有多重的"反思性均衡"。然而，我相信，这个问题在美学领域更加严重，因为在美学领域拥有的稳定直觉比在道德领域更少。关于这一困难的一个实际例证，不妨考量鲁道夫·阿恩海姆对多维艺术的美学批评："理查德·瓦格纳的作品接近音乐与剧本的均衡，但这部作品如此富有争议，如此强烈地受到理论的影响，以至于其本身不可能代表一个有效抗辩"(Arnheim. 1957, p. 223)。

11　参见 Dutton, ed. (1983)中收入的文章。不过应该说，其中最著名的专家当时已经八十多岁，而且眼睛半瞎；然而一旦他"鉴定了"《以马忤斯的晚餐》为真，便引发了一连串的事件，导致这幅画最终作为维梅尔最引人注目的作品，出现在一次 17 世纪作品展的一个光荣的位置上(Werness 1983, p. 32)。

12　Elliott (1972), pp. 119－123；还可参看 Walton (1988), p. 353。

证并不打算全面责难20世纪的艺术，或抽象绘画、无调性音乐、实验文学，以及诸如此类。毫无疑问，对司汤达比对罗伯·格里耶，或者对莱斯特·杨比对奥尼特·科尔曼，我的感觉更轻松自在一些，但这些都是个人偏好，而非审美判断。正如马尔科姆·巴德所指出的："你可能有很好的理由判断，一件你发现内在地并不值得体验的艺术品却提供了一种有着内在价值的体验……此外，我们有时候能够在一堆我们一件也不感兴趣的作品当中相当准确地辨别其艺术价值。"[13]因此，当我讨论19世纪小说叙事的约束时，我并不宣称这些约束适用于所有虚构写作——但我对那些在这些约束之下写出的作品有一种偏好。

现在，我接下来介绍本章内容如下。在第2节，我将讨论一个没有约束的创造力实例——白日做梦。艺术约束的性质和意义将在第3节更充分地讨论。在第4节，我将考量约束、审美价值与创造力之间的关系。在第5节，我将把创造力（在约束内工作）与原创性（改变约束）区分开来，并证明后者与审美价值没有内在联系。接下来的几节提供了这些观念的某些说明和发展。在第6节，我将考量好莱坞审查制度（《海斯法典》）对电影艺术价值的影响，并证明，在某些情况下，约束会导致导演达到新的老练水平。在第7节，我将对司汤达为什么让《吕西安·勒万》没有写完提出一个解释（计划写三部，最后一部没有写出）。在第8节，我将讨论随机化在艺术创造中所扮演的角色。在第9节，我将使用1940年前的爵士乐作为一个媒介，来发展我在第3和第4节提出的关于审美价值与创造力的某些观念。在第10节，最后，我将讨论这样一个观点：规则和约束妨碍了艺术创造，以及这样一个论证：最高的艺术成就可能依赖于打破规则，而不是盲目地尊重它们。

2. 白日梦：没有约束的创造

据艾伦·帕尔杜奇说："绝大部分快乐和痛苦似乎都出现在我期盼、回忆和幻想的私人世界里。"[14]这些"次级"精神状态为什么能够提供快乐和痛苦，理由有二。一方面，它们因为对应的"初级"状态的快乐和痛苦，从而能够这样。

---

13 Budd (1995), p. 175.

14 Parducci (1995), p. 164.

例如，对美好经历的回忆本身是一次美好经历。另一方面，它们可能提高或降低我们从其他初级经历中得到的价值。例如，“对未来持续改进的预期似乎引发了对现状的不满。”[15]我们可以把第一个机制称作消费效应（consumption effect），把第二个机制称作对比效应（contrast effect）[16]。常常，一次给定的经历会产生符号相反的消费效应和对比效应。尽管在最好的法国餐馆里享用一顿美食的回忆是一段美好的回忆，但它可能减少我们后来在普通法国餐馆里吃饭带来的快乐。一般而言，我们说不出究竟哪种效应占支配地位——说不出究竟是应该找出非同寻常的体验，还是应当避开它们。[17]

白日梦的快乐

对有些人来说，白日梦是他们最强大的快乐之源。瑟伯的《白日梦想家》（*The Secret Life of Walter Mitty*）提供了一个例证：有人的现实生活不过是一个白日做梦的借口。驱车穿过一场风暴时，他变成了飓风中一艘船上的海军指挥官；驱车经过一家医院时，他成了一个世界著名的外科大夫，以及诸如此类。[18] 此外，美好的白日梦在我们回到现实时未必产生负的对比效应。[19] 除非白日梦是实际经历的复制品，否则，它和现实就不属于同一个领域，因此当我们回到现实时就不会导致现实的贬值。（类似地，墨西哥上好餐馆里的美食未必被最好的法式大餐所贬低。）然而，这个命题的逆命题则不那么受欢迎。即使当我们的总体幸福可能通过引入一个负面经验作为预警范围的较低端点而得以增强，我们也不可能仅仅通过想象这样一个负面经验来实现这样的

15　Elster and Loewenstein (1992), p. 227.

16　同上。关于回忆产生效用的特例，Tversky and Griffin (1991)使用了“禀赋效应（endowment effect）”和“对比效应”这两个术语。注意，不要把对比效应混淆于戒断效应（withdrawal effect，还可参看 Parducci 1995, p. 57，注释 3）。

17　还可参看 Elster (1999a)第一章第 6 节。

18　Thurber (1996).

19　尽管 Parducci (1995), p. 39 声称，瑟伯的这个故事“描写了一个人想象中的成功，对他来说，被带回到平庸的现实就像是经历一次令人沮丧的失望”，这个故事实际上没有提供对比效应的证据。然而，我可以补充一句，白日梦可以通过别的方式对现实生活产生负面影响，亦即，通过耗费时间——而这些时间花在别的方面可能更有成果——通过太过巨大的目标。因此，佩雷克在他笔下写到白日做梦的两口子：“在那些太过宏大的白日梦之间，他们沉湎于古怪的自我放纵，他们完全缺乏任何实际行动，没有理性的计划，让客观需要匹配他们的财务收入，筹款填补缺口。他们巨大的欲望使他们丧失了活动能力。”(Perec, 1990, p. 31)

结果。[20]回忆和期盼通过改变较高和较低的端点而产生对比效应，而纯粹的白日梦常常并不产生这样的效应。

话虽这么说，但至少看上去关于好事的白日梦似乎是一个明确的快乐之源。这明显是弗洛伊德的观点：

我们不妨以一个贫穷的孤儿为例，你给他某个雇主的地址，他有可能在那儿找到工作。在他去那儿的路上，他可能沉湎于一个白日梦，很适合产生这个白日梦的情境。他幻想的内容多半是这样的东西。他得到了一份工作，颇受新雇主的喜爱，让自己在生意中变得必不可少，被带入雇主的家里，娶了这个人家年轻妩媚的女儿，然后自己成了企业的主管，先是作为雇主的合伙人，然后成了他的继任者。在这个幻想中，做梦者重新获得了他在快乐的童年所拥有的东西——遮风避雨的房子，挚爱深情的父母，以及他柔情爱意最早的对象。[21]

过早的满足

弗洛伊德抓住了很多白日梦的结构。但它们带来了一个一般问题。如果这个孤儿有机会排演他的白日梦，想到要给雇主当许多年的合伙人，然后才能成为他的继任者，他可能变得不耐烦。为什么他不在自己刚刚结婚之后就病死呢？就这件事而言，为什么不让雇主在发现这个孤儿是他失散多年的儿时朋友的孩子之后而收养他，从而让路径更短呢？用乔治·安斯利一句对本章多有启发的绝妙短语说，白日梦“缺少稀缺性”，这让它们内在地不能令人满意。[22] 托马斯·谢林提供了一个例证：

白日梦逐步升级。没等我花掉我的牌友因为他认为我在吹牛而赌下的10 000美元，我便把这个数字修订到了100 000美元；然后我以每盎司40美元的价格把它换成了黄金，花了两年时间从北加拿大的一场飞机失事中徒步回家，打电话给我的经纪人卖掉黄金，赶上了每盎司800美元的市场，并开始计划把我的两百万投资于某个同样好

20　Parducci (1995), p. 177。因此，Markman et al. (1993)中的一个观点——人们为了对他们的境遇感觉得更好一些而产生“下行反事实”——大概应当局限于那些曾经是实际的的反事实。

21　Freud (1908), p. 148.

22　Ainslie (1992), p. 258.

的东西……到那时候,我认识到,如果能如此轻而易举地编造这个故事,那它全是假的。没有悬念,没有惊讶,没有危险。[23]

在乔治·佩雷克的第一部长篇小说《物》(*Les Choses*)中可以找到一段引人注目的描述,描写了白日做梦的生活,在这段描述中,一对年轻夫妇志向远大,却没有钱来满足他们的欲望,于是在过度的白日梦中寻求安慰,不料发现他们是在求助于口中的灰烬。

起初,觉得仿佛他们的感受增加了十倍,仿佛他们观察和感受的能力增大到了无穷力量,仿佛他们最微小的手势都伴随着魔法般的极乐,与他们的步伐合拍,充满了他们的生活:世界正向他们走来,他们也正向世界走去,他们将不断继续,发现这个世界。他们的生活是爱和狂喜。他们的激情无边无际,他们的自由无拘无束。

但他们在大堆的细节下窒息。幻想模糊了,变得混乱芜杂;他们能留下的只有少量模糊而混乱的点点滴滴,脆弱、持续、愚蠢、枯竭的丝丝缕缕……他们认为这是他们在梦中创造的快乐。他们认为他们的想象是不受约束的,辉煌灿烂的,而且,连续不断地、一波一波地弥漫到整个世界。他们认为,他们要做的一切,就是大踏步向前,走向幸福。但归根到底,他们到头来不过是形单影只,静止不动,有一点空虚。一片灰色的冰冻平原,荒芜贫瘠的冻土带。[24]

白日做梦有点像玩单人纸牌。这里也有一个强大诱惑:走捷径。如果有一张牌阻塞整个牌局有序进行下去,很多人会作弊,把这张牌放到别的地方去。下一次,可能有两张牌需要重新安排,很快,作弊是如此猖獗,以至于从游戏中得不到任何快乐。一个补救办法是从单人纸牌转到与一个或多个牌友一起玩纸牌游戏。除了提供互动的快乐之外,与别人一起玩牌帮助你避免了从作弊获得快速的利益,实现了紧张和紧张消除所产生的更持久的满足。正如我们将看到的那样,同样的策略也可以让白日梦变得更坚实,避免捷径和扩大。

23　Schelling (1986), p. 178。布赖恩·巴里让我注意到 Lem (1994)中一个惊人类似的段落:"他的沮丧……源自这样一个事实:如果他不先躺在床上幻想一阵子,他就没法睡着。开头,他想象他买的股票都在上涨,而他卖掉的股票都在暴跌。然后,他想象自己有一百万美元。当他得到一百万时,他便想象两百万,然后是三百万,但五百万之后,这样的想象就丧失了魅力。"

24　Perec (1990), pp. 93－94.

约束白日梦

然而,首先让我考量另外两个策略。当一个孩子玩假扮游戏时,“他喜欢把他想象的对象和情境与现实世界中看得见摸得着的东西联系起来”。[25] 玩过家家游戏时,一个孩子会对另一个孩子说:“现在,你是父亲。”并指着一个洋娃娃说:“这是我们的孩子。”指着地上的一个洞说:“这是床。”在假扮游戏中,孩子们都按照这样一个约束调整自己的步伐:必须把虚构对象与真实对象一对一匹配。[26] 弗洛伊德评论道:“长大成人的孩子,当他不再玩游戏时,放弃的只是与真实对象的关联;如今他不游戏,而是幻想。他建造空中楼阁,创造所谓的白日梦。”[27]然而,这一替代策略可能失败,因为一座空中楼阁可能比孩子们搭建的沙堆城堡更不坚固。由于它可以立即而轻松地扩大和修饰,白日梦提供的快乐更加脆弱。

其次,做白日梦的人可能试图把某些规则强加给内在叙事。如果强加的约束是:白日梦应该是过去生活貌似有理的延续(在反事实的白日梦中),或者是当下情境的延续(在虚拟的白日梦中),那么它还是有用的。[28] 这已经把关于18世纪或20世纪的白日梦排除在外。白日梦中的事件可能进一步受到约束,通过我的作用,而不是来自机器。如果我买不起一张彩票,我就不可能貌似有理地想象自己赢大奖。此外,我可能想要最小化我的白日梦中机缘巧合的数量,让它像生活一样真实,并因此尽可能地生动逼真。但这相当于某个类似于小说的原型理论的东西,在形式上被某些种类的貌似有理所约束。[29]

有些小说实际上非常接近于白日梦。据弗洛伊德说,事实上这是典型的情况。[30] 他认为,像白日梦一样,小说也是运用愿望的满足。尽管弗洛伊德主要讨

25　Freud (1908), p. 144.

26　Pavel (1986), p. 145.

27　Freud (1908), p. 438

28　《包法利夫人》(*Madame Bovary*)生动说明了这两种白日梦的区别。在发现自己嫁给了一个非常受限制的男人之后,爱玛开始做关于自己可能嫁给的男人的白人梦。后来,在舞会上和一个男人跳舞之后,她构建了一个以他为中心的虚构世界。

29　关于反事实剧情貌似有理的规则的详细阐述,参见 Kahneman and Tversky (1982)和 Kahneman and Miller (1986)。

30　正如我们将看到的,Walton (1990)最近对白日梦、儿童假装游戏和虚构的吸收早已被 Freud (1908)所预见。

论的是“不那么自命不凡的长篇小说、浪漫传奇和短篇小说的作者”,它们并不“被批评家十分看重”,但他提出,“即使是最极端地偏离那个模式,也可以通过连续不断的一系列过渡实例与它联系起来”。[31] 关于一些更通俗的作者,他认为:

> 尤其是有一个特征,不可能不让我们对这些故事作者的创作留下深刻印象:每一篇作品都有一个主人公作为引人注目的中心,作者试图借助每一种可能的手段赢得我们对他的同情,似乎要把他置于专门的神佑保护之下。如果在我的故事的一章末尾,我让主人公人事不省,几处伤口在流血,那么在下一章的开头,我肯定会发现他受到精心的护理,正在康复;如果第一卷结束于一艘船,他在海上的一场暴风雨中正从船上掉下去,我敢肯定,在第二卷开头,你就会读到他被奇迹般地救起——没有这次救援,故事就不可能继续下去。我带着一种安全感跟随主人公经历他险象环生的冒险,这种安全感和现实生活中的一位主人公跳入水中救一个溺水之人或为了攻占一个炮台而冒着敌人的炮火时的感觉是一样的。它是真正的英雄感,我们最好的作家之一用一个不可仿效的短语表达了这种感觉:“我不会出任何事!”然而,在我看来,通过这种颇能透露实情的刀枪不入的特征,我可以立即认出“自我陛下(His Majesty the Ego)”,这是每一场白日梦和每一个故事同样的主人公。[32]

在弗洛伊德看来,小说满足两个白日梦:作者的白日梦和读者的白日梦[33]。我相信这一描述抓住了某些小说、甚至是某些非常伟大的小说的一个重要方面。例如,司汤达把他的小说用作替代性满足的手段(参见本章第 7 节)。对我来说——大概对其他读者也是如此——阅读这些小说的快乐与我曾经有过的白日梦般的经历有某种共同的东西,在我还是个孩子的时候,我就读到过我那个年龄的虚构男孩们的英雄事迹。当玛蒂尔德终于投降时,于连的想法——“La voilà donc, cette orgueilleuse, à mes pieds(法语:她就在这儿,这个骄傲的女人,就在我的脚下)”——有着很多白日梦中的胜利回响。当然,对司汤达来说,有比这更多的东西;当然,还有很多小说根本不符合——请弗洛

---

31 Freud (1908), pp. 149, 150.

32 同上, pp. 149—150。

33 相比之下,Walton (1990)把小说完全看作是读者的白日梦和假扮游戏的一个替代品。作者的功能只是授权,也就是说,为某种具体的假扮游戏提供支持。

伊德原谅——这一模式。

共同的白日梦

即使小说可以充当白日梦，但我们并不能由此推断：通过遵守小说的规则，白日梦可以做得更令人满意。再一次，没有任何东西阻止一个人舞弊或抄近路——直奔奖赏而去，而不是设置障碍，然后克服障碍。要克服这个内在的障碍，你可以参与共同的白日梦，正如多萝西·帕克的《生活标准》令人难忘的描写的那样。在这个短篇小说中，两个白领职员米姬和安娜贝尔发明了一种游戏，她们在空闲的下午玩：

> 安娜贝尔发明了这个游戏；或者更准确地说是从一个老游戏演化而来。大抵说来，它不过是一种古老的游戏：如果你有一百万美元你会干什么？但安娜贝尔设计了一套新规则，把它变得更狭窄，更尖锐，更严格。像所有游戏一样，它因为更难而变得更有吸引力。
>
> 安娜贝尔的版本是这样：你必须假设，有人去世了，留给你一百万美元，整的。但这笔遗赠有一个条件。遗嘱中声称，你必须把这笔钱的一毫一厘都花在自己身上。
>
> 游戏的风险就在于此。如果你在玩的时候忘乎所以，在支出里列出了（比方说）家里新租公寓的房租，你就把机会输给了其他参与者。令人吃惊的是，很多人——其中有些人堪称专家——都因为这样的失误而每盘皆输。
>
> 严肃认真地玩当然是必不可少的。每一笔购买都必须仔细考量，如果必要的话，还要借助论证来支持。

安娜贝尔和米姬互相配合，各自充当对方白日梦的一个有益约束。[34] 然而，即使是这个精心构建的 folie à deux（法语：二联性精神病），当他们站在一家珠宝的橱窗前，决定走进去询问一条珍珠项链的价格时，也就土崩瓦解了。

---

34 Walton (1990), pp. 18—19, 68 也讨论了共同白日梦，不过目的是为了扩大而不是约束精神的创造："共同做白日梦让人们能够共享他们的想象力资源。他们在一起能想出的东西，比他们单独想出的更令人兴奋。"从当前的角度看，共同做白日梦的效应让他们得到的满足更少，而不是更多，正如《物》中的共同白日梦所说明的那样。相比之下，沃尔顿反对共同白日梦的理由——它们"牺牲了……自发想象的鲜活性"——并不适用于安娜贝尔和米姬的游戏。

她们猜测这条项链可能值一千甚或一万美元，当售货员告诉她们价格是 25 万时，她们惊呆了：

“真的！”安娜贝尔说。“你能想象这样的事情吗？”

“25 万美元！”米姬说。“那恰好是一百万美元的四分之一！”

“他胆子真够大啊！”

她们继续往前走。慢慢地，鄙视消失不见了，缓慢而彻底地消失了，就像从她们的身体里排干了，女王般的仪态和步法也随之而消失。她们耷拉着肩膀，拖着沉重的双脚；她们互相碰撞，毫不留意，也没有道歉，再次撞开了。她们默不作声，两眼无神。

突然间，米姬挺起腰杆，昂首挺胸，清晰而有力地说：

“听着，安娜贝尔。瞧，假设有一个非常富有的人，明白吗？你不认识这个人，但他在什么地方见过你，想为你做点什么。他已经老得很厉害了，明白吗？然后，这个人死了，就像睡着了一样，留给你一千万美元。那么，你要做的第一件事情是什么？”

故事戛然而止，但不难想象，游戏很快会变得索然无味。一旦你沉湎于一次升级，还有什么能阻止你再来一次升级？相比之下，一个小说家知道，一旦作品摆在了书店里，他就不能动它了。认识到只有一次机会，他就会集中精力，全力以赴，而无穷的可延展性，即使是共同白日梦也会把它稀释。

受众的角色

我们可以用多萝西·帕克的故事来阐明关于小说艺术的另一个要点，通过想象安娜贝尔和米姬之间的互动采取一种略微不同的形式，她们当中一个人是叙述者，另一个是倾听者。叙述者将受到约束——要产生一段貌似有理的叙述，讲述一个人如何把一百万美元花在自己身上——因为她知道，如果她违背约束的话，倾听者会打断她。类似地，小说家受到他关于读者预期的预期的约束。“恰当地理解起来，艺术家的角色要求艺术家在创作其作品的时候接受或记住受众的角色。”[35]一旦艺术家构建了读者的观念，他就受到了约束，要

[35] Budd (1995), p. 11。这个说法适用于任何种类的交流。例如，我告诉我的博士生，要为无知的、聪明的、有动机的读者而写作。

以这样一种方式写作:读者将会发现它是富有教益的,让人愉悦的,令人迷惑的,打动人心的,令人烦恼的,以及诸如此类。有时候,这个构建起来的读者与作者是同一的,被剥夺了他独特的个人史。在另外的情况下,目标读者可能是一个非常不同的人,正如很多男性小说家为女性读者而写作的实例所显示的那样。然而,不管他是不是被构建了,一个文本的目标读者有助于训练作者。[36]

要想让读者有这种训练功能,作者必须相信,读者解释文本的自由绝不是绝对的。诚然,作者打算让读者有一定的自由,正如劳伦斯·斯特恩在《项狄传》(*Tristram Shandy*)中所写的那样:

> 任何作者,只要理解正派得体和良好教养的边界,都不会假设自己思考了一切:对于读者的理解,你能给予的真正尊重,就是友善地对半分担这件事情,留给他一些要想象的东西,先是他,再轮到你自己。就我自己而言,我不停地给他这种恭维,竭尽所能地让他的想象保持像我自己的想象一样忙碌。[37]

然而,正如这段话所暗示的,自由是作者送给读者的礼物,而不是读者与生俱来的资产。事实上,斯特恩所说的是:确保读者自由的需要充当了对作者的一个约束。

然而,也可能有过多的自由。我所说的"过多",乃是含蓄地提到对现代主义写作的一个批评。关于不确定性与现代之间的关系,沃尔夫冈·伊瑟尔和托马斯·帕维尔提到了两个不同的——但未必是不相容的——解释。提到任何阅读行为必须填补文本中的缺口这个事实时,伊瑟尔声称:

> 在"传统"文本那里,这个过程或多或少是无意识的,但现代文本完全是故意利用它。它们常常是如此支离破碎,以至于你的注意力几乎完全被搜寻碎片之间的联系所占据;这样做的目的不是为了让联系的"光谱"复杂化,更多的是为了让我们知道我们自己提供关联的能力的性质。[38]

在帕维尔的分析中,不确定性的目的更多地不是为了让读者更强烈地意识到他自己的解释贡献,而是为了反映作品所描写现实的碎片性质:

---

36 我所说的预期读者也被称作"虚拟读者"(Prince, 1973)。

37 引自 Iser (1974), p. 31。

38 同上, p. 280。在第二章第 8 节,我援引了"推理艺术"作为这个观点的极端表达。

> 变革和冲突的时期往往会最大化虚构世界的不完整性，一般认为，这种不完整性反映了小说之外的对应特征。在这样的情境中，潜藏着这样一个诱惑：逐步放宽对确定性的约束，让不完整性侵蚀虚构世界质地。现代主义兴高采烈地屈服于这个诱惑。[39]

尽管帕维尔和伊瑟尔提到这些解释时都没有把它们作为现代主义或先锋派的辩护，但是，看看上面引用的这两段话如果规范地解读的话为何失败的原因，或许是富有教益的。在前一个解释中，现代主义没能提供任何理由，来说明为什么应当让读者有动机去发现联系，并知悉他对这项共同事业的贡献。要让读者有动机这样做，他就必须相信，一旦联系建立起来了，某个有意味的东西就会出现，超越于关联这一纯粹的行动之上。在第二个解释中，现代主义之所以失败，是因为它依赖于文本是否适合其目标的错误标准。正如一个有缺陷的世界用一个有缺陷的文本来表现并不更好[40]，一个流动或混沌的世界用一个流动或混沌的文本来表现也并不更好。世界由于某些特征而可能是流动的或混沌的，一个文本也是由于某些特征而可能是流动的或混沌的，这两种特征完全不同。

3. 艺术中的约束与常规

强加给艺术家的约束或艺术家自己选择的约束可以采取很多形式。一个基本区别是硬约束与常规（或曰软约束）之间的区别。硬约束是给定媒介的构成单位的选择和组合所受到的形式的、材料的、技术的或财务的约束。而常规，正如这个词所暗示的那样，是构成特定体裁的那些约束，比如十四行诗或古典交响乐。我将按照这个顺序讨论它们。（对我所说的形式约束的讨论推

---

39 Pavel (1986), p. 109.

40 苏黎世詹姆斯·乔伊斯基金会的主管弗里茨·赛恩对乔伊斯新版《尤利西斯》(*Ulysses*)的评论提供了一个实例："乔伊斯极其关注某些细节，但是，如果他没有足够关注其他细节，别人的任务是不是要把他改变成一种不同的作家呢？当他并非不犯错误的时候，你为什么要改变一个作家呢？《尤利西斯》表现的就是一个有缺陷的、容易犯错的世界。"（萨拉·莱尔："《尤利西斯》再次深陷麻烦；新版本消除了尤利西斯可能的错误，并激怒了批评家。"《纽约时报》1997年6月23日）在 Elster (1978), p. 91 注释10中，我援引了下面这个观点的几个实例：关于这个世界的矛盾陈述反映了世界中的矛盾，因此比前后一致的解释更适合于这个世界。

迟到本章第4节。)

内在约束

显而易见的内在约束出现在音乐中,作曲家必须考虑表演者身体局限。建筑师也受到其材料结构的约束。考虑到当时可用的技术,博韦大教堂背后的意图不可能得到实现。更微妙的内在约束源自与受众之间的关系。在时间上延伸的艺术中,比如文学和音乐,读者或听众每次接受一个成分。如果他们这样做的时候是在家里,或者在另外的环境下,他们在注意力消退的时候可以自由地停止读或听,那么作家或作曲家在某种程度上受到约束,要保持他们的注意力持续不断地活跃。例如,对一个小说家来说,使用“退一步进两步”的策略——用头几章创造背景,然后展开情节——是冒险的。除非背景的展示内在地有趣,否则,读者可能会把书丢开。如果作家或作曲家能够指望获得被控制的受众,这个约束就不那么重要了。那些掏钱去听交响乐演奏的人不大可能在第一乐章开始时便起身离开,即使他们发现这首曲子陌生或无趣。尽管听人大声朗读的孩子们在开头几章可能坐立不安,但他们通常更愿意被厌烦,而不是停止,即使何时停止由他们说了算。

在家里听音乐——由收音机或唱片提供——的时代之前,作曲家们可以指望在音乐厅里获得受控制的听众。尽管他们被免除了必须提供持续不断的满足流的约束,但这种安排——像收音机广播一样,但不像唱片—— 让他们服从于不可重复性的约束。阅读一部长篇小说,如果你认为自己错过了什么东西的话,你始终可以回到前面的段落。因为立即重放在现场音乐演奏中是不可能的,作曲家有动机使用同一个主题的重复变奏。如果关于音乐为什么十分显著地利用重复所作的这个解释——推测性的,最不完整的——不无道理,我们就会预期口头文学也会比书面文学有更多的重复,实际上似乎正是这样。

文学和音乐的结尾部分有着不同的结构,强加给艺术家不同的约束。在长篇小说中,简·奥斯汀所说的“故事讲到只剩下几页了”[41]让读者能猜到结尾

---

41 《诺桑觉寺》(*Northanger Abbey*)第二卷第十六章。在很多现代版本中,此书以单卷本的形式与《劝导》(*Persuasion*)一起出版,并在它的前面,因此“只剩下几页”的说法就很难理解了。

快到了[42]，这个约束使得小说家更难使用音乐的虚假结尾的策略。[43] 由于口头文学中消除了这个约束，我们会预期这一体裁会更频繁地使用虚假结尾的策略。我不知道事实上是不是这样。我提出这种可能性只是为了暗示，艺术作品与受众之间关系的某些基本方面如何可能约束艺术家，这当然是假设艺术作品事实上被关于受众的预期所塑造。

强加的约束

这些约束在电影中尤其重要。在 1926—1927 年之前，电影中没有声音。在 20 世纪 30 年代中期之前，色彩不容易实现。电影导演们别无选择，只能在这些约束下工作。在所有时期，电影都有预算约束，给导演的自由制造了严厉的限制。它还可能被这样一个要求所限制：电影要尽量多挣钱，但那是一个必须在约束之内实现的目标，本身并不是一个约束。一个独立导演或许能把这个要求变为约束，并把自己的目标替换为某个"令人满意"的利润水平，而不是最大化的利润。一个相关的、但部分程度上独立的约束是：电影创作通常有一个最后期限，例如，因为主要演员已经签约，要在某个特定日期去拍另一部电影。英国电影导演为了得到补贴而必须雇用一定比例的英国演职员。正如本章第 6 节进一步讨论的，《海斯法典》对浪漫关系和性关系的描写制定了一些约束。最后，电影像戏剧一样，也可能"遵守一些心理约束：一出戏剧通常不可能维持观众的注意力超过两个小时；电影的持续时间取决于眼睛对紧张疲劳的忍耐力。"[44]

很多 19 世纪小说家，包括狄更斯、乔治·艾略特和陀思妥耶夫斯基，都面对了写作连载小说的约束。这种格式的一个明显影响是：作家面对着连续不断的最后期限。更重要的影响是，它没给对话和情节的修改和调整留出空间，而在别的情况下，这些都是小说家手艺的基本组成部分。普鲁斯特没完没了地改写《追忆逝水年华》(*A la recherche du temps perdu*)的初稿，还在

42　正如迪莉娅·拉廷向我指出的，平装本小说往往附加作者即将出版的精装小说的前几页，这可能导致结尾相对于读者的预期来说来得太早了一些。

43　他们可以使用、而且确实有人使用惊人结尾的策略——考虑到这一体裁的常规，这样的结尾与小说本身设置的预期背道而驰。但这是一个更复杂的问题(Kermode, 1967)。

44　Pavel (1986), p. 98.

校样阶段补充了很多内容。连载作家要么一开始就设计好基本情节，要么边写边看。(他们不是唯一面对这一选择的人。正如我们将在本章第 7 节看到的那样，并不写连载小说的司汤达在《红与黑》和《吕西安·勒万》的第一部也采用了第一种方法。)如果使用第二种方法，他们就像即兴创作的音乐家一样，一个自由创作的乐句，甚或一个无意识的失误，都会充当接下来的创作的约束(本章第 8 节)。艺术失控的风险明显更大，两个部分的时间间隔越短，这个风险越大。这可能就是狄更斯(比方说)更喜欢每月一篇而不是每周一篇的原因[45]，这并不排除更短的时间间隔——作为偶发约束——提供了更大的好处[46]。在诸如电视肥皂剧这样的结尾开放的连续写作中，艺术控制当然更难。

音乐唱片很长时间里受到 78rpm 格式和 8 英寸唱片的限制，因此被局限于 3 分钟。偶尔，生产者求助于 12 英寸唱片，但由于它们并不适合于所有唱片播放机，在商业上也就不那么让人感兴趣。更长的乐曲当然可以分为几张唱片，但音乐流就会中断，因此有损审美价值。在早期的爵士乐中，12 英寸唱片和多唱片录音都极其罕见。我在别的地方提出："高水平的爵士乐即兴创作很难长时间维持，以至于'3 分钟的 78rpm 格式唱片'的播放时间刚好是最优的。"[47]我将在本章第 9 节发展这一观点。

约翰·米勒在他对弗雷德·阿斯泰尔的舞蹈的研究中指出："他是在相当可观的约束之内工作，其中有些约束是自我强加的。"[48]他列举了 5 种约束。第一，有舞蹈编排的约束；例如，阿斯泰尔几乎从不使用倒下这个动作，在他的第 12 部电影之前甚至都没有跪过。第二，有情感的约束，遵循的是浪漫喜剧的格式。第三，有他那个时代流行曲调中与生俱来的音乐约束。"阿斯泰尔可能发现了流行

---

45 "狄更斯关于他在更短形式中感觉到的局限和约束所作的雄辩证词不可过于强调。在写作《艰难时世》(*Hard Times*)的早期阶段，他告诉福斯特，'这种需要耐心的小说写作，始终有一定的活动空间，而且视野开阔'，对任何一个'有这种写作经历'的人来说，'空间的困难是压倒性的'。"(Engel 1967, p. 170)

46 "《艰难时世》满足了现代人对节省的偏爱(仅就艺术而言)——就小说而言，就是对简洁写作和明显可证实的形式的偏爱。狄更斯这两种能力都有，但它们对他来说并不是自然的或合意的，他选择在有限空间的逼迫下使用它们。"(Engel 1967, p. 172)

47 Elster (1983b), p. 80.

48 Mueller (1985), p. 19.

歌曲的形式和风格的效力与他节俭的舞蹈编排相一致。”[49]第四，有财务约束。阿斯泰尔完全同意：他的电影必须挣钱，但把这作为一个约束，而不是一个目标。最后，电影媒介本身强加了一些约束。例如，阿斯泰尔通常紧跟着他的舞伴，因为摄影机不能处理宽广的空间。他还使用一些花招——“设置一些障碍，他似乎从克服这些障碍中得到巴斯特·基顿那样的快乐。”[50]然而，在米勒看来，有时候，当阿斯泰尔集中于效果时，舞蹈编排就会受到损害，正如《王室的婚礼》中一个著名场景那样，在那个场景中，阿斯泰尔在墙壁和天花板上跳舞。

表演艺术传统上服从于这样一个约束：错误不可能得到纠正——没有“撤销”按钮。现代唱片技术消除了这一约束，允许反复播放同一支曲子。电影制作通常涉及每一个镜头的反复拍摄，可以选择其中最好的镜头发行。例如，弗雷德·阿斯泰尔有时候反复拍摄自己的舞蹈镜头，多达 50 次。此外，现场表演必须准确无误，而技术让你可以从几个镜头选取点滴片段，把它们拼成一个连贯的整体。阿斯泰尔对这种做法十分反感。他坚持自己跳舞的场景必须一镜到底，或者至少是由数量很少的不间断的部分组成。在阿斯泰尔到达拍摄现场之前，一个 90 秒钟的跳舞场景可能使用了一打镜头；而在阿斯泰尔那里，标准是一段 3 分钟的舞蹈使用两三个镜头。[51] 例如，“在一段独舞中，手杖扔进伞架里是在一个镜头里看到的，尽管更加容易的做法是：一个镜头给扔的动作，另一个镜头给落下时的特写。”[52]

委托创作一件艺术作品的人或机构常常有能力强加约束。一首为某个特定场合创作的乐曲可能要有特定的持续时间。事实上，作曲家可能要求约束。因此，当伊戈尔·斯特拉文斯基被问到能不能为马戏团的一段芭蕾舞写音乐时，据说他发出了下面这封电报：“我同意：多少分钟？”[53]一个画家如果给主顾或自己的妻子画一幅肖像，他受到的约束是要让他们显得比本人更好看——

49　Mueller(1985)，p. 19。Arnheim (1957)，pp. 222－223 提到了一个更一般的论点：“伟大的演员常常更喜欢平庸的剧本，这让他们几乎是通过即兴创作来表演，因此把表演基本上保留给了身体和声音的表达；而另一方面，他们的天才给伟大的戏剧文学作品带来危险。类似地，优秀的舞者和默片的制作者更喜欢简单、清晰的音乐，这样的音乐不可能是第一流的。”

50　Mueller(1985)，p. 22.

51　同上，p. 27。

52　同上，p. 34。

53　这个故事要感谢埃德蒙·费尔普斯。还有另外几个例证，参见“创造之路”，《纽约时报》，1999 年 9 月 7 日，F3。

至少在他们自己眼里是这样。尽管有这个约束，优秀的画家还是可能设法传达出关于描绘对象的某种东西，他们要是看出来了的话可能不会喜欢——例如，他们没有足够洞察力来看出的事实。正如一个作家为目标读者而写作，一个画家也必定为目标观看者而画。一般而言，没有理由认为一幅肖像的描绘对象就应该是那个观看者。[54] 建筑师几乎总是面对繁重的约束——财务的，效用的，有时候还有审美的。如果委托人要求艺术家提交几份设计图，或者几个艺术家提交设计图，然后从中选择，他不会强加约束，而只是诱使艺术家预先考虑他的选择标准。

自我强加的约束

总的说来，基本约束在某种程度上不如偶发约束那么重要，但它们并非没有意义。一个重要的自我强加的约束是格式的选择。一旦画家选择了一张给定尺寸的画布，他就要坚持下去。选择用木炭笔画——不容易擦除——的决定有点像阿斯泰尔自我强加的约束：拍摄他的舞蹈时要一镜到底。在这两个实例中，艺术家都是故意提高犯错的成本，希望随后的错误会更少。一个写歌的作曲家可能通过选择歌词来约束自己。这一自我约束策略也被我在本章开头引用的佩雷克的小说所说明。另外一些实例包括伍迪·艾伦决定用黑白片拍摄《曼哈顿》，尽管彩色电影已经可用，梅尔·布鲁克斯决定拍摄默片，尽管有声电影已经可用。通过让哑剧演员马塞尔·马索说电影里唯一的话，布鲁克斯清楚地表明：别的地方缺少声音是故意选择的，而不是出于需要。禁食不同于挨饿。[55]

常规

然而，尽管这样一些约束的发明并不常见，但让自己服从于艺术常规的选择实际上非常普遍。例如，一个酒鬼可能搬到一个完全买不到酒的国家，从而给自己强加严格的约束。他不可能发明出一个有这些限制的国家，但他可以选择生活在这样一个国家。类似地，艺术家可以选择受到这样的约束：在一种有传统上界定的规则和标准的体裁内创作。这一选择事实上比自由发明的约

54　Brilliant (1991), p. 40.

55　Sen (1993), p. 40.

束更有限制性。例如,在诗歌中,只有数量有限的几种常规形式(十四行诗、民谣等等)以及数量有限的几种格律形式(六步格,亚历山大格等等)。相比之下,自我强加的限制实际上为数众多。如果佩雷克想写一部把两个元音字母排除在外的小说,他将有 15 种组合可选择;排除 3 个元音字母有 20 种可能性;还包括其他约束的话,这个数字就会更大。因此,即使约束有助于把可行集限制在可操作的规模并因此使艺术家能够作出有意义的选择,允许他完全自由地选择约束也可能只是在较早阶段重新创造出 embarras de richesses(法语:货多难选)的困境。

常规控制着艺术作品的很多方面。在音乐中,常规纯粹是形式的:没有规定或禁止音乐的内容。在文学中,常规既控制形式,也控制内容。因此,我们不妨考量 19 世纪(皮兰德娄之前)戏剧的两个常规。一个是:行动的最终解决不能出现在戏剧末尾之前。另一个是:戏剧中的人物一定不能看上去知道他们只是剧中人物这个事实。在易卜生的《培尔·金特》(*Peer Gynt*)的末尾,当培尔担心淹死的时候,那个陌生的乘客告诉他,“一个人不会死在第五幕中间”,因此同时违反了第二个常规并利用了第一个常规。在绘画中,常规显然控制着形式,但也控制着主题:不仅在定义主题的全部条目上,尤其是在宗教绘画中,而且还在给画中具体成分创造人为的象征意义上。例如,你可能毫不怀疑引诱在维梅尔画作中的重要性,就算你不知道传统上把引诱与画中大量描绘的美酒、音乐和书信的主题关联在一起。诺埃尔·卡罗尔认为,电影中的“视觉幽默”受制于这样一个常规:电影中人物的感知能力和观众的感知能力是一样的。如果没有这个常规,我们就不可能弄明白雅克·塔蒂一部黑白电影中的“视觉幽默”,在那个场景中,一个沾着湿花瓣的轮胎与一个葬礼上的花圈相混淆。“在一部彩色电影中,一个沾着湿花瓣的轮胎在视觉上不会与葬礼花圈相混淆;这个视觉幽默仅仅因为电影是黑白的才有说服力。”[56]

看待艺术常规的两种观点

常规和约束完全出于不同的理由而存在。如果 17 世纪法国剧作家用亚

56　Carroll (1996), pp. 56—57。一个类似的例证是这样的常规:当一个非英语人物出现在一部英语小说中时,他们说起话来仿佛他们是说英语的。因此,在 Hill (1998), p. 17,两个意大利警察的一番对话被报告如下:“‘喂,’他打听,‘我们那位出类拔萃的诗人是不是共谋?’他咧嘴笑着补充道:‘注意头韵。我在车里琢磨出来的。’”(译者注:原文中 peerless poet packed 押头韵。)

历山大格写作并尊重空间、时间和行动的统一,其解释不能到技术、金钱、时间或选择中去找。相反,常规明显与其他艺术家或公众的预期有一定的关系。有两种看待这个问题的方式。在一种观点看来,艺术常规就像社会规范——非工具性的行为规则通过其他人强加给违规者的制裁而得以维持。在另一种观点看来,常规就像和谐均衡——有用却专横的策略,类似于开车靠右行的规则。社会规范是别人强加的,而和谐均衡是自我强加的。

社会规范的范围从明显的琐碎之事到生死大事。它们既包括布迪厄和普鲁斯特所描写的礼仪规则,同样也包括在某些地中海国家依旧生效的世仇法规。[57] 它们有 4 个典型特征。首先,它们是非结果导向的对行为的强制。其次,它们被一个社会或某个相关子群的其他成员所共同遵守。此外,所有成员都知道,所有人都受制于这些规则,而且知道他们都知道这一点,如此等等。第三,因为所有人都共享这些规则,群体成员可以通过制裁违规者来强制实施它们。制裁的范围从不同形式的通过社会放逐来避免违规行为,到毫不客气地迫害。最后,规范还借助内在化的羞愧之情来维持。

一个把艺术中的常规看作是社会规范的论证可能如下。艺术家、批评家和受众把常规看作在规范上是非接受不可的。它们体现了做事情的正确方式。例如,时间、空间和行动的统一被看作是自然约束。违反常规的剧作家或画家要受到范围广泛的惩罚和制裁。他们的书不仅没人买,而且,就像乔伊斯的《尤利西斯》一样,还要被禁。他们的画被指责为 fauves(野兽派)的创作。易卜生不得不拿出《玩偶之家》(*A Doll's House*)的另一个版本,有一个皆大欢喜的结尾,以便它能够在德国上演,因为他的德国出版商发现它太骇人了。类似地,"19 世纪的公众没法接受《李尔王》(*King Lear*)中考狄利娅的死,更喜欢内厄姆·塔特的修改版,在那个版本中,考狄利娅幸存了下来,嫁给了埃德加。"[58]而且,"在新古典主义时期,莎士比亚被指责在伊阿古这个人物上引入了一个忘恩负义、诡计多端的士兵形象(因为典型的士兵是诚实而正直的)。"[59]

---

57 Elster (1989c , Ch. III; 1999a, Ch. III)。

58 Pavel (1986), p. 34。Schelling (1986), p. 177 认为——如果我的理解正确的话——这样的替代结尾必须是抢先性的,而不是反应性的,否则就没有意义。据谢林说,因为原剧的观众要求修订,好让他们能看到皆大欢喜的结尾。如果这个推理是正确的——我相信它是正确的,那么,"交互艺术"就会由于像白日梦一样缺少约束而受到损害。

59 Haugom Olsen (1998), p. 150.

在另一种观点看来,一个艺术常规是一种特殊的均衡,常常被称作“和谐均衡”,有两个典型特征。[60] 首先,正如在所有均衡中一样,当所有人都遵循常规时,没有人希望别人背离常规。开车靠左和靠右之间的选择生动说明了这一情境。有一个更带有幻想性的实例,是控制着布鲁克林黑手党成员夜生活的规则提供的:“每个有女朋友的人星期五晚上带她外出。任何人星期五晚上不得带妻子外出。妻子们在星期六晚上外出。这样就不会出现:当他们带着女朋友时撞见某人的妻子。”[61]很明显,所有这些事情都是根据一个规则来协调。星期六带女朋友外出、星期五带妻子外出一样合理,只要每个人都做同样的事。然而,如果人们遵循不同的常规,社交灾难就会出现,因为一个人在带女朋友外出时可能要冒着碰见一个朋友带着妻子的风险。正如哈罗德·麦克米伦抱怨的那样:“从前的日子里,你绝对有把握,你可以带着你的妻子去一家餐馆,而不会看见一个你认识的人和一个荡妇在一起用餐。一切都保持分开,但现在似乎不是这样。”[62]

把艺术中的常规看作是和谐均衡的论证可能如下。像其他形式的自我实现一样,艺术也需要合格的法官;否则的话,它就成了一种“私有语言”,一堆主观性的乱麻。[63] 如果艺术在形式和主题上千变万化,质量就难以评估和鉴别。即使每个艺术家都在自我强加的严格约束下工作,如果不同艺术家选择不同约束的话,主体间的标准就会很弱。然而,如果所有艺术家都在相同的约束下工作,他们的作品就可以比较,并通过艺术家和批评家的共同体来确立标准。既然每个艺术家都想得到其他艺术家的评判,他就没有动机偏离共同的框架,正是这个框架使得合格的鉴赏和自我实现成为可能。由于他希望自己的法官是称职的,他就没有理由希望其他人偏离这个框架。

和谐平衡与社会规范之间的区别不是一个刚性的区别。当一个常规充当和谐均衡时,它通常也成了一个社会规范。[64] 如果我们以开车靠右行驶为例,那些单方面靠左行驶的人不仅冒着出交通事故的风险,而且还容易遭到由于

60　Lewis (1969).

61　Pileggi (1987), p. 90.

62　引自他的日记摘录,《星期日泰晤士报》(*The Sunday Times*)连载,1989 年 6 月 11 日。

63　参见 Elster (1986a)和 Greenberg (1999), p. 47。

64　下面的论述利用了 Elster (in press)。

他们的鲁莽行为而可能受到伤害的其他司机的反对。类似地，一个偏离常规的艺术家把一笔成本强加给了其他艺术家，以失去一位合格法官的形式。然而，逆命题并不成立。在艺术和别的领域，有很多社会规范并没有起到协调任何事情的作用。

4. 约束、价值与创造力

艺术创造的过程被约束条件下最大化审美价值这个目标所引导。[65]（从现在起，我在一个宽泛的意义上使用"约束"这个术语，它既包括常规，也包括前面的定义更狭隘的约束。）创造力是成功实现这一努力的能力。为了解释我的这些陈述的意思，我将首先再说几句关于约束的话；然后证明艺术家事实上参与了一个最大化的过程；最后解释我所说的审美价值指的是什么。在这个背景上，我接下来将讨论约束、价值和创造力之间的关系。

对约束的选择与在约束之内选择

我在别的地方已经证明：

> 任何一件给定的人类行为都可以被看作是两个连续过滤装置的结果。第一个被结构约束集所定义，这个约束集缩小了理论上可能的行动路线集，并把它减少为小得多的可行行动子集。第二个过滤过程是挑选可行集中的哪个成员来实现的机制。理性选择理论声称，这一机制为了最大化某个客观功能而进行的深思熟虑的故意选择。[66]

应用于当前这组问题，这个一般框架暗示了两个问题。首先，考虑到某些

---

65 本书一位富有思想的审稿人对于把最大化的观念应用于艺术创造的价值提出了质疑。下面的评论既是对这一质疑的回应，也是对这里发展的论证的一次预演。(1)最大化的观念暗示了，在一件优秀的艺术作品中，"任何增减"都会带来审美价值的损失。优秀艺术品的观念，作为对丰富和俭省的体现，似乎被最大化观念自然地捕捉到了。(2)通过证明艺术家的目标是要产生局部最大化，而不是尽可能创造最好的作品，我相信我能够弄清楚艺术作品及其创造的几个特性。(a)很多艺术家都先用一些小的变化做试验，然后才决定最终的版本。(b)"小杰作"的概念在这一框架里有一个自然的解释。(c)"有瑕疵的杰作"的概念也得到了自然的解释。(3)通过证明艺术家既选择约束，也在约束之内选择，我的目标是把某个结构强加给艺术创造，通过把它视为一个两步过程。这不仅仅是艺术家尽可能生产最好的艺术作品的问题，而且还是选择一个最适合导致他们这样做的框架的问题。

66 Elster (1984), p. 113.

约束本身可能是被选择的，而不是从外部强加的，选择它们的机制是什么？其次，这个机制与从可行集中选择一个成分的机制之间的关系是什么？就一件艺术作品而言，理想地说，两个选择都应该采取为了最大化审美价值的目的而故意选择的形式。在实践中，正如我们将看到的那样，它不可能以这种方式工作。但在某种程度上，这个观念抓住了艺术创造的一个方面，很显然，我们不是在讨论两个连续的独立过滤器。对约束的选择与在约束之内选择互相作用。一个作家起初可能计划在一部标准篇幅的长篇小说中发展某个观念，然而，之后发现这个观念不足以支撑这种格式，于是把它变成了一个 30 页的短篇小说。(不管是出于常规的还是内在的审美理由，小说写作的长度分配似乎都是双模式的。中篇小说格式比长篇小说或短篇小说都更加少见。)类似地，一个画家可能既试验约束的选择，也在约束之内试验。例如，他可能同时以小幅尺寸和大幅尺寸试验画同一个主题，选择一者或另一者作为约束之内试验的功能。[67] 然而，在下文中，我将忽视这一困难。

作为受约束的最大化的创造

不管艺术家是不是在最大化，他的目标都只能是局部最大化。例如，一个小说家一开始并不打算创造全局最大化，比方说某个种类中最好的小说。让我首先证明艺术家事实上一直在努力实现最大化，然后再解释他们寻求的最大化为什么必定是局部最大化，而不是全局最大化。

艺术家参与最大化这个观点的一个证据是：人们普遍相信，一件优秀的艺术作品不可有任何增减(亚里士多德：《诗学》，1451^a 33—35)。例如，"一部优秀电影的每个镜头在脚本里都被计划得如此之好，以至于每一件必不可少的事情——而且只有必不可少的事情——都是在最短的时间里发生的。"[68]这个同时丰富和俭省的理想只不过是陈述最大化理念的另一种方式。[69] 另一个证

67　格式的选择在不同的艺术门类中遵循不同的规则。一个画家在动笔之前选择画布的尺寸，一个作家则不这样。画布的尺寸分配是单模态的，写作的篇幅分配是多模态的。音乐在第一个方面像写作，在第二个方面像绘画。

68　Arnheim (1957), p. 23。正如作者还指出的："显示完整的事件是乏味的和非艺术的，因为是多余的"(同上)。像《朱尔与吉姆》这样的浪漫电影与像《英国病人》这样的感伤电影之间的差别在于：在前者中，一旦阐明了要点，摄影机就决不会停留在一个镜头上。

69　关于局部最大化观念的更充分的讨论，参见 Elster (1984)第一章。

据是艺术家普遍践行用小改变进行试验，直至他们“正确无误”。自然选择——一个往往产生局部最大化的过程的范式——完全就是以这种方式工作：不断测试连续的细微变异，直至达到任何进一步的可行变异都会降低其生殖适应性。由于遗传漂变和不断改变的环境，这些最优点并非不受进一步改变的影响，但这和目前的论证是不相干的。

艺术创造的一个更好的模型是19世纪挪威社会学家艾勒特·松特提供的，他用达尔文的原理来解释帆船设计的进化：

> 一个造船者可能技巧高超，但他决不会造出两艘完全一样的船，即使他本人竭尽全力要实现这一目的。以这种方式出现的变异可以称之为偶然变异。但即使是很小的变异，在航行期间通常也可以注意到，接下来就不是偶然变异了，因为水手们开始注意到，这艘船为了他们的目的而有所改进，或者更加方便，而且，他们将建议选择这艘船作为模仿的目标……你可能相信，每一艘这样的船就其本身来说都是完美的，因为它通过一个方向上的片面发展而达到了完美。每次改进都进入了这样一个点：在这个点上，进一步的发展都必然留下一些缺陷，抵消优势还绰绰有余……我以下面的方式设想了这个过程：最早被激发出来的是新的改进形式的想法，然后是一连串谨慎的试验，每次试验都只涉及极小的改变，最后能导致皆大欢喜的结果，从造船者的工棚里出来的一艘船，它的样子正是大家想要的。[70]

我后来认为，在艺术中，小的变异部分是有意识地找出来的，部分是潜意识所产生的。选择始终是显意识思维的工作。用小的变异进行试验的做法事实上在所有艺术门类中都极其常见。有些艺术家遵循“Conception lente, exécution rapide（法语：慢设计，快执行）”的格言，但对于每个毕加索、莫扎特或司汤达来说，必定有十次甚或百次打草稿和再打草稿，丢弃和再次从头开始，直至他们认为对头了。在表演艺术中，排练和反复表演有类似的精细打磨的功能。在本章第9节，我将讨论爵士乐中小变异的重要性，不是在即兴演奏中，而是在构建我所说的“雕琢单曲”中。

我们可以把另外一些普遍使用的表达解释为艺术家努力局部最大化的

70　Sundt (1976), pp. 211—212

证据。

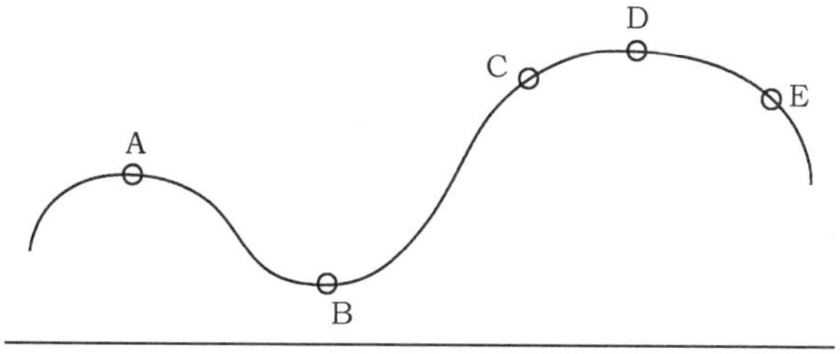

图Ⅲ.1

在图Ⅲ.1中，垂直维度代表审美价值。水平轴是艺术作品沿着某个相关维度的数量度量。为了具体起见，我们不妨把曲线上不同的点想象为代表了不同篇幅的虚构作品中相同文学主题的发展。短篇小说A和长篇小说D都是局部最大化。在这张图中，长篇小说也是全局最大化（尽管沿着另外的维度，当然还有另外一些长篇小说可能更好）。短篇小说的典型特征可能是"小杰作"这个常用术语：它之所以是一篇杰作，是因为它是一个局部最大化，之所以是小杰作，是因为它是一个低水平的局部最大化。整个体裁事实上可能是小的，比如犯罪小说，然而在这个体裁之内，可能有一些杰作。

发展不充分和发展过度的长篇小说，比如C和E，其典型特征可能是另一个常见术语"有瑕疵的杰作"[71]。一部发展不充分的长篇小说可能是一部情节张力被过早消解的长篇小说，在基础打好之前便让结果看上去貌似有理。不妨想象一部被删节的《傲慢与偏见》（*Pride and Prejudice*），伊丽莎白·贝内特在达西第一次求婚时便接受了他。发展过度的情节是：在我们所知道的小说结尾之后，简·奥斯丁继续描写他们的家庭幸福。[72]（还可参看本章第6节对《疤面人》的评论。）图中显示的两个有瑕疵的杰作都优于小杰作。马尔科姆·巴德援引了T.S.艾略特对阿肯赛德的一段评论后写道："一个不值一提的诗

71　还可参见 Truffaut (1985)，p. 327 中对一部"有瑕疵的伟大电影"的讨论。

72　Kermode (1967，p. 23)写到陀思妥耶夫斯基的《白痴》（*The Idiot*）时暗示，它过度发展了，而且，要不是因为"彻底马虎和传统的'结尾'——在这个结尾中，他告诉你幸存的人物变得怎样"，应该会更好一些。类似地，专攻炭笔素描——不容易擦除——的艺术家冒着超过图中D点的风险，通过给他们的肖像画添加太多线条而一路奔向E点。有时候，当他们到达C点时，他们指靠不上的模特儿挽救了他们，点C尽管是次优，但比点E更接近于最优。

人在某种意义上可能比另一个值得一提的诗人写得更好，但她写的东西可能是一首不那么有价值的诗。”[73]小杰作反过来优于中篇小说B，它既没有短篇小说的干净利落，也没有长篇小说的丰富。[74]（在这里，我假设中篇小说的罕见要归因于其内在的艺术局限，而不是归因于常规。）

不消说，这个解释极其简略，但我认为它抓住了我们（以及艺术家）如何看待艺术的一个方面。例如，法国人围绕拉辛和莎士比亚各自优点的长期争论可以从这个角度来看。对于像纪德这样的批评家来说，拉辛戏剧的完美和莎士比亚戏剧的形式缺点让他们更偏爱前者。然而，即使拉辛最好的作品比其他几乎任何戏剧都更好地体现了最大化的观念，它可能也只是局部最大化，而非全局最大化。拉辛与莎士比亚的关系，可能就是图中的A与C或A与D的关系。类似地，泰勒·科文（亲自与笔者交流）问，是不是“狄更斯的《荒凉山庄》（*Bleak House*）达到的顶峰比简·奥斯丁的任何作品都要高，而且理由涉及狄更斯并不完美的品位”。含蓄的暗示是，缺乏品味可能是最高成就的一个条件，大概是因为它结合了敢于冒险的鲁莽和意愿，而这些我们在那些更克制的作家身上并没有找到。一个更弱的陈述可能是：《荒凉山庄》比奥斯丁的任何小说都要好，尽管（而不是因为）狄更斯缺乏品味。我既不赞同也不反对这一段讨论的任何价值判断，仅仅是指出，局部最大化和全局最大化的语言似乎是一种适合于陈述它们的语言。

情感与审美价值

我现在转到最大化或艺术价值的性质。按照我的理解，艺术可能有感觉的、认知的或情感的价值。然而，最终说来，艺术作品的价值可以完全是情感的，但它不可能完全是认知的。因此，我不同意诺埃尔·卡罗尔的观点，他写道：“有些绘画表现的可能是绘画的性质——或许，弗兰克·斯特拉很多作品表现的就是框架的常规；有些电影，像霍利斯·弗兰普顿的《佐恩引理》，表现

73　Budd (1995), p. 105.

74　与其说中篇小说既没有短篇小说的优点也没有长篇小说的优点，不如声称它设法做到了拥有两者的优点集。这实际上是理查德·福特（1998）在他给《格兰塔美国中篇小说集》撰写的编者导言中提出的观点。（实际上，他的主张是：中篇小说没有那些分别困扰短篇小说和长篇小说的问题。）但是，如果是这样，为什么中篇小说如此之少呢？

的可能是电影的性质。这些作品可能是以这种方式表达的，它们完全诉诸认知。"[75]我不同意的理由很简单：如果艺术家只想传达一个新的认知，他就应该使用为这一目的量身定做的媒介，亦即逻辑论证和事实阐述的媒介。换言之，在我看来，可以说艺术能够提供"难以形容的洞察"——这一主张正是根据它的性质，不适合于仔细审视或批评。洞察难道不可以是非命题性的吗？（"凡不可说的，应当沉默，你也不可对它吹口哨。"译者注：此语出自维特根斯坦。）如果洞察——像我认为的那样——必须是命题性的，我们为何还需要艺术来陈述它们？[76]

我区分了两个通过艺术获得情感满足的来源。一方面，很多艺术作品可以产生非审美的情感——快乐，悲痛，以及诸如此类。另一方面，一切艺术作品，如果它们有任何艺术价值的话，都会借助韵律、共鸣、对称、对比、重复、比例以及归入到"有序复杂性"这个总标题下的类似手段，引发特定的审美情感。在我看来，范式是格伦·古尔德演奏的《哥德堡变奏曲》。（它也是一部完全缺乏——至少在我看来——非审美情感的作品。）这些特定的审美情感包括疑惑、惊奇、诧异、幽默、宽慰和放松。其中有些甚至可能类似于我们在搞懂一个数学定理之后所体验到的情感——在事前令人惊讶、事后不可避免的结果面前所体验到的一种敬畏感。然而请注意，产生审美情感的认知能力并没有证明下面这个观点是正确的：一件艺术作品唯一的价值可能是认知价值。

在文学和音乐中，当这两种情感效应携手并存并互相增强时，便创造出了令人敬畏的艺术效果。仿佛是借助魔法，有条不紊的韵律所带来的快乐添加到了词语的强烈之上。尽管这些成分在分析上是可分离的，但它们不是分开被体验的。[77] 相互作用超出了准确分析的范围，但是，当它运转时，我们能认出

75　Carroll (1997), p. 193.

76　我并非不知道，在这些简短评论中，我在一个非常肤浅的层面上致力于那些几百年来让一些最优秀的头脑全神贯注的问题。为了让它们稍稍不那么肤浅并且更清晰地切题，我应当清楚地表明：我不是致力于美的观念，它们可能同时适用于诸如落日这样的自然对象和人造对象。此外，在人造对象这个类别之内，我只关注那些带着在受众心理引发审美体验的明确意图而创造的东西。

77　Budd (1995), pp. 53, 153。Fry (1921), pp. 198—199 提出，这种融合可能是虚幻的。在提到乔托的《哀悼基督》时，他写道："我关于戏剧观念的情感似乎提高了我关于雕塑设计的情感。但眼下，我应当倾向于说：这两组情感的融合只是表面上的，要归因于我对自己精神状态的不完美分析。"关于下面这个更一般的问题：当这些情感混合起来组成复合情感时，它们究竟是损失还是保持了它们的特性，参见 Elster (1999a), p. 242，注释 7 和 8。

它。正如蒙田所言:“就像小号的声音由于被迫通过一个狭窄的管子而变得更清晰、更有力,一个警句如果被压缩进诗歌的韵律中,它的爆发就更加有力。”[78]作为一个特例,不妨考量下面这段对阿斯泰尔的评论:

> 阿斯泰尔……非常清楚地知道流行歌曲形式所暗示的戏剧。他的电影中大多数歌曲都是AABA的形式——也就是说,由一个核心旋律理念重复三次组成,第三句通过一个对比音乐素材的乐段(称作“释放”)与第二句分隔开来。这些歌曲中的戏剧高潮往往是在A乐段最后一句的开头,它的再现被释放乐段巧妙地推迟了。阿斯泰尔经常在具体的舞蹈编排中利用这个形式特征:例如,正是在这个点上,他在两首颇有诱惑力的二重唱的每一首中紧紧抱住他的舞伴,一首是《乐天派》中的“换舞伴”,另一首是《金倭帝后》中的“他们不能把它从我这里拿走”。[79]

一件艺术品还可以帮助我们不同地观察或理解世界,不同地对它作出反应,不同地理解我们自己对它的反应。对世界的不同感知或理解是有价值的,因为它使我们能够产生一些情感,否则的话,这些情感可能是休眠的或没有聚焦的。情感依附于对象;情感对象只有通过被感觉或被想象才存在;因此,新的感知和概念打开了新的情感依恋的可能性。这并不是说,依据纯智性的理由,新的理解本身不可能有价值,而只是说,这一价值与艺术无关,在其他精神创造中也可以找到。托克维尔的《回忆录》(*Souvenirs*)和司汤达的《吕西安·勒万》一样帮助我们理解七月王朝的性质,但只有后者才是艺术作品。(这并不意味着前者没有情感价值。)宗教大法官演说的主旨很容易翻译成社会学的语言,但在陀思妥耶夫斯基小说的语境中,它还获得了情感的意义。

并非每一种能够产生情感反应的精神创造都是艺术作品。政治演说及其他说服性的信息可能产生强有力的情感,但这并没有让它们进入艺术的领地。差别并不在于它们没有伴随着特定的审美情绪。事实上,优秀的政治修辞利用了我在前面两个段落提到的很多形式手段。相反,艺术与雄辩修辞的差别在于它们所产生的非审美情感的性质。除了辞藻华丽的变种(颂扬伟大的个

---

78 Montaigne (1991), p. 164.

79 Mueller (1985), p. 20.

人或行为)之外,雄辩的修辞是为了产生将会诱发行动的情感;而艺术则不是。[80] 从艺术家的观点看,艺术是在心平气和中回想的情绪;从读者、观者或听者的观点看,艺术是在心平气和中体验的情感。

艺术所产生的非审美情感的性质因艺术形式的不同而千差万别。绘画——尤其是抽象绘画——根本不需要产生任何这样的情感。[81] 就文学而言,我们面对着——正如罗伯特・雅纳尔所认为的——这样一个明显的悖论:下列所有命题看上去似乎都为真,但是,其中至少有一个必定为假:

(1)我们对某些虚构作品的人物和情境产生了情感。

(2)即使我们相信这些人物和情境是虚构的,不是真的,我们还是产生了这些情感。

(3)只有当我们相信这些人物和情境是真的,而不是虚构的,我们才产生了这些情感。[82]

正如我在别的地方所主张的[83],这个悖论最貌似有理的解决办法是否定(3)。尽管情感典型地有认知先例,但这些情感所采取的形式未必是满怀热情地相信:有某种东西正是这种情况。正如我们等待孩子放学回家,认为他(或她)可能坐车出了交通事故的感觉能够触发强烈的情感,即使我们坚定地相信这种可能性几乎为零。由于我们并不相信有什么事情出了差错,所以我们不会给警察打电话;因此,这种情感缺乏行动的倾向,而这种倾向正是大多数情感的典型特征。类似地,我们读到虚构人物时产生的感情并不会引发我们采取任何种类的行动;但除此之外,它们可能具有通常与情感相关联的所有特征。然而,正如罗杰・弗莱所提出的,正是缺乏行动的倾向,提高了这种情感的审美价值。"如果描绘的场景是一次意外事故,我们的同情和恐惧是十分纯粹地感觉到的,因为,它们不可能像在现实生活中那样立即进入援助行动。"[84]

音乐所产生的非审美情感的问题要复杂得多。我所知道的最好的论述是马尔科姆・巴德在《艺术价值》(*Values of Art*)中论述音乐的那一章所做的论

80　Fry (1921), p. 18.

81　因此,Budd (1995)在论述文学和音乐的章节里广泛讨论了非审美情感,而在论述绘画的那一章,它们只是被简略地提及。

82　Yanal (1994), pp. 54—55.

83　Elster (1999a), Ch. IV. 2.

84　Pry (1921), p. 13;还可参看 Budd (1995), p. 77。

述。在他看来，“当你把音乐听成是情感E的表达时——当你在音乐中听出E的时候——你听到音乐发出的声音就像E感觉到的方式。”[85]然而，正如他接下来说的那样，“相似点可能在意识层面之下(或许，正如一个小调三和弦的忧郁声音与一个大调三和弦形成鲜明对比)，这样一来，不管我们对于音乐听上去如何，以及情绪感受如何的反思有多么好，我们可能没法识别出究竟是哪种共同属性造成了对相似的感知。”[86]从这个基本观察结论出发，巴德继续讨论了情感可能注入并丰富听音乐体验的诸多方式。就我的目的而言，他阐述的最有用的一点是：一件艺术作品的情感质量是其审美价值的一个组成部分，但它不是唯一的组成部分。两件审美价值不同的音乐作品可能表达了同样的情感。[87]图Ⅲ.2(在本章第9节)试图说明这个观念。

约束与审美价值

我接下来讨论约束与审美价值之间的关系。一方面，先在的或预先设置的约束增强并刺激着创造过程。另一方面，创造约束本身是这个过程的组成部分。

首先考量约束刺激创造力的能力。正如我在第一章第1节所评论的，主要观念只不过是：选项太多对创造力不利。重要的是消除一些选项，而不是消除任何具体的选项。从这个观点看，一个作家受到的约束究竟是要求诗歌有11个音节(但丁)还是有12个音节(拉辛)并没有什么不同。[88]从本质上讲，一者并不高于另一者。然而，并非所有约束都同样好。[89]写一部没有字母“e”的长篇小说，其约束可能并不会让作者的任务变得比写费力形式的三行体诗更加困难。然而，不像前者，后面这个约束可能对审美价值作出直接贡献，除了源自焦点增强效应的间接贡献之外。因为韵律和格律产生一种组织化的形式，它们有内在的审美潜力；而让某个给定字母在字母表中缺席则并非如此。

我并不是说约束的焦点增强效应依赖于它们有独立的审美潜力。例如，

85　Budd (1995), p. 136.

86　同上，p. 142。

87　同上，p. 146。

88　我要感谢帕斯奎尔·帕斯奎诺提出了这个意见。

89　我要感谢约翰·费雷约翰和约翰·罗默尔让我认识到了这一点。

简练并没有独立的审美意义。在爵士乐中,32小节的单曲并不内在地优于96小节的单曲。一个高水平的艺术家可能有能力创造一首复杂性和结构足以填满96个小节的单曲,而不会重复自己,也不会求助于陈词滥调。由于人类心智的局限,密度——这个有内在的价值——事实上可能需要简洁,但在特殊灵感出现的瞬间,这些局限可能被超越。然而,没有字母"e"的长篇小说的约束不同于简洁的约束。对大多数作家来说,绕开字母"e"写作是一个烦人的苦恼,而不是一个刺激,是一个必须克服的障碍,而不是一个要面对的挑战。在本章第9节,我指出,很多爵士钢琴家在调音很差的钢琴上仅仅通过避开某些键而演奏得很好。但我还要补充一句,据我所知,这一约束的存在并没有提高他们的演奏。我不能排除,对某些作家来说,不使用字母"e"的类似约束可能等价于不得不使用十二音节的韵文,借以刺激他们的想象力,集中他们的注意力。然而,即使是这些作家,如果他们让自己服从于有独立审美潜力、同时又有集中注意力的能力的约束,他们会做得更好。

约束必须严格,但又不能太过严格。如果可行集太大或太小的话,寻找正确的单词、音调等等都会受到妨碍。正如雅克·阿达马在讨论数学发明时所言:"众所周知,好的猎枪子弹是那些散射范围适当的子弹。如果散射太宽,瞄准就是无用的;但是,如果散射太窄,你有太多机会打不中猎物。"[90]当可行集很大时,搜寻太耗时,变得难以处理。《芬尼根守灵夜》(*Finnegans Wake*)中故意扩大可行集究竟是不是伴随着艺术增益,无疑是可以争论的;至少可以有把握地说,在大多数其他人的手里,乔伊斯的方法将会是灾难性的。对于一个电影导演来说,不受限制的预算可能是灾难性的。[91] 对一个电视制作人来说,有太多的时间可能损害创造力。[92] 在"缺少限制本身如何可能是一个限制"的标题

---

90 Hadamard (1954), p. 48.

91 在评论 Bogdanovich (1997)时,Clive James (1997), p. 72 写道:"老家伙们因为不能炸毁世界而不得不讲故事。有一些限制,你不可能花钱买到出路,这门手艺的本质要素,它的俭省,它的活力,就存在于克服这些限制的过程中,而用钱来消除限制几乎总是导致惰性。"

92 在评论情景剧《宋飞传》(*Seinfeld*,持续时间22分钟,不包括电视广告)时,O'Brien (1997), pp. 13, 14 写道:"它最好的几集感觉就像故事片电影,实际上有着比大多数故事片都更紧凑的叙事。(相比之下,定期播出的一小时剧集有时候古怪地松弛。)……大多数电视秀都会充分利用的搞笑机会用一两句台词轻松打发了。对抗时间约束所带来的张力和密度让人想到这样的约束可能多么富有成果。如果贝西伯爵(译者注:美国爵士乐钢琴家)没有受到78 rpm 唱片的限制,我们会不会有《每一桶》(3分14秒)或《在树林边缘跳跃》(3分8秒)那令人惊叹的凝练呢?"

下，保罗·格里菲斯在评论法国音乐与声学研究中心（IRCAM）组织的一场电声音乐会时写了下面这段话：

> 它不断困扰的问题依然是：它给它试图养活的东西喂得太多。必然性——而非机会——乃是创造之母。最好的音乐，电声音乐或别的音乐，是在何为可能的限制下努力争取的，而在IRCAM，限制很难找到。在电子控制台上，有太多的旋钮。ASKO乐队在沙特莱剧院举行的一场音乐会清楚地说明了这一点。刚开始时卢卡·弗兰切斯科尼的一首新作……他的《女妖/幽灵》明显是在《老水手之歌》的基础上探索一部歌剧的途径，而且这首音乐恰好是海上的、模糊的，一个不祥的阴影；从女歌手那里——她们既是独唱者，也是合唱者——传出海妖的声音。它的任何30秒都很精彩，但总共有2 000秒（大约半小时）。相反，埃德加·瓦雷兹的两首音乐急促地爆发——它们的爆发大概部分程度上是因为40和60年前电声音乐所受到的限制。[93]

相反，当可行集非常小的时候，它可能并不包含正确的单元。先验地，我们不会指望一部严格按照《重现》那样的约束写成的长篇小说会成功。在某种程度上，那本书是成功的，这多半是因为佩雷克并没有遵守法语的其他约束。而且，以忠实地反映形式的原创特性及其字面意义同时避免人为的短语转换的方式来翻译诗歌，这项任务在某些情况下可能太难。正如我在本章第10节所证明的，在默片电影的约束之内创造一部心理戏剧也可能太难。

搜寻正确单元的这一特征与另外两个特征相互作用。首先，当可行集非常大时，正确的标准可能有点宽松。并非所有小说家都像福楼拜，他把每个短语都打磨至尽善尽美。相比之下，在短篇小说中——在诗歌中更是如此——精雕细刻层面上的最优化非常重要。其次，而且也非常重要，可行集的大小与艺术动机有关。正如在所有形式的自我实现中一样，如果任务既不太难也不太容易的话，动机就最大化了。钢丝表演者在没有防护网时注意力更集中。正如前面所暗示的，如果阿斯泰尔知道他在舞蹈连续镜头中犯下的任何错误都可以通过剪辑掉的话，他就会犯更多的错。通过剪辑制作爵士唱片目的是

93　*New York Times*, July 3, 1997, p. C11。关于自由太多的危险，有一个实验证据，参见Goldenberg, Mazursky, and Solomon (1999)。

让它们变得更好,但事实上往往使它们在艺术上更劣,即使这让表演者能够消除自己可能犯下的技术错误。

灵感的地位

到现在为止,我已经介绍了作为约束之内的充分有意识的理性选择的艺术创造。不消说,这不可能是故事的全部。所有艺术家都知道,观念——联系、联想、模式——常常是以一种完全无意识的方式出现在他们脑海里。他们觉察到自己是这些观念的媒介或工具,而这些观念与他们的有意识选择毫无关系。E. R. 多兹认为,对荷马时代的希腊人来说,这一体验是他们相信神的代理人这一信念的3个来源之一。

> 识别,洞察,回忆,聪明卓绝或悖谬反常的观念,都有这个共同体验,正如我们所说的那样,它们突然出现"在一个人的脑海里"。他常常不知道是什么观察或推理导致了它们。但在那种情况下,他怎么能说它是"自己的"呢?片刻之前,他脑海里尚没有它们,眼下它们就在那儿。有某个东西,不是他自己,把它们放在那儿了。[94]

我的推测是,灵感——被定义为观念赖以从潜意识进入显意识的速度——是约束严厉程度的一个逆向U形函数。[95] 当显意识思维设定的要求是严格的、但又不太过严格时,"灵感神经元"——如果真有这种东西的话——激发得更为猛烈。这种情况究竟如何发生,我并不知道。我能够为这一推测提供的主要证据来自艺术创造的现象学。它可能就是拜伦在说下面这句话时心里想的:"最难的莫过于诗歌的开头,或许除了结尾之外。"刚开始,约束太弱,到最后,约束又太强。大多数作家都熟悉空白稿纸引发的瘫痪——那些观念就是不出现。把一个复杂的情节带向一个令人满意的结尾也可能引发类似的瘫痪。迈克尔·巴克森德尔说:"围绕'结尾'带来的痛苦,可以写一本简短的

94　Dodds (1951), p. 11。另外两个来源是"突如其来的、无法解释的力量感"和"突如其来的、无法解释的丧失判断力"(同上, p. 14)。

95　正如 Caillois(1943), pp. 208—209 雄辩地证明的那样,它也是艺术家过去经历的一个函数。"当你研究灵感的性质时,有一点就变得明显起来:它绝不是一个礼物,而是一个约束。当艺术家被一幅图像、一个诗节所震惊时——似乎有某个外来的推力把这些东西带给他,没有任何明显的理由,而且也不会发现有他自己的任何努力——正是因为他忍不住回想起今天的奇迹是他自己早先努力的回报。他没有看出过去的努力与瞬间能力之间的联系。"

欧洲艺术史。”[96]

在这个过程中，显意识思维做了两件事。在某种程度上，它和潜意识平行工作，通过搜索可行集，寻找一个恰当的选择。作家可能求助于韵书或词典。作曲家和画家可能参与一些多少形式化的程序，以确保创作中不同组成部分之间的和谐。而且，艺术作品的总体设计和结构在很大程度上要归因于显意识思维。我稍后将回到这个问题。

此外，更重要的是，显意识思维在仔细检查、拒绝或认可潜意识抛出的一大堆观念上扮演了一个重要角色。在《伊甸园之龙》(*The Dragons of Eden*)中，卡尔·萨根

> 把右脑描述为模式的组织者，它发现人的行为和自然事件中的模式，有时候是真实的，有时候是想象的。右脑有怀疑的情感基调，因为它既在存在阴谋的地方看到阴谋，也在不存在阴谋的地方看到阴谋。为了检验它们的真实性，需要左脑来批评性地分析它所产生的模式。[97]

这一描述不亚于庞加莱在分析数学发明时的描述。庞加莱认为，显意识分析在潜意识或下意识的分类之后，后者主要被美、优雅、简练与和谐的审美标准所引导。然而，这些标准可能是误导性的。“当一束突如其来的光亮侵入数学家的头脑时，通常不会欺骗他。但也有可能发生这样的情况：它并非来自证明；在几乎所有这样的实例中，我们发现，假的观念——即使它过去一直是真的——都会满足我们对数学优雅的自然本能。”[98]

然而，萨根和庞加莱描述的过程与艺术创造中运转的过程之间存在一个差别。萨根有一点击中了要害，他暗示，科学家们被模式误导，在不存在阴谋的地方发现阴谋。社会科学家可能特别容易犯这种错误[99]，但在更早的时期，自然科学家们还沦为这样一种趋势的受害人：荒谬地在任何事物中寻找意义。[100] 然而，说一个艺术家可能被美或模式所误导则未免有些古怪。然而，一些神神叨叨的和准幻觉的艺术作品，例如亚历山大·季诺维耶夫的《张开大口

---

96 Baxandall (1985), p. 66.

97 Springer and Deutsch (1989), p. 301.

98 Poincaré(1920), p. 59.

99 在 Elster (1983b)第二章第 10 节，我援引米歇尔·福柯和皮埃尔·布迪厄作为这一趋势的例证。在更一般的意义上，功能主义解释和精神分析理论体现了处处找意义的趋势。

100 Thomas (1973)中有很多例证。

的高地》(*The Yawning Heights*)、约瑟夫·海勒的《二十二条军规》(*Catch 22*)或希罗尼穆斯·博斯和弗兰西斯·培根的绘画,在任何方面都没有被它们的夸张或变形所损害。我们之所以欣赏这些作品——或许有些不情愿——乃是因为它们丰富了我们的情感生活,隔离并提炼了我们通常并不承认或不想承认的体验。这样说来,不可能指望潜意识思维比得上那些一向令人满意的模式。它可能抓住了一些相似性,当显意识思维仔细检查时,它们被发现是不全面的、肤浅的、误导性的或不相干的。[101]

形式约束

我现在转到我所说的艺术作品本身之内的形式约束被用作提高其审美价值的手段。这个问题与我所说的作品的形式特征所产生的特定审美情感密切相关。(在本章第 9 节,我将在"趣味"这个标题下讨论爵士乐中的这些情感。)关于这个主题,我要说的仅限于时间上延伸的艺术作品(尤其是音乐、电影和文学),或者更准确地说,局限于其各个不同的部分打算被人按照公认的顺序来理解的作品。[要想看出这两种描述之间的不同,不妨注意随机的音乐或文学(本章第 8 节)的不同成分并不打算被人按照任何特定的顺序来理解。相反,"在某些中国画中,尺幅是如此之大,以至于我们不可能同时把整幅画尽收眼底。有时候,风景画在很长的丝卷上,以至于我们不可能按照连续的片段来观看它。"[102]]

对创作者的形式约束源自他对受众感知的预测。在拿起一本新书或坐下来第一次听一首音乐之前,读者或听者面对大量可能的体验。即使我们把违反拼法、语法及和声等约束的基本单位的组合排除在外,剩下组合的数量也大得令人难以置信。而且,即使我们无视讲述相同的基本故事(这个短语既可以狭隘地解释,也可以宽泛地解释)的组合之间的差别,剩下故事的数量实际上

---

101 我假设,显意识思维与潜意识双重相关,通过把约束强加给搜索,以及通过仔细检查搜索结果。布雷顿(1971, p. 26)提到了超现实主义的一个形式定义,在这个定义中,显意识思维没有做出事前或事后的贡献:"纯心灵的下意识行为,一个人打算通过这样的行为来表达——口头表达,借助书面词句表达,或者以另外的方式表达——思想的实际功能。缺乏理性发挥的任何控制时,它被思想所支配,不受任何审美关切或道德关切的影响。"然而,自动写作的实际做法更加复杂(Abastado 1975, pp. 74—80)。

102 Pry (1921), p. 21.

依然很大。我将不定义我所说的故事指的是什么。关于文学——我接下来聚焦于文学——我大概与大多数读者拥有相同的直觉观念，这对我的目的来说已经足够了。至于音乐中故事的概念，读者可参考本章第9节的一些简短评论。

当读者一头扎进一部长篇小说时，可能性的浩瀚宇宙稳定地变得越来越小。有些只是借助背景消除掉了。一旦我们发现我们是在1830年的法国（而且知道我们在读一部现实主义长篇小说），我们就可以划掉大量的虚构世界。在已经确立的世界之内，体裁的常规或许让我们能够划掉很多潜在的情节发展。培尔·金特不可能在第五幕中间死去；犯罪故事中的谋杀必定水落石出；简·奥斯丁笔下的女主人公到小说结尾必定嫁人。但更有趣的是，由于自我强加给叙事的形式约束，可行集变得越来越窄。在时间1，人物被简略地勾画出来：他们几乎可能说任何话，做任何事。然而接下来，他们在时间2要说的话和要做的事约束了他们在时间3可能说的话和做的事，如此等等。这些约束源自心理上貌似有理或貌似真实的观念，小说家可能预期读者和自己抱有同样的观念。一个羞怯的人不可能突然像一个浪荡子那样行为，即使让他这样行为会使作者能够推进故事（本章第7节）。

与此同时，人物所说所做就是小说的故事。个人肖像的填充和故事的发展携手并进。人物的言行在小说内外都有着因果效应。在《吕西安·勒万》的旁注中，司汤达提醒自己："重读时，始终问这样一个双重问题：主人公怎么看这些事？读者怎么看它们？"[103]伊丽莎白·贝内特和达西说话时的活泼机智使得读者和达西觉得她"可爱而淘气"。因此，通过小说中的人物说什么，而不是通过作者关于人物说什么，让人物走近读者，不仅更有说服力，而且效果更好。[104] 当然，这也要难得多。因此，在雷克斯·斯托特以尼洛·伍尔夫为主人公的早期小说中，作者成功利用了让一个传说中的天才像天才那样说话的花招。在他后来的小说中，斯托特满足于让阿奇·古德温告诉我们伍尔夫是个天才。当他不再把"展现"的约束强加给自己，而只是"讲述"时，小说便损失了

---

103 Stendhal (1952), p. 1492.

104 如果Pavel (1986), p. 104中明显偏好"讲述"而不是"展现"是打算作为一个一般性的审美判断，我会不同意。尽管有一点可能是真的：依赖于讲述的长篇小说"忽略任何细节都可能带来重要的信息损失"，但这只是回应简洁这个要求。要满足丰富这个要求，作者必须通过显示人物如何谈话和行为，来构建人物的性格。普鲁斯特是这两个方面的大师。

某些趣味。我并不认为,纯粹的“讲述”能够让《曼斯菲尔德庄园》(*Mansfield Park*)中的诺里斯太太或《爱玛》(*Emma*)中的贝茨小姐起死回生,以简·奥斯丁通过报告他们所说的话的方式。

随着人物的发展和故事的展开,约束变得——使之变得——越来越紧。在长篇小说中任意一个给定的点上,都有几件一个人物可能说或做的事情与读者对他或她的了解是一致的。在你可以称之为“貌似可信集”中选择某个特定的选项可能有两个后果。通过解释关于人物更多的东西,它可能进一步缩小貌似可信集的规模。通过影响其他人物的言行,它改变了人物未来必须做出选择的情境。小说家的手艺在于作出这样的艺术选择,它把人物带向——作为他们自己貌似可信的选择的结果——这样的情境:只有一项貌似可信的选择可选,或者独一无二的可信度最大的选择。这种被人感觉到的选择的必然性诱发事情水落石出时我们体验到的特定审美情绪的释放。选择的性质——女主人公嫁人,就像在简·奥斯丁的小说中那样,或拒绝嫁人,就像在《克莱芙王妃》中那样——诱发恰当的非审美情感:快乐、悲伤等等。

貌似可信集

貌似可信的观念需要额外的几句评论。首先,我不能完全遵循托马斯·帕维尔或玛丽-劳尔·瑞安的意见,他们认为,“诗人必须提出这样的命题,要么在真实世界的每一次取舍中为真……要么至少在现实世界的一次取舍中为真。”[105]但是,这种必然性与纯粹可想象性之间的取舍太过光秃秃的。[106] 正如瑞安本人所指出的:“编造不大可能的事件简直太容易了。”[107]在真实世界里,“人咬狗”是大新闻。而在虚构的世界里,它是无趣的。[108] 遵循亚里士多德的观点

105 Pavel (1986), p. 46;还可参看 Ryan (1991), p. 17。两个人都引述亚里士多德的《诗学》,声称:“诗人的本行不是讲述已经发生的事,而是那种将会发生的事——依据可能性和必要性而有可能发生的事。”然而,亚里士多德的原话提到的是“依据或然性[eikos]或必要性”(1451a 36—37)。尽管牛津版和洛布古典丛书版的译文使用的都是“或然性”,但伯纳德·曼宁和斯蒂芬·霍姆斯向我提出,在这个语境中,用“貌似可信性”来翻译 eikos 可能更好。

106 在 Elster (1978)中,我认为,把所有形态减少到光秃秃的必要与可能之间的取舍对于社会现象的分析来说有一定的——即便是有限的——价值。回过头来看,我们主要对这些限制留下了深刻印象。

107 Ryan (1991), p. 152.

108 相反,描写亲眼见起来很无趣的事件,本身未必无趣(Spacks 1995, p. 170)。在绘画中,静物画特别清楚显示了十分有趣的描绘,而其描绘的未必是一个亲眼见起来很有趣的场景。

(《诗学》,1456a 24—25,1461b 13—15),你可能会允许某些不大可能的事件,最不可能的事态是:如果低概率事件从不发生。对于貌似可信性究竟是约束了小说发展的每一步还是约束了整个情节的问题,我可以试探性地回答如下:如果为了产生一个情节的目的,低概率事件是可以接受的,但如果是为了帮助作者摆脱情节设计中的一个错误,则是不可接受的(同上,1460a 33— 35)。在悬疑小说或悬疑电影的特例中,为了避免灾难和产生道德上可欲的结果,低概率事件当然是强制性的。[109] 但即使在这里,“你也可能在悬疑连续事件中过多地添加不可能性的因素,因此让受众眼花缭乱,从而很容易误入歧途。”[110]

其次,貌似可信或貌似真实的标准可能得到了很弱的解释,被解释为非貌似不可信。例如,陀思妥耶夫斯基的人物是不透明的和令人费解的,但并不是貌似不可信的。于连决定开枪打死德·瑞那夫人,这一决定显得令人吃惊,但并没有违背人物的性格。第三,作为第二点的一个结果,必然性的条件常常太强。例如,T. S. 艾略特要求:“当外部事实……被给定时,情感立即被唤起……艺术的‘必然性’就在于这种从外部到情感的完全适当性。”[111]对此,我将引述拉罗什富科的一个更加貌似有理的意见,大意是,同样的外部情境可能触发完全相反的情感反应:“妒忌助长怀疑,一旦怀疑变得确定,妒忌就要么变得疯狂,要么不复存在。”[112]

第四,另一个相关点,小说应当允许非理性的行为。[113] 为了把人物的非理性行为与情节设计纯粹的失败区分开来,作者必须向我们证明:这样的行为尽管是非理性的,但依然是可以理解的;或者更准确地说,非理性的行为必须这样来看。[114] 第五,小说不仅允许人物的展现,而且还允许人物的改变。简·奥

109　Carroll (1996), p. 101。正如作者还指出的(同上, p. 102),在某些悬疑电影中,恶获胜。尽管观众通常可能期望善获胜(同上, p. 106),所以在某种意义上,这个结果是一个高概率事件,而不是低概率事件,但恶获胜的电影的存在可能被用来制造一个关于电影里实际会发生什么的额外悬念,截然不同于下面这个悬念:鉴于电影中所描述的那些事件,观众可能预期会发生什么。你可能知道女主人公不会淹死,然而,当她的死亡看上去不可避免时,你会感受到极大的痛苦;如果你怀疑她事实上可能要淹死,那种情感就会是不同的情感。

110　同上, p. 106。

111　Eliot (1919), p. 48.

112　*Maxim*, 32。关于情感的认知先例与情感本身之间的一对多关系,参见 Elster (1999a)第四章第 2 节。

113　参见 Livingston (1991)第 5 章对佐拉《生之喜悦》(*La joie de vivre*)主要人物的非理性的分析。

114　感谢托马斯·帕维尔阐明了这一点。

斯丁笔下爱玛的行为暴露了其性格中的缺点，但影响并引发了其他人的反应，这些反应导致她开始痛苦地重新评估自己。然而，这样的改变也受制于貌似真实这个要求：即使是性格的改变也必须适合人物。在《玩偶之家》的大多数演出中（珍妮·麦克蒂尔最近的表演是个例外），诺拉在最后一幕的转变并没有貌似可信地基于其早先的行为。第六，有一个相关点，正如亚里士多德所指出的："在一个为了模仿而表现人物的形态之前，即使不一致是人物性格的组成部分，他也应当依旧是前后不一致的。"（《诗学》，1454a 26—28）第七，一个故事可以缺乏所有决定性的因果关系，却依然是引人注目的和貌似可信的，如果，正如在《骰子人生》（*The Dice Man*）中那样，决定性的缺乏本身是来源于故事（本章第 8 节）。最后，小说允许扩大和限制貌似可信集。如果一个人物起初参与了掩饰或伪善，可能导致读者对这个人物可能说什么或做什么形成一个信念，而当他们对小说后面的部分有了更多了解时，这些并没有展现出来。[115]

一些含义

考虑到这些警告，我们可以得出几个结论。首先，除了前面指出的例外，故事的发展应当不依赖于不大可能的事件或巧合。在犯罪小说中，最终的失败标志是，作者必须引入一个迄今不为人知的孪生人物，以摆脱他让自己陷入的某个困境。[116] 在《米德尔马契》（*Middlemarch*）中，莱弗士与布尔斯特罗德先生之间的遭遇——故事发展中的一个决定性时刻——是如此勉强，以至于贬低了小说其他方面严丝合缝的推进。事实上，人为雕琢所制造的危险比它在一部结构松散的小说中造成的危害更大，比如《克莱芙王妃》，这部小说依赖于两个巧合：意外发现一封信和偶然听到一段谈话。[117]

其次，故事的发展必须"从后面推"，而不只是"从前面拉"，之间的区别被陈述如下：

115　关于《名利场》（*Vanity Fair*）中的这个"错层技术"的讨论，参见 Iser (1974), pp. 111—112.。

116　Caillois (1974), p. 182 and passim.

117　我加倍不同意 Shattuck (1996), p. 112 提出的观点，作者声称："在一个很有名的场景中，王妃决心对丈夫承认她的爱，没有提到爱的对象的名字。与这件貌似不可信的事相匹配的是另外一件貌似不可信的事：内穆尔公爵本人从窗外偷听到了。"首先，我并不认为这个招供不可信。它非同寻常，但并不违背我们对王妃或对人性所了解的任何东西。其次，即使它不可信，也并非由于它是一个精心安排的巧合才不可信。用目的论手段让一个人的行为不合时宜，对一部长篇小说的审美价值的贬损远远超过诉诸巧合。

> 假设我们想知道，在狄更斯《远大前程》(*Great Expectations*)的早期部分……六七岁的皮普为什么要帮助那个逃犯。有两种不同的答案都是可能的：(1)根据貌似真实的逻辑(事实上是文本所突出的)：这孩子被吓得顺从；(2)根据情节的结构需要：要让马格维奇对皮普心存感激，以至于报答他，这一行为是必不可少的；如果没有这一行为，情节就不会是我们看到的那种情节。[118]

尽管文本的构建可能是目的论的或向后看的，但它有助于一种纯粹因果性的阅读或向前看的阅读。[119] 换句话说，作者就像莱布尼茨的神义论中的上帝那样行事。世界上发生的每一件事情都可以被解释两次，先是作为因果链中的一环，然后是作为最优设计的组成部分。“这些就像是两个王国，一个是动力因的王国，另一个是目的因的王国，各自足以充分地为整体给出一个理由，仿佛另一方并不存在。”[120]纯目的论的发展在艺术上更低劣(亚里士多德《诗学》1454b，30—35)。在本章第7节，我将讨论《吕西安·勒万》中一个直白的例证。

第三，本章第3节中的某些观念可以与这个框架联系起来。在那里，我提出，一件艺术作品不充足的发展采取了张力过早消解的形式。从我在这里说的话推断，它也可能采取设置张力而不消解它的形式。因此，基于《长眠不醒》(*The Big Sleep*，译者注：雷蒙·钱德勒的一部小说)拍一部电影时，导演发现，钱德勒忽视了澄清小说中的死亡之一，让人搞不清楚它到底是谋杀还是自杀。[121] 我还提出，过度发展可能采取张力消解之后且没有设置新的张力而让小说继续发展下去的形式。从眼下的角度看，它还可能采取这样的形式：让人物说和做一些对于读者和小说中其他人物的因果影响纯属多余的事。

---

118 Rimmon-Kenan (1983), pp. 17—18.

119 正如 Genette (1969), pp. 78—86 谈到巴尔扎克时所显示的，某种因果性的或向前看的分析只不过是稍加化妆的目的论构建。但我不能同意他把这一批评推广到所有撇开作者来解人物行为的小说。在《米德尔马契》中，用吉奈特的语言说，动机分析是“利润”，而不仅仅是“成本”。

120 Leibniz (1705), p. 588。(后莱布尼茨时期的一个例证是牛顿和拉格朗日的古典力学公式的等价物。)关于神创与艺术创造之间关系的简短讨论，参看 Elster (1986b), pp. 102—103。

121 当霍华德·霍克斯问到这个问题时，钱德勒的回答是：他也不知道(Sperber and Lax 1997, pp. 288—289)。

5. 原创性、真实性与创造力

艺术中的原创性的概念可以从很多方面来理解。[122] 我将考量其中两个方面。首先,一件原创性的作品可以定义为一件真正的、非假冒的、可信的作品——一件名实相符的作品。其次,一件作品如果从质量上讲在某种意义上是新发明的,打破了现有的常规,多半还引入了新的常规,则可以说它是原创性的。我将聚焦于后面这个意义,聚焦于创造力与如此理解的原创性之间的关系。但我首先就作为真实性的原创性及其与价值和约束之间的关系说几句。

真实性

赝品,亦即假冒某个特定艺术家或流派的艺术作品,可能是伟大的成就。凡·米格伦在伪造维梅尔的油画这个目标上取得了辉煌的成功,就下面这个意义而言:它们被当时最好的专家所接受。[123] 实际上,当他最终招供时,他很难让专家们相信他的招供。我们并不清楚,他究竟能不能无限期地成功,或者说他最终会不会被发现。有人认为,赝品最后总是被发现,因为伪造者带有他那个时代太多的东西。一方面,同时从现代的视角来感知原作:"赝品到最后通常被发现,因为它们被设计得,而且只能被设计得刚好具有某些特性,伪造者和他的圈子里的那些人都知道伪造的目标中具有这些特性。"[124]另一方面,有他自己的现代观念出卖他:"对自己的目的很不利的是,优秀的伪造者与他们的艺术家同行拥有一样的冲动,要把他们自己的观念强加给他们试图再现的情景。"[125]伪造者的失败,要么是因为做得太少,也就是说缺少原作中的某些品质,要么是做得太多,也就是说添加了他自己的东西。

我们无需假设专家们最终能够仅凭视觉检查把赝品与原作区分开来。赝

---

122 一项很好的研究是 Vermazen (1991)。

123 收入在 Dutton, ed. (1983)中的几篇文章有大量内容讨论凡·米格伦一案及其对审美理论的含义。

124 Sparshott (1983), p. 248.

125 Arnheim (1983), p. 242.

品被发觉,可能源于对颜料和画布的技术分析,然后通过视觉手段来验证,透过刚刚豁然开朗的眼睛。一个专家“不会看出这些画作有……完全不同的品质……除非他已经知道哪幅画是哪幅画。然而,我们的论证中没有任何东西需要这一认识建立在视觉的基础上”。[126] 或者不妨考量一个爵士乐迷,当他“听说杰克·蒂加登不是黑人时大吃一惊,并马上停止搜集蒂加登的唱片”。[127] 这一反应大概是某种形式的势利[128],但也有可能,知道蒂加登的肤色让他能够听出之前没有注意到的微妙之处。在其他不那么主观的领域有一些相似的东西。一旦有人证明了一个长期存在的数学猜想,不久之后,其他人就能使用完全不同的证明技术来证明它。[129] 知道猜想为真会引发在别的情况下所缺乏的确信和坚持。类似地,一旦我们知道《以马忤斯的晚餐》是凡·米格伦画的,而不是维梅尔的作品,我们就能发现以前没有觉察到的差别。[130] 然而,这些安慰人心的论证不可能从经验上得到验证,正如我们不可能认出尚未被发现的赝品。

有几个一般性的理由,说明为什么伟大艺术家的成功伪造者非常罕见。伪造者是在比原作更严格的约束集下工作。作曲家要想伪造莫扎特的一首迄今不为人知的交响乐,他不仅必须遵守莫扎特本人所遵守的所有常规,而且还要遵守已知的克歇尔(译者注:奥地利音乐学家,因为给莫扎特的作品编号而著称)编号作品中体现出来的莫扎特的选择模式。即使是一个天才也有他的习惯,背离这些习惯可能被专家或电脑识别出来。[131] 在这个双重约束集之内,

---

126 Sagoff (1983), p. 150.

127 Zwerin (1985), p. 46.

128 当蒂加登 1927 年到达纽约时,“在那些音乐隔离时期长期怀疑白人爵士乐手的黑人音乐家欢迎他加入他们的行列,有几个人甚至暗示,‘本种族’之外没有一个人能把蓝调音乐演奏得那么好”。(Sudhalter 1999),pp. 714—715。

129 有一个例证如下。在 20 世纪 20 年代,丹麦数学家 J. 尼尔森证明,自由群的所有子群本身都是自由群。他的证明使用了复杂的代数方法。几年后,挪威数学家 I. 约翰逊借助直接的几何手段获得了相同的结果。扬斯—埃里克·芬斯塔(这个例证要归功于他)告诉我,约翰逊假如不知道这个定理为真的话,他多半不会得到他的结果。Nahin (1998), p. 15 引用了一个 16 世纪的实例,并把它与运动记录的实例相比较:“在罗杰·班尼斯特打破 4 分钟一英里的记录几个月之内,仿佛世界上每一个优秀短跑选手都开始做这件事。”

130 Hadamard (1954), p. 34 把关于图画真实性的问题与科学发现的问题等量齐观。

131 文学赝品可以通过电脑对词汇和句法的分析来识别。推测起来,音乐赝品大概可以用同样的方式来发觉。然而,绘画没有让电脑能够发觉的数字结构。

伪造者还必须生产一件有足够审美价值的艺术作品，足以貌似可信地被归到莫扎特的名下。很可能，任何一个足够优秀到能够做这件事情的人都不会浪费自己的时间去伪造别人的作品。尽管很少有艺术家完全不可模仿（但有一个可能的例外，参见本章第9节），但某些艺术家可能很难模仿，以至于不值得劳心费力。

创造新的约束

为了引入原创性的第二个概念，让我首先区分艺术中的造反与革命。造反是违背现有的常规，而革命则是彻底废除它们，创造新的常规。一场革命通常跟在一次造反之后，但并非每次造反都会导致一场革命。我们甚至都不清楚，是不是所有的造反都是心里装着革命开始的。首先，有一个罗杰·凯洛斯和亨利·佩尔辨认出的现象，进一步的讨论在本章第10节：就其效果而言，故意违反常规很少预设常规已经牢固确立这个前提。其次，存在无政府主义的反叛者想要彻底废除所有常规，而不提出新的常规。然而，无政府主义者可能获得了违背其意愿的追随者，他的造反被巩固成了常规。从杜尚迄至今天的观念艺术的历史生动说明了这个"先锋派体制化"的趋势。

这第二个意义上的原创性可以被定义为一次持久的打破现有常规，而不是对常规的暂时背离。自由诗、抽象艺术和无调性音乐的出现，都是来自上个世纪的明显例证。问题是，艺术家为什么不能简单地用他们过去接受训练的媒介来保留内容。一个答案是："如果艺术家只关注创作美的图画、诗歌、交响乐等等，创造在审美上令人愉悦的艺术作品的可能性很快会被耗尽。我们将（大概）有大量可爱的绘画，但我们很快将对它们感到厌烦，因为它们全都或多或少是一样的。"[132]这个"枯竭论证"声称，不久之后，再也没有更美的某个种类的作品被创造出来，或者，不久之后，某个种类的美的作品便失去了其令人愉悦的力量。无论是哪个形式，这个论证都不是貌似有理的。下面这个观点是荒谬的：当且因为所有好的情节、人物和对话都被发明出来了，现实主义长篇小说也就过时了，同样貌似无理的是声称：在1900年前后某个时间，读者厌倦了现实主义。正如布鲁斯·费尔马岑所认为的，即便是最传统的技术，也可能

132　Lessing (1983), p. 75.

有让世界陌生化的力量，帮助我们看到它"wie am ersten Tag(德语：就像第一天的样子。译者注：此语出自歌德的《浮士德》)"[133]。我也不认为，当且因为小说家们对现实主义感到厌烦了，现实主义便关门大吉了。[134]

一个可选的解释可以取自马克思对资本主义生产关系的分析。[135] 除了很多别的事情之外，马克思发现资本主义的毛病是它在发展生产力——或者用非马克思主义的语言说就是科学技术——上的所谓低效性或次优性。在这个观念中，技术变革既是探索新技术的强度的函数，也是在探索所产生的技术当中进行选择的效率的函数。马克思认为，对于新技术的选择，资本主义天生就比共产主义低劣，因为推动它的动力是利润，而不是渴望减少人的辛苦劳动。然而，在生产力发展的低水平阶段，资本主义在探索新技术的强度上优于共产主义。要想切实可行，共产主义预设了高水平物质繁荣的条件，在这个阶段，人们自发地参与创造活动，比如艺术、科学和技术的发明。通过提供利润动机作为探索研究的激励，资本主义使得人类能够达到这样的发展水平；但一旦达到了，资本主义就成了可以踢开的梯子。构成这一分析的基础的一般性观念：一种生产方式只要它在历史意义上是进步的，也就是说，只要它以比其他任何生产方式所能达到的更高速度产生新的技术，它就依然存在。当且因为另外的生产方式变得更优时，它便消失了。

马克思主义理论声称，当且因为生产关系不再促进技术变革时，生产关系就变革了。枯竭论证说，当且因为常规不再促进艺术创造时，常规就变革了。这一比较的价值在于，它暗示了枯竭论证之外的选项。要看出这一点，不妨注意：马克思主义理论把生产力的实际发展速度与另一个政体下假定的发展相比较，而不是与同一政体下较早的发展相比较。引发变革的是次优性——与它所能达到的比起来，而非停滞——与它现有的状况比起来。而我们陈述和驳斥的枯竭论证援引停滞作为新艺术形式的解释。与马克思主义理论的比较暗示了：当且因为新的常规对创造力的促进高于早先形式所能做到的，新的常规便产生了，这一发展可能未必伴随着停滞。

---

133 Vermazen (1991), p. 274.

134 正如 Levenson (1968), vol. 1, p. 41 所暗示的："一种艺术形式当它的践行者认为它已经'枯竭'时，它便枯竭了。"

135 Elster (1985)第 5 章更充分地阐述了这一理论。

我们必须问另外一个问题：究竟发生了什么事情，使得新的常规比早先的常规更多产？一个答案可能是：艺术之外的事件，比如工业革命或阶级斗争，创造了新的艺术表达形式的需要。摸不着头脑的现代主义陈词滥调——“碎片化的社会需要碎片化的艺术”(本章第 2 节)——表达了这个观点。另一个更令人满意的回答依赖于艺术本身之内的发展。正是旧常规之内实现的成就使得另外的常规成为进一步发展的最优工具。[136] 作为这一观念的说明，你可以援引塞尚的水彩画与立体主义绘画之间的关系，或者莱斯特·杨与查理·帕克之间的关系。而且，常规如果变得太过杂乱，它们就不再提高创造力。常常有这样一种趋势：常规的控制越来越细，使得艺术家由于缺乏呼吸空间或活动空间而变得瘫痪。

托洛茨基认为：“社会在构建时并没有理性到无产阶级专政的日子恰好在实现社会主义的经济和文化条件成熟的时刻到来。”[137]换句话说，当资本主义把生产力发展到这样一个水平，在这个水平上，社会主义对其进一步的发展来说是最优的，而此时社会主义的生产关系尚未建立。类似地，艺术的进化也没有理性到这样的程度，使得当且因为新常规是进一步艺术创造的最优工具，新常规便出现。例如，在 20 世纪，对于新艺术形式的出现，最自然的解释是：很多艺术家都是在简单的观念混乱下劳动。哪怕是最肤浅的观察者，也明显可以看出，今天常规衰败的速度远远高于先前的任何时期。与此同时，我并不相信，被视为有着持久价值的作品生产速度比从前高多少。很多当代艺术(还有艺术批评)都基于一个基本误解——高估原创性的价值，而以牺牲创造力为代价。不是遵循强制性的“让我陶醉”，而是服从达基列夫的“让我震惊”。正如梅特·约特所认为的，新形式的大量增加还可能是由于竞争和策略上胜人一筹，而不是由于这种混乱。[138] 在本章第 8 节，我将讨论艺术中随机选择的使用，

136　这也类似于马克思关于生产力发展的理论，正如 Parijs (1984)所解释的那样。

137　Trotsky (1977), p. 334.

138　Hjort (1993)。正如托马斯·帕维尔提醒我的，艺术中的胜人一筹也可以刺激创造力，而不是寻求原创性。例如，希腊艺术的伟大在某种程度上可以归功于对光荣的寻求。比方说，埃斯库罗斯“为了在一次戏剧比赛上演出而写剧本，推测起来大概是希望赢得头等奖”；因此，当他离开雅典前往西西里时，“一点也不奇怪，古代有人提出，他动身离开雅典的一个原因是专业上的懊恼，因为他败在了年轻的索福克勒斯的手里，或者败在了西莫尼德斯的手里”(Walcot 1978, pp. 50, 51；还可参看 Elster 1999a, pp. 21cr—Ⅱ)。

作为贫瘠原创性的一个例证，不过还有很多例证。

沿着这些思路，还有如下几条评论。[139] (1)有些艺术家寻求或欢迎严格的约束，以提高或集中他们的创造力。另一些艺术家为了原创性或——不同的诱惑——艺术鉴别力而发明约束。(2)追求原创的努力可能分散并因此降低创造力。在技术变革的过程中，革新者可能遭受“枪打出头鸟的惩罚”，而让模仿者收获好处。[140] 革新的艺术家还可能遭受同时涉及两个创造过程所带来的惩罚：创造约束和在约束之内创造。(3)然而，某些原创性的艺术作品毫无争议地是伟大作品。有时候，这两个创造过程互相增强，而不是互相分散。(4)艺术进化，就像其他形式的进化一样，是由于适应一个活动的靶子而发生的。如果艺术家共同体为适应一个新常规而耗费的时间超出了这个新常规让他们再也不愿意在已经枯竭的常规之内工作所耗费的时间，每一种新的艺术形式就会被宣判应当在它开花结果之前凋萎。

6. 海斯法典

本章第 6 至第 9 节提供了 4 个实例研究，来说明前面几节所发展的观念。第一个实例是对电影制作的约束。我将聚焦于《好莱坞电影制片法典》(《海斯法典》)所体现的内容相关的约束，但首先要对材料约束说几句。在这一节，我将完全聚焦于约束提高电影艺术价值的能力，而关于这些约束可能以何种方式对审美价值产生负面影响的讨论，将推迟到本章第 10 节。

声音与色彩

在《电影艺术》一书中，鲁道夫·阿恩海姆系统性地发展了这样一个观念：对电影导演来说，少就是多。尽管他预期(这本书里收入的文章写于 1933 至 1938 年之间)，工程师和公众的联合压力将把电影带向“完全的电影”，有更高的模仿自然的能力，但他认为，这一发展将会伴随着艺术价值的损失。在他看来，二维电影在审美上比三维电影或立体电影更加有力：“缺乏纵深把一个深

139 这个段落要感谢约翰·阿尔康的建议。

140 Veblen (1915).

受欢迎的非现实成分带入了电影画面。形式的品质，比如特定对照的构成意义和唤起记忆的意义，获得了迫使观众把注意力集中在自己身上的力量。”[141]类似地，“把真实色值减少到一维灰度系列（从纯白到漆黑）是一次值得欢迎的对自然的背离，它使得借助明暗来创造有意义的和引发联想的画面成为可能”。[142]此外，随着宽银幕的出现，“诸如蒙太奇和变换摄影机角度这样的造型手段将会变得不适用”。[143]

然而，阿恩海姆最充满激情的论证是关于默片对有声电影的优势。例如，卓别林用哑剧取代口头语言，从而实现了他最令人吃惊的效果。“他不是说自己很高兴某些漂亮姑娘来看他，而是表演无声的舞蹈，用粘在叉子上的两个圆面包充当餐桌上跳舞的双脚（《淘金记》）。他不争辩，他战斗……他的每一个场景难以置信的视觉具体性适合于卓别林的很大一部分艺术。”[144]他援引了另一个引人注目的实例：

> 斯腾伯格的《纽约船坞》（*The Docks of New York*）中的一个场景：借助一群鸟的飞起来说明一支左轮手枪的射击。这样一种效果不只是导演方面的一项发明，为的是处理无声的罪恶，使用间接的视觉方法，向观众解释那儿有砰的一声枪响。相反，正面的艺术效果源于释义。这样一种间接表现一个事件，在一件对事件本身很陌生的素材中，或者不给出行动本身，而只给出它的结果，这在所有艺术中都是一个深受喜爱的方法。随机举一个例子：当弗兰切斯卡·达·里米尼讲述她如何爱上了那个惯常和她一起读书的男人时，只是说“那天我们没再读书”，但丁借此表示——间接地，只是给出结果——这一天他们互相亲吻。这种迂回非常令人印象深刻。[145]

电影中的审查

这个来自但丁作品的例子把我直接带向了我想讨论的主要案例：从 1930

141 Arnheim (1957), p. 60.

142 同上, p. 66。

143 同上, p. 156。

144 同上, p. 106—107。

145 同上, p. 107。

年(只是从 1934 年起才有效地)直至 20 世纪 50 年代控制好莱坞电影的《制片法典》[146]。电影导演们被这部法典约束,只能使用间接手段来表现某些主题,尤其是性主题。至少在某些情况下,这个约束的效果是提高、而不是降低了表现的艺术价值。

在第二章第 9 节,我援引了斯蒂芬·霍姆斯的观点,大意是:政治宪法是使人能,而不是使人不能。在一段惊人类似的阐述中,理查德·马尔特比认为,《海斯法典》的"实施不管多么任性,在它是一个压制自由的机制的同时,也充当了一个使能机制(enabling mechanism)"[147]。要看出这部法典怎么使电影导演能够达到他们在没有法典的情况下可能达不到的艺术高度,我们可以首先指出第二次世界大战之前美国电影工业三种审查模式之间的差别。首先有下游审查,发生在外国、个别州或城市拒绝放映那些被认为在某个方面令人不快的电影时。[148] 其次,有中游审查,发生在生产之后、发行之前,允许修改,"为的是缓和公民、宗教或制造业利益集团的关切"。[149] 最后有上游审查,发生在"生产场所",而不是"放映场所"。《海斯法典》就是这样运作的。导演必须提前把脚本提交给电影审查委员会,并全程参与围绕细节展开的谈判。例如,弗里茨·朗讲述了他与海斯办公室围绕一个杀手的行为展开的斗争:

> 在杀人之后,他说了诸如此类的话:"噢,我的上帝!"与海斯办公室激烈讨论了两天:"他不能说'噢,我的上帝!'""为什么不能说?""嗯,它的意思是'噢,我的上帝,帮我摆脱谋杀吧。'"我说:"好吧,我明白你的观点,那他该说什么?"于是他们说:"我的天哪。"我说:"等一等。即使是我,作为一个外国人,也比这知道得多一点。我不想让观众嘲笑。'我的天哪!'"两天后,当时主管办公室的人……想出了解决办法:不是"噢,我的上帝!"而是"仁慈的上帝"或诸如此类的东西——实际上是一回事。[150]

浪漫关系和性关系的表现是以同样细密的方式来谈判的。随着时间的推

---

146 这部法典的完整文本收入在 Belton, ed. (1996)中。Maltby (1993)是一部对它的出现和早期实施的历史论述。

147 Maltby (1993), p. 41.

148 同上, p. 42。

149 同上, p. 43。

150 Bogdanovich (1997), p. 210.

移,导演与审查者之间的关系演变成了一场猫捉老鼠的游戏,导演在借助间接手段传达被禁止的事实上变得更有技巧,而审查者在发觉(他们所认为的)含沙射影上越来越有技巧。弗里茨·朗讲述了“海斯办公室坚持我们不能展示或美化一个妓女——那是不可能的。他们说,她不能前后晃动她的钱包。你知道我们怎么克服的吗?我们不得不十分显眼地展示她房间里的一台缝纫机:因此她不是个婊子,她是一个‘女裁缝’。”[151]然而,在导演千方百计遮盖任何提到卖淫的地方的同时,审查者也千方百计发现哪怕是遮盖得最严实的提到卖淫的地方。“1935 年,审查委员会办公室坚持要删掉《魔鬼是女人》(*The Devil Is a Woman*)中的一个镜头:雨落在一扇门上,因为它表示卖淫的意思。”[152]

当达里尔·扎努克计划拍一部提到一次手术的电影时,他向编剧清楚地表明,他们应当“强调一点:这次手术并不是堕胎,但与此同时,观众会猜到那是一次堕胎”。然而,制片厂的一位官员告诉他,任何提到堕胎的地方想都别想,这位官员反驳道:“观众和审查者会从画面推导出那是堕胎”,而且,“仅仅插入一个表示这个手术的医学术语,表明这不是一次堕胎,并不足以让这一事实逃过人们的眼睛”。[153] 导演唯一的希望是:他为之而创作的观众比审查者还要老练。

审查的好处

正是借助导演、审查者和观众之间这种亲密的战略关系,海斯法典才能对创造力发挥其有益的影响。纯粹的下游或中游审查不可能有同样的影响。精打细磨和拐弯抹角的需要把喜剧——特别说来——带到了新的精致水平。因此,马尔特比的话听上去并不完全是真的,他写道:“作为对电影生产的一个影响,通过《制片法典》控制电影的内容最好是被理解为一种一般压力,比得上浪漫喜剧或西部片中的常规所带来的压力。”[154]在《海斯法典》之前,电影无疑受制于不同体裁的一般常规,比如喜剧的三段结构(男女相遇——破裂分手——重

---

151 Bogdanovich(1997), p. 200;还可参看 McGilligan (1997), p. 277。

152 Maltby (1993), p. 66.

153 Maltby and Craven (1995), p. 342.

154 Maltby (1993), p. 70.

归于好)。然而,这些常规太过笼统而粗糙,不可能代表任何种类的挑战。事实上,马尔特比自己对《海斯法典》影响的介绍表明,它超越纯粹常规的影响:

> 心照不宣的双关语——其最伟大的倡导者是梅·韦斯特,"街上走过的最漂亮的女人"——是迈向审查性内容问题的一个令人满意而又经济省事的解决办法的第一步……整个20世纪30年代,好莱坞把双关语发展到了扎努克在其论证中所达到的那个程度,至此,老练解释的责任完全可以托付给老练的观众……20世纪30年代晚期的电影达到了一种特别的"单纯",把不动声色的表演水平,充当一个陪衬,呈现给观众想象之内构建的次级"老练"叙事。……电影世界越是偏离观众所了解到的真实世界里发生的事情,电影就越是呈现出其自己的喜剧的精致。它们获得了一种机智,一种观众可以从中得到快乐的心照不宣,因为它揭示并回报了他们自己的老练。[155]

例如,恩斯特·刘别谦电影的那种香槟酒一般的品质可能有某种东西要归功于约束。有一种说法是:"刘别谦把成熟带给了画面中对性的处理,这些画面并没有因为20世纪30年代初期掌管电影的审查者们的晦暗而变得晦暗——实际上,他似乎把它们当作一个有趣的挑战来对待——因为他的方法如此迂回和轻盈,以至于他几乎可以做任何事情而不受惩罚。"[156]这很可能是一个准确的分析,但有一点也不难想象:刘别谦的创造天赋由于审查而得到提高——而不纯粹是变得晦暗。

审查制度带来好处的一个实例让人联想到从阿恩海姆的著作中援引的斯腾伯格的例子。那些年里弗雷德·阿斯泰尔与审查者有过多次口角,其中大多数是鸡毛蒜皮的,尽管就其影响来说偶尔略有损害。在一个实例中,影响尽管不大,却是有益的。在《礼帽》(*Top Hat*)中,观众看到阿斯泰尔和琴吉·罗杰斯坐在双轮马车里,正在去公园的路上,那个公园是他们的舞蹈"赶上下雨难道不是一个美好日子吗"的表演现场。"由于这个镜头中出现了'他妈的'这个单词('他妈的谁呀?''去他妈的。'),好莱坞的审查办公室发现这幕戏令人不快,电影于是这样拍:罗杰斯砰地关上马车的暗门,从而盖过了回答中'他妈

155 Maltby and Craven (1995), p. 342.

156 Bogdanovich (1997), p. 35.

的'的这个词——这对原作来说是一个改进。"[157]正如在斯腾伯格的电影中，这个效果的实现是通过观众推断出弦外之音，而不是以明显而直接的方式展示出来；因此，观众成了这个笑话的帮凶，而不仅仅是一个被动的受众。

《海斯法典》还可能有喜剧之外的有益影响。在亨弗莱·鲍嘉、劳伦·白考尔和爱德华·G. 罗宾逊主演的《盖世枭雄》(*Key Largo*)中：

> 白考尔与罗宾逊有一个很困难的场景，那个匪徒带着生动形象的性意图戏弄这个年轻的寡妇。她的回应是朝他脸上吐唾沫，让洛可站在那里目瞪口呆、狂怒不已。休斯顿知道，这一幕会导致布里恩检查处找麻烦。布鲁克斯毫不含糊地"写下了他对她说的所有污言秽语，但约翰[·休斯顿]告诉他：'你知道我们不可能说那种脏话。想点别的话吧。'"布鲁克斯建议，罗宾逊说这段台词，但声音低到观众听不见。那一幕因为给观众留下了想象的空间而产生了更好的效果，但这给白考尔的戏增加了额外的负担，她对罗宾逊的反应是这出戏的焦点。[158]

把某个东西留给观众的想象这一观念也是下面这个论点的核心：《海斯法典》尽管是为了取缔电影中的色情，但实际上却强化了色情。[159] 例如，乔治·丘克强烈反对电影中出现裸体。"好吧，别让我犯错。我不是一个伟大的道德家什么的。我只是认为这样做非常容易。……只是脱掉衣服，紧紧抱住，并与一张张开的嘴亲吻，这太简单了。"[160]在同一次采访中，他说："一项了不起的规则是：如果有一次接吻，双方就必须保持一只脚着地。但尽管有这些限制，我还是觉得，这太色情了，有更多色情的氛围。"[161]但这并不完全正确。正如安德烈·

157　Mueller (1985), p. 80, note 7.

158　Sperber and Lax (1997), p. 414.

159　这个观点不同于 Bataille (1957)中所介绍的一些类似的浅薄观念。据巴塔耶说，色情预设了违反给定约束的前提——并由此而出现。巴赞的论点——此书中援引了——是：色情出于遵守约束的需要。巴塔耶更接近于(并受启发于)第二章第 10 节讨论的凯洛斯的观念。如果你把凯洛斯的"受约束的打破约束"理论应用于电影，在一部其他方面受到禁止裸体这一约束的电影中，短时间看到乳头就会产生色情。在巴赞看来，无条件服从这一禁令的需要正是色情产生的条件。我并不是说，电影中这个凯洛斯式的观念与巴塔耶的观点有颇多相似之处，只不过两者都强调无视约束的行为——"la liberté première de la vie animale(法语：动物生活的首要自由)"——与其效力源自它所违反的约束的行为之间的区别。

160　Bogdanovich (1997), pp. 466,467.

161　同上，pp. 464—465。

巴赞在“闲说电影中的色情”一文中所指出的，效果由于限制而更加色情。例如，巴赞认为，在《七年之痒》(*The Seven Year Itch*)中，地铁通风口的风吹起玛丽莲·梦露的裙子的那个场景“只有在有着漫长的、丰富的、拜占庭式的审查传统的电影世界里才会出现。像这样的创意，其先决条件是想象力异乎寻常地精细微妙，是在和一部严格而愚蠢的清教徒法典作斗争的过程中获得的。好莱坞，尽管有控制它的那些禁忌，而且正因为有这些禁忌，依然是电影色情的世界之都。”[162]

就我所引用的这些实例而言，《海斯法典》提高了导演、演员和观众的精细水平。即使某些观众宁愿要更直接的语言，更多的裸体，通常更少的转弯抹角，他们多半也受益于这些约束。(类似地，阿恩海姆认为，尽管观众更喜欢声音、色彩、立体视觉和宽银幕，但他们也会受益于缺乏这些东西。)如果让人们在立即满足与延时满足之间进行选择，很多人会选择前者，不料却为此而后悔。通过强迫导演使用迂回手段，《海斯法典》无意中也诱使他们提高观众的欣赏水平。

这部法典还说明了一个更一般的观念：从被审查者的观点看，明确的事前审查比含糊的事后审查更可取。在很多前社会主义国家，很多异议者要求明确的规章，规定他们能说什么，不能说什么，基于这样一个假设：一旦规则到位，他们就能够绕开规则写作。[163] 但我并不是说，如果转弯抹角地表达，他们的意见就会更有效。我也不是说——正如我们将在本章第 10 节看到的那样——就其对电影审美品质的影响而言，《海斯法典》始终是有益的。

7. 作为一个空集的《吕西安·勒万》

司汤达的长篇小说《吕西安·勒万》出版于他去世 50 年之后，并未写完。在第一部，吕西安离开巴黎，在南锡参了军，他在那里遇到了一个年轻的寡妇夏斯蒂勒夫人，并爱上了她。在第二部，意外和她分手之后，他在巴黎成了一个公务员，被派到外省参与各种不同的选举闹剧。在只写了一部分的第三部，

---

162 Bazin (1972), p. 172。还可参看他论述《不法之徒》(*The Outlaw*)的文章(同前，pp. 163—168)。

163 Zinoviev (1979), pp. 306—307，在 Elster (1993 d), pp. 90—92 被引用和讨论过。

推测起来他应该与夏斯蒂勒夫人重逢了。它是司汤达第一部有一个传统的大团圆结局的小说。我将提出一个解释，说明它为什么没有写完：司汤达强加给自己的约束不可能同时得到满足。它们定义了一个空集。

爱情悖论

问题源于司汤达的悖论式的爱情观。[164] 就其最高形式而言，它注定是一种始终不表达出来的情感。即使爱得到了回应，情人也决不会知道。尽管这些陈述并不契合他所描写的于连对德·雷纳夫人的爱或法布里奇奥对克勒里亚的爱，但它们完全符合司汤达自己备受折磨的对玛蒂尔德的爱，这让他有了素材写《论爱情》。正如他在那部作品中所说的："只有爱得更少一些，你才有勇气面对你所爱的人。"[165]因此，"粗俗平庸之人（l'âme vulgaire）计算成功的概率，不顾失败的痛苦风险，以粗俗为荣，嘲笑温柔多情之人（l'âme tendre），因为后者尽管聪明，却总是太过拘谨，以至于有把握成功的简单几句话他都说不出口。"[166]正如我们将看到的那样，吕西安对夏斯蒂勒夫人的爱是一个"温柔多情之人"的爱。

司汤达把自己逼入了死角。他所爱的女人是温柔的、骄傲的和矜持的。一个男人如果对她表现出任何自鸣得意的自信或放荡不羁的行为，就不配得到她的爱。相反，一个被外表自信所诱惑的女人本身不是一个值得爱的女人。这不是格劳乔·马克斯综合征：一个愿意屈尊爱我的女人本身不值得爱。相反，这个综合征是下面这种形式：一个接受我的求爱的女人不值得爱，因为求爱这一行为透露了算计的心灵。为了摆脱这一困境，司汤达转向了他能在虚构中找到的替代性满足。正如我所说的，司汤达的小说远比白日梦多得多，但它们还是白日梦。

作为白日梦的小说

在《吕西安·勒万》中，司汤达在吕西安和夏斯蒂勒夫人的爱情场景中放

---

164 关于司汤达的《论爱情》(*De l'Amour*)及其与《吕西安·勒万》的关系，更详尽的讨论参见 Elster (1999a)第二章第 2 节。

165 Stendhal (1980), Fragment 47.

166 同上，Ch. 24。W. Miller (1993), p. 169 提供了一段几乎一样的分析。

任了他对替代性满足的渴望。保罗·瓦雷里报告，阅读这些场景“在我心里引起了那种我所憎恶的混淆的奇迹”[167]——主人公的情感与读者的情感之间的混淆。我会补上一句：它们还代表了主人公的情感与司汤达的情感之间的一种混淆，或融合。在研究这一融合时，我们可以利用司汤达在手稿上写下的旁注，他在让人物按照自己所希望的方式发展上遇到的困难，并利用他为人物未来的发展所制定的计划。我将试着证明：在这部小说中，正如在他的生活中一样，司汤达让自己陷入了一个不可能的情境。

《红与黑》的灵感来自一则 fait divers（法语：社会新闻），这让司汤达省去了虚构每一件事情的需要。而对于《吕西安·勒万》，他不得不虚构一切。他对这两种形成鲜明对比的创作风格的评论——受约束和不受约束——引人注目地矛盾。在早期，他在手稿的空白边缘写道：“只要在思考情节，我就不能创作生机勃勃的对话，根据一个现成的故事创作的优势就来于此，正如于连的故事那样。”[168]几百页之后，他写道：“你最远只能走到你不知道要往何处去的时候。这部小说不像《红与黑》，那本书要好很多。”[169]同时虚构对话和故事似乎让他很兴奋，然而，如果他在一个现成故事的约束下写作，他可能就不会把自己逼入小说后来所进入的那个死胡同了。

在那些我们发现有夹带评论的手稿部分中，有吕西安和夏斯蒂勒夫人之间非同寻常的互动。我将挑出两个场景，它们发生在下面的背景中。吕西安和夏斯蒂勒夫人互相深爱着对方，但对对方的感情没有把握。夏斯蒂勒夫担心他可能只是一个浪荡子，吕西安担心她并不真的爱自己。每当他笨拙地、试探性地求爱时，她都把这看作是怀疑他的品格的一个理由；她变得越来越傲慢，他被弄得有些绝望。但逐渐地，他们越来越靠近对方。吕西安给她写信；而她在深思熟虑之后回信了，她相信回信的语气是严厉的，不妥协的。在一段作者的旁白中，司汤达写道：

> 为什么要指出她的回信故意试图使用最傲慢的语调呢？先后有三四次，勒万被力劝放弃一切希望，夏斯蒂勒夫人带着一种她颇为自得的无穷机敏，千方百计避免的，正是希望这个单词。唉，殊不知她是

167 Valéry (1957), p. 555.

168 Stendhal (1952), p. 1492.

169 同上, p. 1539。

她所接受的耶稣会教育的牺牲品;她欺骗了自己,拙劣地、不知不觉地把她在圣心圣殿学到的欺骗别人的艺术用在了自己身上。她的回答是:一切都潜藏在这个单词里,她宁愿无视这个单词。[170]

如果说,夏斯蒂勒夫人出于自欺而不愿意对自己承认回信的意义,那么,吕西安是出于天真而不理解这一意义:

> "啊! 夏斯蒂勒夫人回信了!"一个比勒万稍稍粗俗一些的巴黎年轻人会这样反应。"以她伟大的灵魂,她终于做出了决定。这是第一步。剩下的是形式问题,那要花上一两个月,这取决于我的机敏老练,她对于一个品德高洁的女人应当保卫什么有着多少有些夸大的观念。"
>
> 勒万伸开四肢躺在地上,读着这些可怕的字句,没有注意到要点,这个要点应该是:"夏斯蒂勒夫人回信了!"他被严厉的词句和颇有说服力的语气给吓坏了,她就是用这样的文字和语调劝他再也不要谈论这样的感情。[171]

这支温柔而滑稽的芭蕾舞继续跳了一阵子,两个相爱的人差不多成功地把自己的爱告诉了对方,但从没有完全成功。在某个时刻,夏斯蒂勒夫人斥责他频繁拜访,这可能损害她的名声:

> "怎么啦?"勒万说,几乎不敢喘气。
>
> 迄今为止,夏斯蒂勒夫人举止态度一直是端庄的、正派的、冷漠的——至少在吕西安的眼里是这样。他问"怎么啦?"时的口吻,就连最老练的唐璜可能都听不出是什么意思;在勒万身上,它并非由于任何才能,它是一种天性的冲动,它很自然。勒万的这句简单的话改变了一切。[172]

夏斯蒂勒夫人被打动了,几乎坚持不下去,但吕西安当然没看出她要垮掉。我们似乎进行不下去了。吕西安离开了她,"明显有些踉踉跄跄"。在这

170　Stendhal(1952), p. 959。作为对自欺的分析,这个段落引人注目地类似于 Sartre (1943, pp. 94 ff.)中的例证:那个女人让一个男人牵自己的手,却拒绝向自己承认她的行为的意义。她在高尚而兴奋的谈话中寻求庇护,正如夏斯蒂勒夫人用严厉的语气来欺骗自己。

171　Stendhal (1952), p. 960.

172　同上, p. 1537.

个节骨眼上，司汤达似乎就要放弃了。吕西安确实太笨拙，毕竟，司汤达不可能把他推到夏斯蒂勒夫人的怀里。他在旁注中写道："对此，编年史家说：你不可能指望一个品德高洁的女人完全交出自己；她必须被人攻占。最好的猎犬充其量也只能把猎物赶到射程之内。如果猎人不开枪，猎犬就帮不上什么忙。小说家就像其笔下主人公的猎犬。"[173]这段话引人注目地说明了小说中的人物的行为必须"符合性格"（本章第 4 节）。他们所做的事情必须是貌似可信的，考虑到他们在那一刻之前的行为。吕西安的困境是：他既低于"粗俗一些的巴黎年轻人"，又高于"最老练的唐璜"。正是精神的优越性，既让他能够激发爱情，又让他没有能力认识爱情，没有能力表达自己的爱情。[174]

为了摆脱自己的困境，司汤达设计了这样一个情境：吕西安和夏斯蒂勒夫人彼此对对方的爱可以被展示和理解，但没有宣布：

> 夏斯蒂勒夫人很同情他，打算用英国人的方式跟他握握手，作为友谊的表示。眼睁睁地看着夏斯蒂勒夫人的手伸了过来，勒万抓住了，缓慢地把那只手抬到唇边。当他作出这一举动时，他的脸紧挨着夏斯蒂勒夫人的脸；他放下她的手，张开双臂抱住她，用自己的嘴唇紧贴着她的脸颊。夏斯蒂勒夫人没有力气抵抗，一动不动地站着，仿佛沉湎于他的怀抱。他欣喜若狂地抱住她，加倍地亲吻她。最后，夏斯蒂勒夫人稍稍放开了自己，但她的双眼盈满了泪水，暴露了最深的柔情。然而，她还是成功地说出了这样的话：
>
> "再见，先生……"
>
> 他吓呆了，吃惊地凝视着她，她补充道：
>
> "再见，我亲爱的，明天吧……但现在要走了。"[175]

过早满足的危险

接下来有一段极其幸福的时期，两三个礼拜左右，在此期间，吕西安和夏斯蒂勒夫人经常在一起，纯洁却热烈地坠入爱河。然而，司汤达想必感觉到了，这种情况就是过早地满足。吕西安实现了他和玛蒂尔德·邓波夫斯基没

---

173 Stendhal(1952), p. 1035.

174 关于《红与黑》中的类似模式，参见 Stendhal (1952), p. 549。

175 同上，p. 1037。

能实现的极大幸福，但这个吕西安并不是他司汤达。司汤达和吕西安都有希望历练世事并获得一种品格的强烈愿望。在1805年的一篇日记中，司汤达记载道："未来，在所有场合都要活跃，要不间断地行动，即使是出于愚蠢的理由。"[176]在《论爱情》中，他指出，"每一样东西都可以在孤独中获得，除了品格之外"；而且，"要想拥有强大的品格，你必须经历别人对自己产生的影响；因此别人是必不可少的(il faut les autres)。"[177]在这部小说中，他让吕西安告诉自己——作为他离开巴黎的理由："我需要行动，大量的行动。所以去参军！"[178]

然而，在南锡，吕西安坠入了爱河，没有看到任何值得一说的行动。司汤达必须结束这一次的幸福，把吕西安扔进滚滚红尘里。他使用了一个荒唐可笑的、明显是目的论的策略(本章第4节)，让吕西安相信，夏斯蒂勒夫人——他每天都近距离地见到她——突然生了一个孩子，从而让这两个相爱的人分手。[179] 他回了巴黎，进入了七月王朝的官僚机构。在他在各行省旅行时，他终于看到了行动，事实上是很多的行动，要不是因为他本质上的诚实正直，其中有些行动将会是很不光彩的。所以，在实现了他的目标——让吕西安经历世事，形成品格——之后，司汤达为什么不继续写黑格尔式的综合呢？

在《司汤达的创作》(*La Création chez Stendhal*)中，让·普雷沃对这部小说的未完成提出了下面这个解释：

> 为了避免单调乏味，逐步达到幸福，司汤达需要一个决定性的实际障碍，置于夏斯蒂勒夫人与吕西安之间。……剩下的只要找到这个阻力，赋予这场斗争以实质。正是因为没有找到一个实际障碍置于两个相爱的人之间，他留下一本如此接近于完成而没有完成的书。[180]

但这个观点——小说未完成仅仅因为司汤达想不出一个障碍，帮助把两个相爱的人分开——并不十分令人信服。例如，夏斯蒂勒夫人那位脾气很坏的父亲，可以轻而易举地履行这一功能，正如达西充当了宾利与简·贝内特婚姻的一个障碍。对于一个有着司汤达这样高度的小说家，到结构缺陷中去寻

176　Stendhal (1981), p. 327.

177　Stendhal (1980), Fragments 1, 92.

178　Stendhal (1952), p. 778.

179　Brombert (1968), p. 105 发现吕西安的轻信完全符合他的性格，并且是他"令人同情的盲目"的证据。我认为，把这看作是司汤达构建情节时遇到难题的证据貌似更有理一些。

180　Prévost (1971), p. 313.

找解释内在地更加貌似可信。

在我试着找出这个缺陷之前，有额外的一点需要强调。司汤达似乎差不多像吕西安本人一样被吕西安那位机智风趣、老于世故的父亲给迷住了。吕西安有着一个天真的理想主义年轻人的全部的笨拙和优雅，而他的父亲则有着天生话痨那种毫不做作的魅力，他最想做的事情就是自得其乐。他们每个人都以自己的方式体现了率性自然的理想，对司汤达来说，这种率性自然就是“应许之地”[181]。勒万老爹对吕西安有着像司汤达本人一样的温柔的急躁。像司汤达一样，他也引导吕西安走上正确的轨道，帮他安排在官僚机构得到一个职位，一个大老婆，然后是一个小老婆，如此等等。（而且，像司汤达一样，他告诉吕西安：“要自由。”[182]）司汤达似乎既同情父亲，又同情儿子。在这个双轨白日梦与愿望满足非同寻常的运用之间看出某种联系似乎并非完全不可信，在这样的愿望满足中，司汤达授予自己很多“特权”，其中一项特权是“每年四次，每次期限不定，特权者能够同时占据两个身体”。[183]

如果司汤达让吕西安牢牢地固定在他的位置上，特权至少可能是替代性地授予的。但他没有。他想把单纯和品格都赋予吕西安。单纯是他对夏斯蒂勒夫人的爱以及后者对他的爱的关键；品格是他动身去南锡时着手获取的东西，事实上只有当他回到巴黎之后才实现。在第三部，他将和夏斯蒂勒夫人结婚，并使得司汤达能够通过代理人得到他的蛋糕，并吃掉它。但是，没有理由相信夏斯蒂勒夫人会在那个清醒冷静、老于世故的玩世不恭者——到那时吕西安将会成为这样一个人——身上认出她曾经爱过的那个笨手笨脚的年轻人。事实上，必须避开这样一个结局：吕西安变得越来越像他父亲。

司汤达可能坚决地把父亲和儿子区分开来，从而实现结合单纯与品格、既天真又机智的壮举。这事实上将会使他能够同时是两个人，嘲笑自己而不会让娱乐的对象受到讽刺的感染和腐蚀。或者，他可以让夏斯蒂勒夫人经历一次类似的 Bildung（德语：教育），好让她和吕西安再次见面时他们能够满怀柔情地嘲笑他们早先的自我，就像伊丽莎白·贝内特和达西在他们醒悟之后所做的那样。然而，在小说中，司汤达没有给予女主人公这种发展。

---

181 Stendhal (1952), p. 1069.

182 同上。

183 Stendhal (1982), p. 984.

因此,我得出的结论是,《吕西安·勒万》之所以没有完成,乃是因为它分开的各部分会合于一个不存在的点。可能并不存在单纯与机智、天真与玩世不恭的综合。

8. 艺术中的随机化

选择的观念有两个反义词:偶然性和必然性。因此,宣称存在对抗普遍决定论的自由意志,不可能适用于量子力学:那只会是用一个对手去取代另一个对手。由此推断:选择放弃选择能力可能伴随着把结果既交给偶然性,也交给必然性。本书迄今为止的焦点一直集中在必然性上,我想说几句关于偶然性预先约束的话。尽管我将主要讨论这一手段在艺术中的使用,但让我首先对于随机化在前面几章讨论的语境中作为一种自我约束手段的使用说几句。

随机化与自我约束

在《冲突的策略》(*The Strategy of Conflict*)一书中,托马斯·谢林认为,"把某件事情交给偶然性"这个威胁比让执行威胁的决定完全由行为人说了算的威胁更加可信。[184] 用第一章第 4 节的术语说,这相当于一个混合的威胁与警告。"如果你不给我签一张一万美元的支票,我就杀了你,即使我不能让自己有意识地这样做,我也会因为你的拒绝而恼火,以至于只是由于紧张激动而扣动扳机。"一个人还可以为了防止自己偏袒而随机化。"医学实验者在选择哪些患者接受一种疾病的新疗法,哪些患者接受标准疗法或根本不治疗时,可能下意识地选择那些健康状况更好的患者接受新疗法,并因此有更大的可能性康复。随机化防止了这样的偏袒。"[185]在政治中,随机化作为一种预先约束自己、防止不当影响的手段而被人们使用或提倡。让选举随机地选择时间,而不是定期地或由政府酌情决定时间,前者可以"保护他们自己"(参见第二章第 2 节和第 12 节),防止着眼于连任而设计经济政策的趋势。[186] 通过随机地选择政治代表并让他们服务很短的时期,公民可以保护他们自己,避免代表们容易受

184　Schelling (1960), Ch. 8.

185　Suppes (1984), p. 211.

186　Lindbeck (1976).

赌的倾向。[187]

作为主题的随机化

随机化在所有艺术中都可以被用作一种手段。在文学中,它还可以充当一个主题。尽管我在这里的兴趣主要是前者,但我首先对于后者说几句。一件其情节完全依赖于随机化的艺术作品的一个典型实例是卢克·莱茵哈特的邪典小说《骰子人生》,这部小说描绘了、大概也捍卫了作为一种生活方式的随机化(他最近的续篇《寻找骰子人》(*The Search for the Dice Man*,则不那么有趣。)小说的主要人物是一个精神病专家,他开始在随机的基础上做出某些日常决定,这个做法随后扩大到了这样的程度,以至于接管了他的整个生活,在一个准宗教性的文本《掷骰经》(*The Book of the Die*)中达到高潮。另外还有一些作家,让随机性成为他们的故事中的关键成分,他们包括豪尔赫·路易斯·博尔赫斯和雪利·杰克逊,他们都写过一篇题为《抽彩》的著名短篇小说。格雷厄姆·格林的《第十个人》(*The Tenth Man*)的关键要素是随机选择被处决的人质。这些文学作品对随机化的使用表明:一个故事,即使事件并不是按照一种可以理解的顺序先后出现,它也可能是令人信服的和貌似有理的,只要这种不连贯本身是可以理解的。

作为手段的随机化

要理解使用随机化作为生产艺术作品的一种手段,我们首先必须澄清这个概念。要想实现客观随机性[188],你需要一个稳定的物理装置,从几个概率已知的可能结果中产生一个结果。扔硬币,掷骰子,转动抽奖轮,都是这种性质的传统手段;现代等价物有随机数表和计算机程序。典型地,这些手段是等或然性的,也就是说,每个结果都有同等的被实现的可能性,但无论在理论上,还是在实践中,它们都可能被设计产生出不同等的可能性。[189] 出于很多的实际目的,客观随机性可能被认知随机性所取代——就我们所知道的而言,结果是随

---

187 Najemy (1982)描述了这个观念在 14 世纪佛罗伦萨政治中的重要性。

188 关于客观随机性这一观念的某些难题,参见 Elster (1989b), pp. 39—52。

189 Elster (1989b), pp. 47—49。When Boulez (1986), p. 179 写道,"'概率'对一件艺术作品的形式的侵入可以彰显在使用有着不同触发概率的多节点的电路中",这可能就是他心里想的东西。

机的。有一个实例，可以取自最早对随机化的系统性讨论，亦即托马斯·加塔克的《论运气的性质和使用》(*On the Nature and Use of Lots*)："假设两个人在路边争论究竟该走哪条路，他们把决定交给下一只遇见的鸟，看它向哪边飞，或者是一个陌生人——他们看见这个陌生人正骑马走在他们前面，看他向右拐还是向左拐。"[190]艺术家既利用客观随机手段，也利用认知随机手段，来实现他们的目的。

在本章第4节，我认为，艺术作品创作中作出的每一个选择都充当了后面选择的一个约束。然而，一个艺术家可能决定随机地、而不是有意地产生约束。因此，弗兰西斯·培根通过把颜料甩在画布上来开始他的画作，这样一来，作为结果的颜料渍就充当了未来作品的约束，限制了他的自由，推测起来也应该提高了他的创造力。杰克逊·波洛克的"浇画"可以被视为这一观念的变种。尽管波洛克说"有了经验之后，似乎有可能在很大程度上控制颜料的流动"，并且说"我不承认偶然性"[191]，这些断言似乎并不完全可信。相反，我会假设，把颜料倾倒在画布上出现的任何随机性都应该被解释为后面的倾倒阶段的约束。尽管不是事前的意图对象，但它们会成为事后有意图的关注的对象。

类似的事情可能出现在电声摇滚乐中，这种音乐里对反馈的利用几乎是不可避免的(吉米·亨德里克斯和另外几个名家大概除外)，这创造了不可预期性和随机性的成分。有人声称，在某种程度上，这种音乐里的很多兴奋就是这样产生出来的。表演者必须持续不断地对反馈所产生的非故意的声音作出反应，并在这个基础上即兴表演。这种持续不断的挑战将会集中他的注意力和创造力，比所有的乐句都从他的内心产生更好。纯粹的例行公事的演奏简直是不可能的。如果这些主张正确的话，对反馈效应的技术掌控就有可能排除某些改进的可能性，从而损害创造力。

作为一个文学实例，我们可以考量《裸体午餐》(*Naked Lunch*)创作中的随机化。"瘾君子处理词语和图像的朦胧并置，以实现《裸体午餐》中的这种效果，巴勒斯把传统的情节给打散了，然后通过随机排序书中的事件来思考小说

---

190 Gataker (1627), p. 16.

191 Cemuschi (1992), p. 128.

的结构，这赋予这本书以梦幻般的品质。”[192]在关于作家的手艺的传统观念中，巴勒斯应该会小心翼翼地选择顺序，以便实现这种梦幻般的品质。然而，一个有意识的选择可能留下痕迹，证明它是一个更符合逻辑的思考，而不是在梦中发现的。看电影或戏剧，你有时候会得到这样一个印象：表演指南要求“打乱顺序”，导演试图通过多少有些巧妙的努力来执行这些要求，以某种漫不经心的布局来排列椅子、报纸以及诸如此类。但是，故意地漫不经心常常不能令人信服。

因此，在这个意义上，巴勒斯的选择是正确的。然而，随机化也带来了它自己的危险，亦即，旁观者可能把一个非故意的模式解读为随机过程产生的结果。威廉·费勒在提到第二次世界大战中德国轰炸英国的模式时写道：“在没有受过训练的眼睛看来，随机性似乎是一种规律性或集束的趋势。”[193]类似地，丹尼尔·卡尼曼和阿莫斯·特沃斯基写道：“例如，在抛 6 次硬币的 20 种可能的排序当中（无视方向和标记），我们敢说 HTTHTH 看来确实是随机的。对于抛 4 次来说，可能没有任何排序是真正随机的。”[194]使用随机化产生表面上的偶然性是一件有风险的事。

约翰·凯奇

一个非常精巧复杂的随机写作实验是约翰·凯奇的哈佛讲座《一至六》（*I—VI*，这是它们的标题）。为了构建他的文本或“mesostics（离合体）”，他使用任意约束和随机化的组合，下面这段引文摘自他的导论，传达了这种方法的风味：

> 像离合诗一样，离合体也是按照传统方式水平地写出来的，但与此同时，它们遵循了一个垂直规则，像离合诗中一样，有一行垂直向下到中间，不到边缘，拼出一个单词或名字，与所写的内容未必有关联，不过也可以有关联……如果我要完成某个要求，一次生日庆祝，对某个最近去世的人的纪念，或者某项计划的促进，我就写离合体。在写侧翼的单词——水平文本——时，垂直行的字母帮助我丢掉多愁善感

192　Schumacher (1992), p. 354.

193　Feller (1968), p. 161.

194　Kahneman and Tversky (1982)。还可参看 Wagenaar (1988), p. 109。

……在采取我的工作的下一个步骤——非意图的探索——时，我并不解决那个离合行所提出的难题，我写出或找到一个源文本，随后我把它用作神谕。我问它，我这个字母应该用什么单词，下个字母用什么单词，如此等等。这把我从回忆、品味、喜欢和不喜欢中解放了出来。[195]

凯奇因为在音乐中使用随机手段而更加为人所知。[196] 他最著名的、完全无声的作曲作品《4 分 33 秒》由几个随机决定持续时间的乐章（亦即静默的时段）组成。他还使用无线电和星座图作为认知上随机的声音来源。他用一个禅宗般的观念来证明这些做法是有道理的："最高的意图是根本没有意图。"[197]审美选择的观念被排除在外。充其量，只有出现下面这样的情况时才会选择："随机操作产生了不可能满足的要求，在这种情况下，演奏者要使用他的自由裁量权，以便随机操作产生可以行使选择的情境。"[198]然而，这样的效果本身并不被看作是必需的东西。凯奇反对克里斯蒂安·沃尔夫的音乐，认为他的"成功依赖于对其他演奏者不可预期的选择所作出的瞬间反应，所涉及的东西十分危险地接近于凯奇决不会赞同的即兴演奏和人际间的自发互动"。[199] 推测起来，他应该也不会赞同为了艺术的目的而利用随机反馈或人际间的自发互动。

我们从约翰·凯奇的传记作者那里得知，他用《易经》来控制日常生活的实际问题。[200] 上大学时，在那些他刚刚阅读过指定材料的课程上，凯奇表现很差。但接下来，在一门课程中，"凯奇没有从众，而是去图书馆，堆起了一大堆书，并阅读名字以 Z 打头的作者写的第一本书，依据一套许多年后他将会应用的体系的一个有趣线索，他随机地阅读了另外一些材料，以这种手段准备预定课程的考试。他得到了一个 A。"[201]如果你想打破例行程序的小圈子，并超越你已经知道的东西，试图使用你已经拥有的知识确实会弄巧成拙。相反，你必须（比方说）采用一个随机策略，从而让自己容易受到真正意料之外的东西的影响。然而，有一点依然是真的：从中随机抽取的那个集合必定是一个有意识的

195 Cage (1990), pp. 1—2.
196 参见 Revill (1992)。
197 Cage (1961), p. 155.
198 Revill (1992), p. 135.
199 同上，p. 211。
200 同上，p. 132。
201 同上，p. 34。

集合，并基于你已经拥有的知识；否则的话，一个无穷回归便由此产生。毕竟，一座图书馆并不是宇宙的一个随机样本。

由于依赖于随机化，或者依赖于产生无声的时间段，在这个意义上，凯奇的作品完全是不严肃的。最厚道的解释是：它是一次巨大而成功的欺骗。[202] 他可能对于心理学家来说是有趣的，作为一个实例，说明当有人制定《骰子人生》中的那些戒律时会发生什么，但他的作品缺乏审美趣味。在他的实践当中，唯一有审美理由的是使用自我强加的约束以避免多愁善感。相比之下，为了约束之内的选择而使用客观的或认知的随机手段则没有审美的理由。有人提出，他的无声音乐的价值是把"少即多"这一格言带向了其终极结局[203]，类似于禅宗一个巴掌拍响的观念。然而，通过排除选择，而不是约束选择，你摧毁了创造力，而不是增强了创造力。

或许，你可能认为，呈现随机产生的声音或随机产生持续时间的无声周期，其本身就是一次可以从审美的观点加以评估的选择。[204] 然而，这个论点依赖于审美经验与元审美陈述之间的混淆。所谓"推论上的艺术"[205]，代表了终极的现代主义谬论（本章第 2 节），是在呈现这样一件艺术作品：它的唯一价值就是产生自身的映像。

9. 爵士乐中的创造与约束

在这一节，我将讨论爵士乐中审美价值的性质，以及约束对审美价值的贡献。就绝大部分内容而言，我局限于 1936 至 1942 年间的这段时期，在我看来，这一时期代表了爵士乐的最高成就。比莉·哈乐黛、莱斯特·杨及约翰尼·霍奇斯与贝西乐队和艾灵顿乐队以及在一些小团体中录制的唱片，自 20 世纪 20 年代以来至今无人超越，除了路易斯·阿姆斯特朗的作品之外。尽管从智性上我可以感觉到，查理·帕克达到了同样的艺术高度，但他的大部分作品并没有打动我。在继续讨论之前，我要指出的是，我没有接受过音乐训练，我

202　还可参看 Shattuck (1997)，那里有一些对马塞尔·杜尚的作品的类似评论。

203　Kostelanetz (1991b), p. 195.

204　Kostelanetz (1991a), p. 108.

205　同上，p. 106。

不会演奏任何乐器,我不会读乐谱。我只能希望,每天听爵士乐听了40年,能给我提供一点所谓的"音乐素养"[206]。

爵士乐中价值的决定性因素

正如我在前面说过的,一般而言,艺术中的价值在于审美的和非审美的情感体验。就爵士乐而言,听者心里的非审美情感是由我所说的具有"情感深度"的音乐产生的。审美情感可以出现在两个层面上。在最简单的层面上,它们由我所说的有"品味"的音乐产生。在更高级的层面上,审美情感由音乐所讲述的"故事"产生,常常是(尽管并不总是)一个即兴故事。尽管即兴创作——围绕给定的音乐主题虚构一个连贯而有趣的故事的能力——常常被认为是爵士乐主要的、甚至是唯一有审美价值的特征[207],但我认为,这个观点太过狭隘。最好的爵士乐手可以简单地通过直接演奏一个音而显示出卓越的品位和情感深度,正如在莱斯特・杨的独奏单曲《事情即将发生在我身上》(1941)或者在阿姆斯特朗20世纪30年代初的很多大型乐队录音唱片中那样。事实上,对于像阿姆斯特朗和霍奇斯这样的音乐家来说,一个音符就足以传达其背后潜藏的深度和控制力。

正如在其他艺术形式中一样,我们需要把创造力与原创性区分开来(本章第5节)。莱斯特・杨和查理・帕克是原创性的典范。像阿姆斯特朗和霍奇斯一样,他们也是创造力的典范。当杨说"必须原创"时[208],多半是一句提防批量模仿的警告,而不是一句要求创造全新音乐语言的命令。一个引人注目的事实是,这4个音乐家当中,最具原创性的有着最盲从的模仿者,就杨而言是保罗・昆奇特,就帕克而言是桑尼・斯蒂特,他们的模仿到了可以乱真的程度。相比之下,没有一个人能冒充阿姆斯特朗或霍奇斯,哪怕是一个音符。我相信,他们的音和调完全是不可模仿的。但就算是这样,我在这里所关注的是前面的段落中所列出的创造力的成分。而原创性,正如我早先认为的,没有内在的审美价值。

206　正如 Levinson (1990)所定义的。

207　因此,Dodge (1995), p. 250 认为:"爵士乐的最终价值完全在于它的旋律线。"正如他的文章"热奏单曲的心理学"(同前,pp. 167－172)中清楚地表明的那样,这句评论仅指即兴演奏,而不是指我所说的"雕琢单曲"。

208　转引自 Porter, ed. (1991), p. 135。

在我接下来更贴近地讨论情感深度、品味和讲故事的能力之前，让我简短地考量一下技术能力在高品质爵士乐演奏中所扮演的角色。没有一定程度的技术能力，你不可能达到艺术的高度，但超出了一定的水平，技巧就不重要了。(梅兹·梅兹洛是一个著名实例，说明一个演奏者因为落在最低水平之下而不能成功俘获听众。)霍奇斯是不是吹坏了一个音符，莱斯特·杨的单簧管技巧是不是有点初级，都无损于他们的成就。相反，阿特·塔图姆的精湛技巧可能更多的是一个障碍，而不是一笔资产。如果你抵制不了诱惑，利用技巧来形成没完没了、毫无意义的花饰——塔图姆经常抵制不了这样的诱惑——技巧没那么娴熟可能更好，这样你就可以把精力集中在本质要素上。贝西伯爵的钢琴演奏就是一个例证。某些小号演奏者——罗伊·埃尔德里奇、卡特·安德森、梅纳德·弗格森——达到高音的困扰类似地不利于其作品的品质。就他们的情况而言——不像塔图姆的情况——我会补充一句：他们在品味上也有不足，所以从一开始就没有太多的东西可以减损。

品位与情感深度

我稍后会对于技巧再说几句，但让我首先转到品味和情感深度。品味——秩序、平衡、比例、时间控制的感觉——对特定审美情感的产生来说是一个基本的先决条件(本章第 4 节)。弗雷德·阿斯泰尔拥有完美的品味；金·凯利则没有。简·奥斯丁有；狄更斯则没有。品味之敌当中，有两个在当前语境中尤显突出：精湛技巧的诱惑和听众的需求。如果你能演奏很高的音或演奏得非常快，就存在这样的诱惑，使你展示自己的技巧，而不顾音乐的相关性。这个诱惑经常被误把杂技当艺术的观众所强化。这在一些鼓手的作品中尤其显著，例如金·克鲁帕或巴迪·瑞奇。但观众可能还会鼓励不需要特殊技巧的小噱头。在和爱乐爵士乐团巡回演出时，莱斯特·杨颇受挫折，他不得不遵从观众的要求：在次中音萨克斯上演奏低沉的喇叭声。[209]

情感深度指的是在听者的内心产生强大非审美情感的能力的一个方面，情感深度与情感的肤浅针锋相对。例如，班尼·古德曼在 20 世纪 30 年代的“哈乐黛-杨-威尔逊”的录音唱片中明显格格不入。在情感充沛的《我必须得到

209　Buchmann-Möller (1990a), pp. 146－147.

那个男人》(1937)中，他的贡献是作为令人扫兴的结尾而出现的。另一方面，情感深度可能与多愁善感针锋相对，后者被下面这个特征所定义：“情感的存在或持续，其动机是感受这种情感时所体验到的满足。”[210]在一个像查利·谢弗斯那样的平庸乐手那里，只要听一个音符(至少在他演奏敞口喇叭时是这样)，就足以知道他是多愁善感的，而不是情感的。[211]

爵士乐当中具有情感发生手段的曲目比其他大多数音乐形式都要多。在我讨论的那段时期，爵士乐演奏通常采取围绕歌曲即兴演奏的形式——带有歌词的曲子，歌词通常有清晰而强烈的情感内容。爵士乐歌手直接传达歌词的内容，采用的音色和乐句适合于歌词表达的情感。(有一些例外，正如比莉·哈乐黛在唱《一切想好》(1937)时采用一种更惆怅的、而不是满怀希望的方式。)乐器演奏者演奏时也可能把歌词记在心里。特别是莱斯特·杨，喜欢让歌词与他演奏的曲调合拍。[212] 类似地，“一个著名小号手的即兴演奏一旦偏离歌词的恰当感情太远，亚特·布雷基就会越过演奏台大喊：‘想着歌词，想着歌词！’”[213]

然而，爵士乐的一个典型特征是：它往往模糊了人声表演与乐器表演之间的区分。拟声歌手使用胡言乱语音节，而不是歌词，允许那种自由的即兴表演，而在别的地方这种即兴表演是保留给乐器演奏者的。更重要的是，有些歌手甚至直接在歌唱中把自己的声音用作一件乐器。当阿姆斯特朗演唱时，他的声调是一个小号演奏者的声调。比莉·哈乐黛有时候也有一个乐器演奏者的起声。例如，他们在演绎(分别是 1929 年和 1936 年)《除了爱我能给你一切》时，这些特征非常清楚。反过来，有些乐器演奏者试图模仿人声，或者实现类似的声音质感。一个著名的例证是布伯·米利在早期艾灵顿乐队的小号演奏。[214] 更有表现力的是艾灵顿乐队多年的长号手南顿(绰号“巧手萨姆”)的声音，他的喇叭可以像婴儿一样啼哭。而且，当有人问艾灵顿为什么没有一个歌手时，他答道，乐队里有约翰尼·霍奇斯，他就用不着歌手。查理·帕克也把

210　Budd (1995), p. 96。关于多愁善感——在音乐中，以及更一般的意义上——还可参看 Tanner (1976—1977)。有一个有趣的对照，可以把海伦·沃德与泰迪·威尔逊对《出于多愁善感的理由》(1936)的多愁善感的演绎和比莉·哈乐黛对《站在多愁善感的一边》(1938)的浪漫演绎进行比较。

211　还可参看 Sudhalter (1999), p. 493。

212　Porter, ed. (1991), p. 162.

213　Berliner (1994), p. 255.

214　参见 Dodge (1995), pp. 84—90, 247—259 对米利的演奏所作的杰出分析。

霍奇斯称作爵士乐的“莉丽·庞斯”。霍奇斯的音质——爵士乐中最大的声音——传达着罕见强烈和纯粹的感情。

歌手与乐器演奏者彼此之间这种相互影响，让他们各自有了更多情感表达的曲目。一个歌手可以以强调对应词句的意义的方式奏响一个音符。反过来，通过使用弱音器，管乐器演奏者可以引发哀怨、悲伤或痛苦的人声音调。因此，跟古典歌手和乐器演奏者比起来，爵士乐手可以利用更加丰富的情感表达手段。还可以考量一下节奏的使用。当霍奇斯演奏《从乔那里来的女孩》(1938)或《为乔而跳跃》(1941)时，他辉煌的声音和旋律本身并不能传达无限欢乐的感觉：充满活力的弹跳还要归功于微妙的节奏手段，剖析这些手段超出了我的分析能力。相比之下，奇里·特·卡娜娃吟唱格什温的歌曲那种情感上的波澜不兴要归因于她完全缺乏对节奏的敏感。而且，她的声音那种千篇一律的完美使她丧失了一种重要的情感表达手段。歌剧演员不可能为了传达情感而让他们的声音嘶哑或打滑，像比莉·哈乐黛在《我必须得到那个男人》(1937)中所做的那样。(晚年，当她的声音始终沙哑时，这些手段对她来说就不再可用了。)最后，爵士乐中对蓝调的使用，以最有力的形式传达了悲痛和忧伤的情感。阿姆斯特朗的《贝森街蓝调》(1929)和杨的《蓝调莱斯特》(1944)是两个引人注目的例证。

在艺术中，理性主义(品味)和浪漫主义(情感深度)是自然的盟友，而多愁善感则是它们共同的敌人。[215] 因此，品味和情感深度并非完全彼此独立。完全缺乏品位与伟大的情感力量是不相容的。在其他的方面，图 III. 2 中的所有区域都被具体的音乐家所说明。除了前面提到的高品位高情感、高品位低情感和低品位高情感的音乐家，它还包括像罗伊·埃尔德里奇或(在更高水平上)西德尼·贝切特这样的高情感低品位的乐手。[216]

个体乐手在这张图中的确切位置当然是武断的(而且在某种程度上被这张图的空间限制所决定)。还有一点——一个不同点——明显会引起一场论

215　因此，Solomon (1997)中为多愁善感所作的辩护依然没有让我信服，在他看来，“我们对多愁善感的鄙视是理性主义者对任何情感游戏的不适”。(p. 226)

216　下面这段评论可能适用于埃尔德里奇：“尽管即兴演奏者带着巨大的确信，努力突出感情，但像演员一样，他们还要学会控制感情，把它们与表演的其他元素关联起来。一位独奏者描述了‘太多感情’潜在地损害表演的危险，以及偶尔需要遏制表达，而不是‘为了它打算表达的感情而表演过头’。”(Berliner 1994, p. 259)

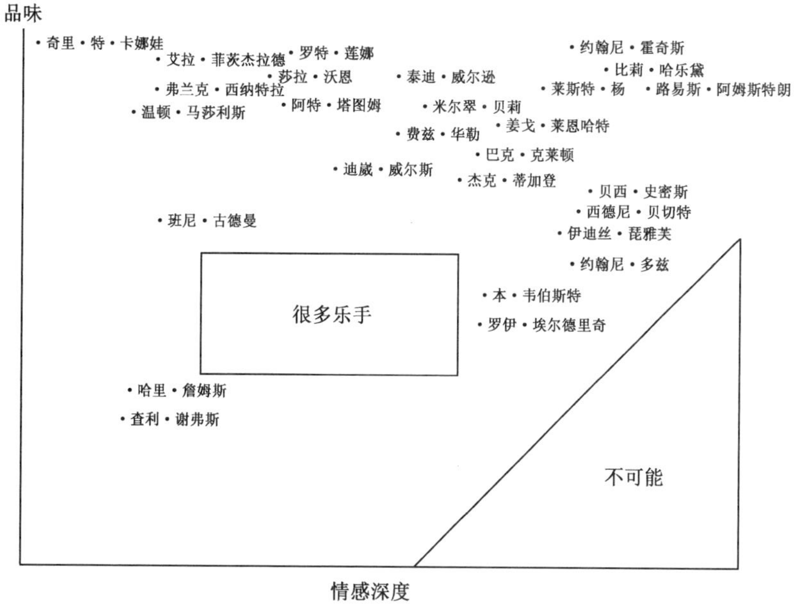

图Ⅲ.2

战。例如,在我看来,艾拉·菲茨杰拉德没多少情感深度。她对标准的演绎堪称标准演绎,在下面这个意义上:她探索并开发了——比任何人都做得好——歌曲的所有音乐可能性,有着完美无瑕的发音和节奏。(你想必听过她在《迷人的节奏》(1959)这首歌中"节奏"这个词的发音,领会了这个单词完整的语音学潜力。)但我并不认为她对词汇的意义及其背后的情感给予了多少关注。她 1996 年去世之后的一则讣告援引了一个恰当的短语,把她描绘为一个"缺席天才"。我对莎拉·沃恩的较低评价甚至更有异议。我认为,她的问题本质上和塔图姆的问题是一样的。[217] 她的声乐天赋非同寻常,以至于她做那些只有她能做的事,而不是做她能够做到最好的事。米尔翠·贝莉像比莉·哈乐黛一样,有着更加有限的音域,但她对曲目的理解更深,尤其是在 1939 年之后与玛丽

217 因此,我完全同意 Green (1991), p. 141 的下面这段话:"你的分析告诉你,艾拉·菲茨杰拉德或莎拉·沃恩可以循着最复杂的和弦序列一直唱到终曲主和弦中最后的降五和弦,以任何一个郊区音乐教师同样的正确性,达到解决之后的解决(译者注:解决是一个音乐术语,指的是从不谐和音转变为谐和音)。当情感内容为零时,这个世界上所有的正确性都不能把表演从艺术的地狱中拯救出来,这个评论在现代爵士乐的世界里比过去任何时候都更加适用,它有着令人望而生畏的和声复杂性,以及对合法接受的绝望追求。"不过我要补充一句:格林 (1991, Ch. 7)对塔图姆的评价比我更正面。

露·威廉斯合作的录音唱片中。

讲故事

品味和情感深度是爵士乐品质的两个相关维度。第三个维度——爵士乐在根本上不同于其他音乐表演的唯一维度——是讲故事的创意。我并不是暗示古典音乐演奏没有创意的成分。正如一个法官不只是法律的被动执行者，爵士乐独奏者和乐队指挥不只是从作曲家到听众之间的传送带。因为实际演奏始终不能完全被乐谱所解释，乐手们必须做出审美选择，跟他们的技术能力比起来，这种选择更多地构成了我们评价他们的基础。然而，在某个明显的意义上，演奏家的位置排在作曲家之后，而在爵士乐中，曲调的位置排在演奏之后。在爵士乐中，我们不可能分辨出舞蹈者和舞蹈，但在交响乐的演奏中我们却可以分辨出。区别很大程度上是一个约束与自由的相对重要性的问题。在某种意义上，爵士音乐家有更多的自由，因为他们在更少的音乐约束下操作。然而，正是由于这个原因，他们寻求或欢迎(或者应当寻求或欢迎)另外的约束，能够让他们的任务更容易处理。稍后我将回到这个问题。

通过旋律革新[218]来讲故事的能力与品味有关，但比品味走得更远。泰迪·威尔逊有极好的品味，以及——以一种简朴的方式——相当可观的情感强度，但没多少故事要讲。正如我已经指出的，霍奇斯可以用一个音符来传达品味和情感深度——但一个音符讲不了故事。当我听莱斯特·杨最好的独奏单曲《窈窕淑女》(1936)、《脚趾发痒》(1940 年版和 1941 年版)——二者都取自《当你微笑时》(1938 年与比莉·哈乐黛合作)——或 1940 年与班尼·古德曼和查理·克里斯蒂安合作的录音唱片时，仿佛在追踪着非语言叙事。它们包含陈述，常常有附属的从句，离题，回到主故事，早先主题的扩展，假结尾，新开头，接下来，当落在节拍后面的旋律线赶上节拍时，有令人满意的总结。[219]

218　参见 Berliner(1994)，pp. 201—205。由于缺乏音乐训练，我没有能力欣赏和声革新。

219　赶上节拍所创造的效果——爵士乐中某些最令人心碎的瞬间，其原因正在于此——在 Dodge(1995)，p. 169 中得到了精彩的描述："常常，即兴演奏者想让他新的旋律线、他的热独奏一直走在前面，超出原曲形式乐段的限制。所以，他服从他的旋律线的要求，不让乐段终止，扩展他的乐句，超出公认曲调乐段的常规限制。在短时间这样做了之后，他自然就落在旋律进程的后面，但在任何一个时间点上，他都可以轻而易举地加入旋律。就像一只狗跟着主人外出散步，不断跑开，又不断回来——回到主人所在的地方，而不是它离开主人的地方。"

听一首延长了的爵士独奏单曲的主观体验有着听一段形式叙事的结构。有一个类比是刘易斯·卡罗尔的废话诗《无意义的话》,诗的开头是这样:

是滑菱鲆在缓慢滑动
时而翻转时而平衡
所有的扭捏作态展示了
蠢人的早熟、懒人的平庸。

尽管语义晦涩,但这首诗凭借句法结构而有了意义——不像某些超现实主义写作,借助句法之外的手段把普通单词连在一起。类似地,正如肯德尔·沃尔顿所认为的,一首音乐可能传达"一种非常普遍的回归观念,不仅仅是回家的观念,而且还有回归健康,回到犯罪现场,回归一个人从前的信念。"[220]对于莱斯特·杨的每一首独奏单曲,你大概都可以写一篇有着相同结构的文字叙事。尽管一首独奏单曲由于没有具体的主题而比一篇文字叙事的内容更少,但它也由于利用了节奏和声音质地来增强构建故事的乐句和转调而获得了更多的东西。由此产生的抽象性与具体性的混合是爵士乐最有吸引力的特征之一。

即兴与雕琢

爵士乐中的创造力与即兴表演的关系很复杂。一首高品质的即兴独奏单曲是创造力的非凡壮举,但即兴表演并不是讲故事的唯一方式。一首单曲可以是"雕琢的"——通过多次演奏不断发展和完善,直至达到局部最大化。成功的即兴表演被持久地采用,转变成了新的即兴表演的约束,直至最后只留下很少的自由。最近发行的一些 20 世纪 20 和 30 年代唱片专辑的备用录音,以及也是在录音棚里录制的复制曲目的收音机广播,清楚地表明:独奏单曲常常事先准备了脚本。例如,在阿姆斯特兰 1924—1925 年间与弗莱彻·亨德森合作的录音唱片中,他每次录制都演奏"相同的"独奏单曲。莱斯特·杨演奏《一点钟跳起来》的几个版本在很大程度上互相重叠。类似地,如果我们比较霍奇斯在录音棚里录制的《蓝色幻想曲》(1937)与卡内基音乐厅的现场录音(1938),这些独奏单曲几乎完全一样。如果一个演奏者三天两头在路上,而且

220 Walton (1988), p. 356.

每次演出都在相同的演奏地点，你几乎不可能指望他每次都想出全新的观念。歌手大概更是如此。一旦比莉·哈乐黛琢磨出了如何诠释，常常严重偏离成文曲谱（正如 1937 年的《我能挺过去》），她就坚持这一诠释。然而，即使是一首雕琢单曲，也可以有最高的品质。在这样的情况下，创造行为随着时间的推移而蔓延开来，而不是集中在短短的几分钟之内。

这并不意味着一首雕琢单曲是僵化的。《蓝色幻想曲》的卡内基音乐厅现场版优于录音棚版。声调更有力，音质更温暖，更强烈。类似地，依次把阿姆斯特朗的独奏单曲与亨德森的放在一起，明显存在品质的差别。此外，你可能会猜测，雕琢单曲不可能变得僵化，但往往会恶化。在这里，我们可以应用莱布尼茨的格言："不进则退：静止是不可能的。""带着感情"演奏可能需要探索某个未知的领地，即使偏离标准单曲的幅度并不大。我们不妨比较一下霍奇斯连续三张《决不悲伤》（后来被称作《不再绕太远》）的唱片：1940 年的录音棚版，1940 年的水晶宴会厅版，以及 1943 年的卡内基音乐厅版。尽管大致上类似，但这三首单曲——全都非常感人——当它们显示出的变化暗示了霍奇斯参与了一项连续不断的探索与革新的事业。到 20 世纪 60 年代，他的独奏单曲更加固定不变，但即使在那个时候，我们还是发现《街上的向阳面》这首单曲的柏林版和斯德哥尔摩版（都出自 1961 年）之间存在很小的、却十分显著的差别。这样的微调暗示，他继续从事了对局部最大化的寻求，或者从这样的局部最大化移向旁边的最大化。

因此，在一个极端，我们发现了雕琢单曲，它是一个永久性乐队——比如贝西乐团或艾灵顿乐团——演奏的标准曲目的组成部分。在另一个极端，我们发现了唱片专辑中即兴演奏单曲，把那些通常根本不在一起演奏的乐手带到了一起。20 世纪 30 年代比莉·哈乐黛和泰迪·威尔逊的唱片专辑落入了这个类别。在其中最好的唱片专辑中，贝西乐团和艾灵顿乐团乐手们（杨、霍奇斯、巴克·克莱顿、库蒂·威廉斯）混在一起，以及碰巧在城里的随便什么人作为补充。在一个中间类别中，我们发现一些小团体的唱片专辑中的独奏单曲，这些团体由一个大乐队中最好的乐手组成。贝西乐团的伴奏乐手，尤其是艾灵顿乐团的伴奏乐手，录制了很多这样的唱片。我不知道他们在何种程度上涉及雕琢单曲。在大乐队的公开演出中，某些曲目通常由整个乐队的一部分人演奏，大概与这些小团体的其中一个相对应。因此很有可能，某些小团体的唱片涉及雕琢单曲。在某些实例中,备用录音的存在足以排除这一可能性。“堪萨斯城六人乐队”(1938)——主要由莱斯特·杨演奏单簧管——十分精彩的唱片全都以备选录音的形式存在,让人无法怀疑它们的自发性。在另外一些实例中,我们有独立的证据表明,一首给定的曲子不是标准曲目的组成部分。

那么,有两个主要标准,来判断一首给定的独奏单曲确实是现场的即兴演奏,而不是随着时间推移而雕琢的。如果这首单曲是在一个仅仅为了录制唱片而组合起来的特别小组之内录制的,它就不可能是长时间悉心打磨的产物。还有,如果这首单曲存在于备选录音中,版本之间的差别是自发性的一个相当好的指示器。有时候,两个标准都满足。哈乐黛-威尔逊的很多唱片专辑都有备选录音,结果导致了——比方说——莱斯特·杨演奏的《回到你自己的后院》(1938)或《当你微笑时》(1938)非常精彩的、完全不同的独奏单曲。这些都属于最好的爵士乐唱片,杨的独奏单曲显示了自由与控制的神奇结合。有些数学家声称,他们把证明看作一个整体,在视觉上展示在他们面前。类似地,这些单曲传达出了这样一个印象:结尾是直接根据开头创作出来的。[221]

我不知道有任何同样令人兴奋的阿姆斯特朗的独奏单曲。他1926—1929年间的唱片显示了令人惊叹的情感深度和完全的音乐控制力,但它们的戏剧结构很大程度上传达出了这样一个印象:它们是雕琢的,而不是即兴的。20世纪30年之后,阿姆斯特朗基本上不再讲述任何音乐故事,至少就他的录音唱片所显示的而言是这样。如今他依靠他那无人超越的音乐理解力,这使他能够完美呈现任何一首曲子,以至于他的版本会立即成为权威版本,连同一种情感力量,这种力量甚至赋予平铺直叙的歌曲以深刻的意义。就其职业生涯的大部分时间而言,约翰尼·霍奇斯也是如此。在《街上的向阳面》的1937年纪念版中,甚至在1938年强有力的棉花俱乐部版中,他所做的不过是用几个小调虚饰奏完这首曲子,但情感冲击是巨大的。正如《从乔那里来的女孩》传达了快乐的本质,这些演奏也是对爱的提炼。

然而,霍奇斯也是一个即兴演奏大师。一个早期的例证是高入云霄的独奏单曲《亲爱的老南方》(1933)。我无法相信,这样一首生机蓬勃的曲子能够排练出来。后期的两个实例,在我看来大概也是他的巅峰之作,出现在1938

221 Green (1991), p. 103.

年艾灵顿乐团一个小群体的唱片专辑中，这张专辑包括《让歌声出自我心》和《如果你在我的位置上》。（它们由一个真正可怕的歌手出演，不过却没有分散我们对霍奇斯演奏的关注。）在他这两首单曲中，他所讲述的故事就复杂性和音乐趣味而言比得上莱斯特·杨最好的作品——此外还有令人惊叹的声音。当带有备选录音的艾灵顿乐团全集出版发行时，我希望我们可以得到很多类似的乐趣。

最后，我对约束在爵士乐中所扮演的角色发表几句评论。保罗·伯利纳的《爵士乐中的思考》(*Thinking in Jazz*)对爵士乐的即兴演奏做了深入透彻的研究，我们将利用这部著作，区分几种约束：财务的、音乐的、物理的和技术的。其中某些约束对创造力有着严重的影响，其他一些约束则会增强创造力，还有一些约束可能有着更不明确的影响。我在讨论这些约束时将不再严格坚持1936—1942年这段时期，而是仍然使用来自更晚近的爵士时期的例证。

财务约束

我们讨论的这一时期的所有爵士唱片都是商业性的：它们都是为了给唱片公司挣钱而录制的。尽管唱片公司不可能把利润最大化作为一个目标强制推行，但它们可以强加财务约束，而且确实这样做了。最流行的曲子有时候被给予白人演奏者，黑人歌手不得不靠二流的材料干活。然而，首先，这个惯例大概并没有人们经常设想的那么普遍[222]，其次，一个像比莉·哈乐黛那样的歌手有能力对最陈腐的歌词给予情感上的改变。“歌曲是作为那个时代流行音乐的合格副产品而交到她手里的，经过处理，作为思想和情感的动人表达而出现，作曲家做梦都没有想到这样的表达。”[223]然而，要是按照阿恩海姆的论证思路——优秀演员用平庸的戏剧表演得更好——说她用低品质的材料演唱得更好，那就荒谬了。

唱片公司还可能把特定的风格强加给音乐家，要么是利用过去的成功赚钱，要么是跟着流行趋势走。一方面，“帮助即兴表演者流行起来的媒介，同样

222 例如，Clarke (1994)，p. 91 和 Nicholson (1995)，p. 69 认为，哈乐黛—威尔逊唱片专辑的材料实际上相当好。

223 Green (1991)，p. 130。Tanner (1976—1977)，pp. 141—142 认为，民谣作曲家也可以把一首多愁善感的诗歌转变为最高品质的艺术。

也有可能约束他们的创造活动”。[224] 一旦一张唱片流行起来，乐手们就必须在所有现场演出中演奏同一首曲子，这个约束还可能扩大到演奏风格。因此，李·柯尼兹说：“从与迈尔斯一起演奏的时候起，我便有了一个身份标志，很多人不想听我用不同的方式演奏。”[225]在这些实例中，乐手们可能面临这样的选择：要么在音乐上作出无法接受的妥协，要么另谋生路。另一方面，“唱片公司可能对艺术家探索更广范围的表达发挥影响。‘我的音乐一直在进化，’小沃尔特·毕肖普反思道。‘当唱片公司告诉我他们再也不会录制比博普爵士乐时，我已经过时了，我找到了其他领域表达我自己。’”[226]

唱片公司的财务约束还可能对音乐有一种“冷却”效应：

> 通常的情况是，当一家唱片公司承担了录音棚的运转成本并支付了即兴演奏者录制专辑的时薪之后，它便努力限制一张唱片的录制时间。假如合同约定，超出了最初录音支付款项，唱片公司就会根据唱片销售额支付给乐队指挥（在某些情况下也支付给演奏者）版税，它通常把录音棚的费用以及与唱片生产有关的大量其他开支计入乐手们账户的借方，这笔钱还清之后才允许他们分享唱片的利润。意识到演奏错误可能需要灌制多个备份录音，每次录制都有直接的经济后果，而且还知道，他们不可能有能力把问题改正到每个部分都令他们满意的程度，乐手们有时候会为录制唱片而制定即兴演奏大纲，比音乐会的大纲更正式。在极端情况下，他们偶尔会为独奏单曲和伴奏部分创作模型。[227]

音乐约束

正如本章第 4 节就长篇小说的实例所解释的，一件艺术作品早期部分的展开约束着它的进一步发展。一个类似的原则适用于即兴表演，但有一个额外的扭曲（还可参看本章第 8 节）。爵士乐手们发展了一套“音乐救场”曲目——这些手段让他们在犯错的时候摆脱麻烦。其中有些曲目只不过是保全

224 Berliner (1994), p. 482.

225 同上。

226 同上。

227 同上，p. 475。

面子的措施，正如迪齐·吉莱斯皮的忠告："当你犯错时，就犯一个声音响亮的错误，因为，如果你对错误感到胆怯，那么它听上去确实像一个错误。"[228]另一个更具建设性的花招是重复这个错误，让它看上去是故意的。"在单独的和声位置上重新演奏一个遇到麻烦的乐句可能给这首单曲提供一个统一的主题。或者，立即重复可以让这样一个乐句充当一种令人满意的构建张力的手段，它的成功解决，追溯性地给这一组乐句注入了一个有计划的动机变奏的特征。"[229]而且，错误可能是故意产生的：某些

> 艺术家觉得，实现他们的目标依赖于有足够的自信和弹性，从故意的追求向后退——放弃控制权。芝加哥的一个康茄鼓手曾经遵循这个途径，他周期性地把双手从不同的高度软弱无力地落在鼓面上，让它们能够自由地反弹，然后立即模仿它们复杂的音位变体模式，重新用双手演奏。[230]

然而，不像电声摇滚乐的情况，在爵士乐中，故意利用错误似乎不是创造力的核心特征。

一个更微妙的约束出现在和声与旋律相互作用中。人们经常注意到，尽管莱斯特·杨的旋律技巧无人超越，但他的和声曲目相对有限。[231] 据班尼·格林说，他演奏的这两个特征事实上彼此相关。他认为，杨的批评者决不会想到，"莱斯特·杨的魅力正在于其和声的常规老套中。以他之前的那代人所能支配的同样贫瘠的资源，莱斯特·杨发展出了一种完全原创的、十分独特的风格。"[232]由于人类大脑的能力是有限的，成为一个行当的大师比成为两个行当的张三李四更好[233]，自愿在给定和声常规之内演奏可能正是莱斯特·杨旋律卓越的一个条件。

物理约束和技术约束

这些约束构成了一大堆乱七八糟的障碍，范围从琐碎的到重要的。在 3

---

228 Berliner (1994), p. 212.

229 同上，p. 215。

230 同上，p. 219。

231 Green (1991), pp. 106—110; Schuller (1989), p. 554.

232 Green (1991), p. 110.

233 233. Elster (1986a).

个有趣的实例中，乐手们能够避开其乐器技术缺陷，只要简单地绕开它们演奏。有一次，“迈尔斯·戴维斯的一个鼓栓在即兴演奏当中卡住了。戴维斯只是把与之关联的音调的缺失当作一个创作约束而接受，在没有它们的情况下完成了这首独奏单曲的其余部分。”[234]另一次，比德·鲍威尔带着一架没有调音的钢琴赶到一家俱乐部，“手指翻飞跑了一遍键盘，以识别出走调的琴键。接下来，他开始了一场大师级的演奏，他在演奏中把那些‘坏音’作为不谐和音或特效来处理——就像蓝调一样——把它们完美地整合到了自己的单曲里。”[235]阿特·塔图姆也会选择钢琴上的琴键，尽可能避开刺耳的音符。[236] 就鲍威尔的情形而言，有一个暗示：额外的约束促使他产生某个有价值的东西，而在别的情况下可能不会发生——尽管未必比在钢琴调音得当的情况下发生的更有价值。据我所知，没有一个爵士乐手仿效佩雷克，故意剥夺自己某些通常可以自由支配的技术手段。

戴维斯、鲍威尔和塔图姆因为他们的技术能力而能够克服其乐器的缺陷。前面我们已经看到，这些技巧如果是有缺陷的，本身也可能充当约束。就乐器演奏者的情况而言，我并不认为可以提出这样一个一般性的论点：有限的技巧有助于提高演奏的品质，通过迫使乐手把精力集中在说什么、而不是怎么说上。尽管大师级的技巧可能诱使一个演奏者为了装门面而参与演奏，但它们也可以被用来传达微妙的音乐理念。姜戈·莱恩哈特或许是一个可能的例外，他的左手在一场大火之后残疾了。他“在（他的乐器中）呈现出了爵士乐中此前从未见过的品质，对后来的……吉他演奏家发挥了相当可观的影响。莱恩哈特的伤残迫使他演奏新奇的和弦，如果他的手指功能齐全的话，大概不会发现这些和弦”。[237]

然而，就歌手而言，我很想知道下面这个情况是否仅仅是个意外：技术范围与情感深度似乎互成反比。我在前面援引了比莉·哈乐黛和米尔翠·贝莉

234　Berliner (1994), p. 210.

235　同上，p. 455。

236　Stewart (1972), p. 187.

237　Cooke (1998), p. 75。同样的说法也适用于作曲家。因此，欧文·柏林“不能读写乐谱，而且只演奏钢琴上的黑键，升 F 调。‘C 键是为那些学音乐的人准备的，’他在 1948 年的一次采访中说。‘只用升 F 调作曲这个事实给了我某些和弦，而其他作者没有发现，因为他们对音乐懂得更多’”(Lahr 1999, p. 80)。

作为某些歌手的例证，这些歌手技术范围有限，却有能力支撑情感饱满的表演，艾拉·菲茨杰拉德和莎拉·沃恩处于各自维度相反的极端。（正如图 III.2 清楚地显示的那样，她们都有卓越的品位。）在其他伟大的爵士女歌手当中，贝西·史密斯也落入第一类。正如一位作者所指出的，她唱歌时“带着一种刺耳的品质，同时也带着巨大的激情。”[238]在男歌手当中，阿姆斯特朗、杰克·蒂加登和吉米·拉欣也会落入这一类，现在已经被人遗忘的艾尔·西伯勒和赫伯·杰弗里斯属于第二类（不像弗兰克·西纳特拉，他们甚至都没有品位）。我试探性地得出结论：作为古典歌手的基本先决条件的技术能力对爵士乐手来说实际上是一个障碍。

我倾向于不同意伯利纳关于两个与录影棚录制技术相关的约束的观点。在下面这个段落中，他似乎认为，拼接和其他编辑技术提高了表演的质量，而时间约束则产生了不利的影响：

> 很多表演者和团体都利用录音棚的编辑能力，因为他们认识到，录音唱片这个媒介把他们作为艺术家置于一个特别容易受伤害的位置上。一些错误在气氛热烈的现场表演中没有人注意到，反复听就可能损害音乐的价值。然而，尽管这样的技术工具很有价值，但即兴表演者有时候倾向于把它们看作是拐杖。卢·唐纳森从不“根据他们的唱片来评价乐手。它们是在一系列不同的环境下制作出来的，在那样的环境下，他们可能会作出他们并不喜欢的修改。你必须亲自听乐手们的演奏，才能够判断他们”。为了换取他们在录音棚里享有的优势，作为一种交易，演奏者们要和许许多多的约束作斗争，这些约束把他们的表演与现场事件区别开来。直到相对晚近的时候，录音唱片的时间约束依然迫使乐手们充分压缩表演的长度。[239]

尽管我同意，这里面存在交易，但我会以恰好相反的方式来定位成本和收益。一方面，编辑和拼接的机会对艺术专注来说是一个威胁，而这种专注对创造力来说是必不可少的。我再次援引阿斯泰尔的例子。另一方面，78 rpm 唱片这个“时间手铐”[240]在我看来是创造力之福。高水平的音乐即兴表演需要高

---

238 Friedwald (1996), p. 6.

239 Berliner (1994), p. 474.

240 Rasula (1995), p. 134.

度专注,这样的专注不可能维持一分钟以上。这个看法与人们广泛接受的智慧正面相对。例如,班尼·格林在写到莱斯特·杨时说:

> 在莱斯特鼎盛时期亲耳听过他演奏的人全都坚持强调其创造流的无穷无尽。有一点对他来说大概比对同时代的任何人都更加真实:10 英寸唱片对听者来说极大地损害了他高超的技艺。玛丽露·威廉斯甚至走得更远,她说:"莱斯特或许要四五遍副歌才能热烈起来。"面对莱斯特 20 世纪 30 年代中期录音唱片上一些迷人的四小节和八小节片段考量这一陈述,会激发一些最不着边际的梦想:它们可能是什么,或许确实就是什么。[241]

莱斯特·杨鼎盛时期即兴演奏的唯一录音出自 1938 年卡内基大厅的音乐会。尽管他在这张唱片中的独奏单曲在弗兰克·布赫曼-穆勒的唱片目录中被给予了很高的评价[242],但穆勒并没有把它挑出来,视为高于录音棚唱片。在我听来,它听上去在聚焦和连贯上不如——比方说——他和贝西合作的《脚趾发痒》(1940)或大师级唱片单曲《出租车战争舞蹈》(1939),后面这首单曲 1941 年小群体广播版(在我看来是他最好的),《回到你自己的后院》的两个录制版(哈乐黛-威尔逊,1938),或 1940 年与古德曼和查理·克里斯蒂安合作的唱片。有人可能认为,就图Ⅲ.1 而言,录音棚唱片代表了诸如 A 这样的点,而时间更长的录音生产的单曲位于 C 或 E。这很可能是真的;但我们不能肯定。

但是,我可以援引莱斯特·杨本人的权威说法,来支持我的观点。为了把他的陈述置于恰当的视角,让我首先指出,古典音乐家也即兴演奏。例如,法国的风琴演奏者以即兴技巧而著称。"即兴演奏大师"洛伊克·马利耶承认,"他发现了爵士乐的严密结构是限制性的和约束性的,像一个蓝调演奏者不得不在其中即兴演奏一个变奏的 12 小节。"[243]12 小节可能确实太短,但我所提到的爵士即兴演奏远远超出了这个限制。另一方面,它们不应该走得太远。据说莱斯特·杨曾说:"如果你不能在 32 小节中把它说完,或许你就不应该说

241　Green (1991), p. 106.

242　Buchmann-Möller(1990b), pp. 46—49.

243　*International Herald Tribune*, June 1—2, 1996.

它。"[244]到某个点，多即多；超过了那个点，多即少。

10. 阻碍与反对

正如在前面几章一样，我最后将考量预先约束的可行性和可欲性，以及更一般意义上的被约束的价值。

预先约束的阻碍

尽管自我约束的必要技术是否可用这个问题在本章不像在前面几章那样核心，但它也并非完全不相干。18世纪和20世纪晚期的小说家可能或不可能使用连载的技术来减少他们的自由。尽管一个作者可能在出版之前发表一部小说的摘录，但这大大不同于让自己受制于每周或每月连载的苛刻要求。今天要为一部史诗性的黑白电影找投资恐怕很难，为一部黑白史诗默片找投资大概是不可能的。阿恩海姆希望所有电影形式——不管有没有色彩，有没有声音——同时并存，这个希望没有实现。[245] 在这种情况下，"缺少稀缺性"是由于缺少需求所导致的。如果观众想看黑白默片，就应该会有人生产它们。在一个宽松的意义上，缺少需求可能阻止诗人使用古典格律，或阻止小说家在现实主义的框架之内创作。但更严格地说，作家在物质上没有受到约束，只要他们买得起纸和笔。爵士乐手们或许能够在俱乐部里演奏他们喜欢的音乐，即使进入录音棚的机会取决于他们是否愿意服从于风格上的约束。

约束的有害影响

约束是否可欲、何时可欲的问题更复杂。大抵说来，约束对艺术生产的影响既可能是有益的，也可能是中性的或有害的。在前面几节，我已经给出了一些实例和论证，说明约束可以提高艺术价值。我还给出了例证，说明约束可能是不相干的或中立的，只要艺术家能够绕开它们工作。恩斯特·刘别谦可以不受《海斯法典》的影响；比德·鲍威尔、阿特·塔图姆和迈尔斯·戴维斯可以

244　*New York Times Magazine*, June 2, 1996, p. 32.

245　Arnheim (1957), pp. 159—160.

不受有缺陷的乐器打扰，比莉·哈乐黛可以不受低劣的歌曲材料的影响。在纠正一个错误时，爵士乐的乐器演奏者可以简单地“实现他们在正常演奏过程中努力实现的同样的发展目标”[246]。

毫无疑问，约束在审美上也有可能是有害的。泰勒·科文在他的著作《商业文化礼赞》（*In Praise of Commercial Culture*）中认为，一些技术进步消除了对艺术家的材料约束，提高了审美价值，增强了创造力。例如，新“技术给法国画家和印象主义者提供了……支持。20 世纪 40 年代引入的锡制颜料管让艺术家能够把他们的工作带到户外，把画室光线的虚假留在身后”。[247] 更一般地说，“对内在创造力的外部约束的连续放宽往往会产生范围宽广的情感和风格”。[248] 这些外部约束包括财务限制和材料限制。“巨大的市场会降低创造性追求的成本，使得市场摊位更容易被找到。”[249]不断下降的原材料成本有着类似的解放效应。“在早期的艺术史中，颜料和材料都非常昂贵；艺术家受到的约束是需要产生直接的委托和销售。当这些成本下降时，艺术家可以更多地瞄准创新和个人表达，更少地取悦于买主和批评家。现代艺术成为可能。”[250]

这些论点符合我在第一章第 1 节提出的常识性的观察结论：在正常情况下，选项更多好于选项更少。这是一个应当谨记在心的真理，以避免荒谬而夸张地颂扬约束。然而，科文似乎没有注意到一个非标准的观念：艺术可以受益于被约束。此外，他实际上不是试图证明：约束的消除提高了艺术的品质，而不只是提高了制造出来的艺术品的数量。约束的放宽使得更多的艺术家能够实现他们的观念，也可能侵蚀了高品质艺术作品创造中所需要的聚焦和专注。迄今为止还没有碰到过用一台摄像机拍摄的任何伟大电影。[251]

《海斯法典》非常清楚地显示了约束如何可能既带来有害的影响，又带来

246　Berliner (1994), p. 215.

247　Cowen (1998), p. 117.

248　同上，p. 22。

249　同上，p. 23。

250　同上，p. 20。

251　迈克尔·马里奥特（“只要塞西尔·B. 德米尔有一台台式电脑”，《纽约时报》，1999 年 1 月 7 日）援引了一部戏仿美国广告业的 5 分钟获奖短片，用数字技术，花了 1 700 美元拍成，接下来他说，数字摄影机“使得电影制作者有可能更像画家和其他艺术家那样作业，先生产他们的作品，然后把他们呈现给世界市场。在好莱坞，电影制作者必须先呈现他们的想法，然后试图获得资金”。还要看会不会产生更优秀的电影。我敢打赌，这样的事情不会发生。

有价值的影响。前面我引用了安德烈·巴赞的观点，大意是，审查制度可以提高电影的品质。但他补充道："这样一种偷偷摸摸地犯规所获得的东西可能足以抵消所失去的东西而有余。审查者的社会和道德禁忌太过主观，不可能恰当地引导想象力。尽管在喜剧片或芭蕾舞电影中很有帮助，但在现实主义电影中，它们只是一种妨碍，无声而不可克服。"[252]弗里茨·朗、霍华德·霍克斯和奥森·威尔斯的职业生涯证明，对创造力来说，约束可能确实是镣铐，而不是马刺。朗和霍克斯都不得不在他们的电影里嵌入制片法典所强加的人为情节。因为朗的《绿窗艳影》(*The Woman in the Window*)结束于一次自杀，这样"一个故事'谜底'正是《制片法典》所阻止的"，不得不添加一个结尾，在这个结尾中，主人公一觉醒来，发现所有这一切都是一场梦，然后添加了另一个尾声，使得这部电影能够在健康的笑声中结束。[253] 在霍克斯的《疤面人》(*Scarface*)中，审查者想让疤面人为自己的犯罪付出代价。[254] "与现实主义不相配，影片在逻辑上结束之后，而且观众正在走出剧院，在足足 4 分钟的时间里，银幕上在放映一个大胆而恶劣的枪手身上所发生的事情——审判，定罪，宣布判决时法官的发言，以及绞刑过程所有的其他细节。"[255]

弗兰克·布雷迪的《公民威尔斯》(*Citizen Welles*)令人难忘地描写了威尔斯围绕《黑暗的心》(*The Heart of Darkness*)、《伟大的安伯逊家族》(*The Magnificent Ambersons*)和《长夜漫漫路迢迢》(*Journey into Fear*)等影片与海斯办公室的斗争，布雷迪清楚地表明，审查者的干涉所带来的是审美价值的净损失。[256] 尤其是就上述最后一部电影而言，强加的

> 改变，进一步证明了吹毛求疵的海斯办公室的无限权力，对威尔斯的剧本和安布勒的小说的整个主题是致命的：这部作品把格雷厄姆

252　Bazin (1971), p. 172.

253　McGilligan (1997), pp. 310—311。她还描述了如何竭尽全力摆脱这些约束，但没有声称这些约束提高了电影的价值。

254　海斯的继任者约瑟夫·布林对这个问题有一种"萦绕不去的关切"。因此，《曾达的囚徒》(*The Prisoner of Zenda*)导致了一些问题，原因是故事发生于几代人之前的一个私生子的出生——这表面上是一个无害的情节，却是一个必不可少的情节，因为它解释了正在度假的布里特与理想王国的君主之间身体上的相似性。然而，布林关注的是，故事中没有迹象表明，两个死了许多年的私通者因为他们的罪孽而遭受了"罪有应得的道德惩罚"(同上，pp. 196—197)。

255　McCarthy (1997), p. 148.

256　Brady (1989), pp. 214—215, 322—323, 330—331.

投入了这样一个世界:在这里,生命是廉价的,道德标准明显缺乏。在书中,外国人物的几乎每一个手势,每一个个人习惯,都让人联想到淫秽……正是这个堕落的世界,还有死亡的威胁,让格雷厄姆不断地浑身冒冷汗。

审查的毁灭性影响很容易被低估。除了遵照《海斯法典》拍摄并忍受其强加的约束的电影之外,审查制度的受害者还包括很多由于太过明显地与这部法典不相容而根本没有拍摄出来的电影。[257] 例如,计划拍摄的《黑暗的心》的电影版的取消,部分程度上要归因于审查者的荒唐要求。[258]

阿恩海姆关于默片和黑白电影价值更高的观点容易遭到类似的反对。在一般层面上,他的观点遭到了诺埃尔·卡罗尔决定性的驳斥[259],这里大可不必重复反对他的理由。相反,我将通过比较默片与有声电影,来讨论一个特例。毫无疑问,有声电影在某些方面并不更优,在我看来,它们在另一些方面甚至更劣。为了说明默片的优势,我们可以使用卡罗尔自己对视觉幽默的分析。[260] 正如他所指出的,这个手段在有声电影中也是可用的;尤其是,雅克·塔蒂广泛使用了这一手段。然而,一旦声音可用,导演就有一个明显的诱惑,要使用口头双关语,而不是视觉幽默。要避免这一诱惑,他可能因此决定完全放弃使用声音。本章第 6 节引用过的阿恩海姆取自斯腾伯格的例证显示了默片在另一个方面可能更优。在这个实例中,有声电影的导演甚至不可能实现斯腾伯格所产生的效果;一旦你让电影中有声音,一次开枪就必须被听到,除非导演用另外的声音把它盖过(就像前面引用的《礼帽》的例子中那样)。

正如在《海斯法典》的实例中,默片的约束对某些电影类型比对另一些类型可能发挥更好的作用。对于喜剧和史诗剧,纯粹通过图像讲故事的需要实际上可能有助于导演聚焦创造力。在心理剧中,以及更一般地在任何旨在深入刻画个体及其互动的电影中,一个通过完全放弃使用对话从而把一只手绑在背后的导演就会彻底瘫痪,而不是受到激励。默片的约束只会太紧(还可参看本章第 4 节)。至少对我来说,在默片格式中,很难想象(比方说)《芬妮和亚

---

257 这一点要感谢迭戈·甘贝塔。

258 Brady (1989), pp. 213—215.

259 Carroll (1988), Ch. 1.

260 Carroll (1996), Ch. X.

历山大》(*Fanny and Alexander*)或《黑眼睛》(*Dark Eyes*)中那种心理的微妙和冲击。

电影导演如今在这些事情上并没有太多选择。在其他的艺术形式中,硬约束通常是自由地选择,而不是外部强加的。如果画家决定使用小幅画布或摒弃彩色,他们通常是为了特定的艺术目的而这样做,而不是为了满足公众的预期。相比之下,表面上自由的服从常规的选择可能在主观上被体验为一种必要。到此为止,这种性质的软约束可能有解放效应。然而,正如前面指出的,一种给定的风格之内的常规常常随着时间的推移而不断积累。主要机制似乎是:这种风格的大师被当作规范模型,所以他们的约束给那些面对他们的人增加了额外的约束。随着时间的推移,这种风格可能变成风格主义,在下面这个一般意义上:"过度地或矫揉造作地沉湎于一种与众不同的风格或处理方法。"

超越约束

当常规积累到减少艺术选择范围的程度时,可能需要一场革命来解放创造力。但即使在达到这个关键点之前,对常规的造反也可能充当了创造力的一个工具。在这些情况下,约束更多的不是被拒绝,而是被超越。尽管实际上并不是一个悖论,但这个观念可以用悖论的术语来陈述:受常规约束很好,但不受约束更好。迈克尔·巴克森德尔指出,"很多伟大的图画都有点不合法。"[261]在《批评的失败》(*The Failures of Criticism*)一书中,亨利·佩尔以更一般的形式陈述了这个观念:

> 一个世纪的自由让我们对某些现代艺术家不受约束的无法无天和太多戏剧和小说的毫无章法产生了不信任。就艺术家而言,自愿接受限制,甚至接受障碍——跨越这些障碍锻炼了他们的弹跳技艺——是热情洋溢的青春标志,而不是谦恭顺从的衰老标志。此外,对于一个在艺术纪律上接受过严格训练的作家来说,或者对于一个像纪德或艾略特那样的边缘新教徒来说,还有什么快乐比得上虔诚地意识到严厉的规则呢?有朝一日他们可能会从打破这些规则中得到快乐。在

---

261 Baxandall (1985), p. 120.

一个漫长的个人主义的世纪之后,我们很多的同时代人似乎被他们绝对的艺术自由所压倒,这种自由使任何造反都变得索然寡味。[262]

《批评的失败》初版两年之后,在 1946 年的一份文本中,罗杰·凯洛斯提出了相同的观点。在本章第 1 节我引述的那个段落中,他声称,自由诗的作者是格律诗的寄生虫;他们想要诗的声望,却又不想要纪律和艰苦的工作。但是,还有另一种他赞同的寄生形式:某个彻底掌握了规则、通常也服从其严格要求的人打破规则:

天才的幸运表达和伟大艺术的惊人效果就是这样出现的。所有的锁链突然之间被高耸云霄、令人赞叹的活力给打破了;在这里,你想说,是大自然正在展现它纯粹的辉煌,拒绝一切浮华的外衣和虚饰,壮丽而粗野,没有项圈或装扮。所有这一切都是真的,但这些显露都必定是、也只能是瞬间的闪耀。它们的力量和光亮来自它们的罕见。如果你让它们建立一个永久性的家园,不允许别的东西进入,如果你撤掉所有的藩篱和约束,好让它们随意地、连续不断地喷薄而出:那么,就再也没有形式,没有风格。这些提供了这样强烈享受的突飞猛进就失去了所有的意义和重要性。他们就没有韵律和理由。当它们不再有任何要克服的阻力或任何要面对的障碍,它们就不再有放松的品格,而正是这一品格,造就了它们的美。它们只不过是混乱和骚动。它们回到了那种原始的混沌,艺术只有自己创造镣铐和规则,才能从这种混沌中出现。[263]

常规提供了有益的纪律,在这个背景上,违背它们才能产生伟大的审美效果,前提条件是,违背本身服从于纪律。尽管很有吸引力,但这种对古典教条的重申和修订有点不靠谱,因为几乎不可能把它作为一个能够自圆其说的规范教条来陈述。[264] 如果艺术家只是为了能够违反规则而服从规则,他们就不可能有动力去经受一个劳心费力的过程,把这些规则内在化。[265] 下面这个论点遇

---

262 Peyre (1967), pp. 226—27.

263 Caillois (1978), pp. 38—39.

264 有一个有点类似的对道德理论的公共性约束,参见 Rawls (1971), pp. 177—182。

265 Greenberg (1999, p. 53)写道:“记录表明,任何一项重要的创新,创新艺术家都掌握或领会了他所改变或抛弃的常规。”这段话提出了一个略微不同的观点:永久性(不同于临时性)违反一项常规,其成功的前提条件是:这项常规必须充分地内化。

到了类似的问题：画家即使想画抽象画，也应该首先在具象技术上接受训练。因为具象训练是有帮助的，所以必须认真对待。因为艺术家认真对待它，它有帮助，只要他们相信他们绝不会使用任何其他技术。下面这个观念可能是痴心妄想：一个人既可以获得约束带来的好处，还可以获得违反约束带来的好处。

结 尾

本书不是对一个论题的论证，而是对一些主题的解释。为了产生一个"主题"而把某些例证和机制捆绑在一起的方式有点随意。在第一和第二章，分析依赖于预先约束的理由和策略的双重视角，这个视角也可以应用于第三章。然而，我并没有遵循这一分类，而是使用略有不同的、一般而言不那么技术性的类别，把某种顺序强加给前面几章所涵盖的实例。它明显不是一份总结，而是对案例研究的反思。尽管到最后，我依然没有得到任何像系统性解释那样的东西，但某些类别可能还是在约束理论的积木块当中找到一席之地。

诱惑

常常，我们为了避免诱惑，或者为了让自己在遇到诱惑时没有能力屈从于它，而预先约束自己。我在本书中讨论过的诱惑种类繁多，五花八门。例如这样的诱惑：什么都不做，或者把令人不快的任务推到明天。想戒烟的吸烟者，或者认为自己应该为晚年而存钱的人，都容易患拖延症。"请赐予我贞洁和自制吧，但不是现在。"（译者注：语出圣奥古斯丁。）接下来，有相反的诱惑：立即做某件事情，而如果再拖延一段时间的话，这件事会带来更多的愉悦。正如乔治·安斯利所认为的，很多愉悦都以控制速度为前提条件。吸烟者如果吸得更少的话，从吸烟中得到的享受更全面。那些靠想象带来愉悦的人可能会发现，读一本书比做白日梦更可取，后者太容易过早得到满足。写一本书就更好了。在《自恋回忆录》（*Souvenirs d'Egotisme*）中，司汤达写道："对于任何品尝过写作这个深奥行当的人来说，阅读不过是退而求其次的快乐。"

还有走轻便捷径的诱惑。在艺术中，努力给人留下深刻印象是一个持久的诱惑，只要艺术家有很高的技术技巧，或者能选择一种特别丰富多彩的媒介。对于像阿曼门诺派教徒这样的落后社群的成员来说,可能有利用更先进环境的技术的诱惑。任何一项被吸收来的给定技术对传统的生活方式可能都只有微不足道的影响,但随着时间的推移,这些原本中立的改变所带来的全面影响可能是腐蚀性的。可能有一条通向成瘾的"享乐之路",它也提供了显著的短期收益和更分散的长期危害。

激情与渴望

诱惑令人动心、颇为诱人,而激情与渴望则是急迫的和无法抵抗的。诱惑常常由自欺的和一厢情愿的想法充当它们的女仆,使行为人能够忽视所涉及的潜在危险。而激情与渴望可能是如此强大,以至于把所有对后果的考量全都排挤出去。在暴烈的愤怒、强大的性刺激或渴望毒品的状态下,对立即满足的渴望是如此强烈,以至于对成本和风险的考量几乎不会出现。在这些情况下,预先约束必须提前相当一段时间,在冷静的时刻——而不是在(比方说)头脑发昏的时刻,以至于想让打破婚姻纽带变得非常困难。此外,它必须采取这样的形式:让某些行动在身体上或法律上变得不可能,而不是给它们附加额外的成本,因为,根据前提,在头脑发热的瞬间,这些成本不会有任何动机性的影响。

预先约束与激情之间的关联的观念是一个非常古老的观念,至少可以追溯到塞涅卡和普鲁塔克。在他们的著作中,正如在上个十年之前的所有其他作者的著作中一样,这个观念就是预先约束自己,防止激情。然而,杰克·赫舒拉发和罗伯特·弗兰克认为,激情可以充当预先约束的手段,以防止诱惑。安东尼奥·达马西奥也从一个非常不同的视角认为,情感更多地并不是诱发短视的偏见,而是让我们能够考量行为的长期后果。这些五花八门的观点当中,我相信,弗兰克提出的——A. O. 洛夫乔伊更早提出的——观点最有前途。在他的论证中,情感可以通过强加羞愧的心理成本,以及对选择短期报偿的负疚感,从而让天平朝着遥远的未来倾斜。另一个论点——赫舒拉发和弗兰克提出的——可以概括为:情感上引发的不计后果可能会带来好的后果,因为其他人由于知道一个人正准备非理性地采取行动,从而被吓住了。在我看来,这个观念没有多少经验证据提供支持。达马西奥的观点本质上也是推测性的。

使能

因为我们是非理性的，诱惑、激情与渴望可能把我们领入歧途。因为我们可能知道我们是非理性的，我们可以使用预先约束策略来保护我们自己。然而，与我在《尤利西斯与海妖》中暗示的刚好相反，预先约束的使用未必与非理性或不完美相关联。即便是最理性的人，也可能使用自我约束技术，来实现他们在没有约束时实现不了的事情。使能型自我约束的一个简单实例是使用合同法让承诺变得可信。正如斯蒂芬·霍姆斯所显示的，这个观念在宪法语境下有一些重要的应用。而且，有很多预先约束策略可以用来提高威胁的可信度。这些策略非但不是对非理性的回应，反倒可能包括非理性的理性发展，例如，选择某个人充当谈判代表，当他处在一个较弱的位置上，他不会像一个理性人那样退让。托马斯·谢林在几篇十分精彩的文章中开拓了这一方法。

使能型预先约束还可能因为其他理由而出现在其他的语境中。当政府把货币政策的责任转让给中央银行时，未必是因为它不相信自己能做正确的事情。正如芬恩·基德兰德和爱德华·普雷斯科特最早指出的，即使是一个免于短视和党派偏见的政府，放弃这些决策权也会更好。通过要求绝大多数同意才能改变控制政治生活的基本原则，宪法使得经济和政治的行为人能够做出长期的投资和计划。预先约束还在艺术中扮演了重要的正面角色。艺术家通过排除他们的某些选项，使自己能够更好地聚焦于选择剩下的选项。

约束与常规

在一个非常一般的层面上，限制行为人自由的手段可以沿着两个维度来归类。首先，存在这样一个区分：一些手段仅仅取决于其他人的预期，而另一些手段则不是这样。其次，还有这样一个区分：有些手段是行为人创造的，另一些则是他在现有手段中找到的。尽管你可以杜撰出单独的术语，来表示越过这两个维度互相交叉而出现的所有四种情况，但我还是把其中三种情况捆绑在一起，归入约束的名下，用常规来代表第四类。一项常规是行为人发现已经存在的预期集。因此，它们不同于用下面这个方法建立起来的预期：一个想要戒烟的人通过向朋友宣布戒烟来增强自己的决心。它们也不同于发现已经存在的对行动自由的硬约束，正如约 1940 年之前的电影导演没有条件拍摄彩色电影。最后,它们当然不同于自由选择的硬性限制。

在政治领域,我们遇到的既有宪法约束,也有宪法常规。前者体现在宪法法院或类似机构实施的成文宪法中。后者是不成文的原则,政治行为人应当遵守,如果不遵守的话,他们将会在政治上遭受损失。经常有一种机制,撤销违反成文宪法的一项法律或法令,但没有一个机制撤销违反不成文宪法的行为——只有一个惩罚行为人的机制,例如再选时不让他获得连任。(雅典人的违法提议诉讼制度把这两件事情都做了——撤销法律并惩罚其提议人。)有时候,一个约束仅仅借助一项常规而存在。如果宪法并不包含这样的条款:让修改宪法比修改其他法律更难,那么,它所拥有的任何约束力都源自这样一个常规:宪法在政治博弈的中间不应当修改。

艺术家的行动自由既受约束的限制,也受常规的限制。他们面对的大多数约束,要么是技术媒介的性质强加的,要么是那些为他们的作品掏钱的人强加的,但有些约束是自我强加的。在给定的常规内工作始终是艺术家自己的选择。你可能会问,艺术是不是像政治一样,也提供了授权使用某些约束的常规的实例。不妨举一个假设的例证,电影可能服从于这样的常规:葬礼的场景应当拍成黑白的。但我并不知道有任何这样的实例。

在个体自我控制的情况下,人们经常寻求被约束。一个试图戒除或减少饮酒的人可能试图让酒变得不可用,或者服用某种药物,让自己喝酒(或喝多)就会生病。但是,在一个更具隐喻性的意义上,他还可以把一项常规强加给自己,以一项私人规则的形式。这项规则可能采取彻底戒酒的严格形式,或者采取较温和的形式,例如晚餐之前决不喝酒,或只在有人陪伴时才喝酒。通过下面这个预期来防止诱惑:一次违反就会引发故态完全复萌,有点像一个默契的价格同盟,被这样一个共同的预期粘在一起:一次背叛就会导致普遍背叛。尽管考虑到我把常规定义为只是行为人发现已经存在的一组预期,自我强加的常规这个观念似乎毫无意义,但我们可以把个体看作是一连串的自我,或者更准确地说,视为必须做出一连串的决定,从而让这个观念有一定的意义。一旦存在这样的预期:一次违反便会触发完全故态复萌,行为人把它视为一个参数事实,而不是某个可以重新谈判的东西。然而,我并不想强调这些个人内在的常规与标准的人与人之间的情况之间的相似性。这一类比尽管是引人联想的和颇为诱人的,但它也是不完美的,潜在地是误导性的。

延迟

约束的一个实例涉及延迟，也就是说，在导致最终结果的因果序列中的两个决定之间插入一段时间，或者延长间隔时间。传统上，延迟被认为是为了抵消激情，它使情绪或成瘾的渴望冷却下来，并使行为人根据理性的理由做出决定。更晚近的时期，有人证明，延迟可能是一种有效的手段，防止注意力过度集中于眼下，这是双曲贴现的典型特征。通过使用非流动性的储蓄工具，人们可以保护自己，防止他们动用储蓄用于当前消费的趋势。

延迟可能至少还有另外三个效应。首先，延迟可以操作得能够减少利益在决策中的作用。通过要求立法采用与其实施之间有一段时间间隔，制宪者可以让未来的立法者更有可能促进普遍福祉而不是个人利益。其次，延迟在谈判中可以是有用的策略。如果一方能够为回应另一方的提议创造一个缓慢而笨拙的程序，他就会拥有策略上的优势。最后，雅典人的放逐程序证明，政治领导人可能利用一个两步程序中决策之间的时间间隔，来引发激情，而不是平息激情。不像我所提到的其他效应，这个效应不会为故意采用拖延策略提供理由。

预先约束的起源与解释

约束是由于必要性或通过选择而出现的，而常规是不断演化而来的（除了刚刚讨论过的个人内在的情况之外）。演化过程的性质并没有被透彻地理解，常规控制行为的机制的确切性质也是如此。大概并不存在一般性的解释，既可以解释允许公民投票修改成文宪法的法国制宪议会，又可以解释规定流行歌曲应当有 AABA 形式的常规。

自我约束的典型特征——尤利西斯让人把自己绑在桅杆上——明显是自由选择。当个体或集体以这种方式约束自己时，我们必须假设，他们之所以这样做，是因为他们相信自己会受益于被约束。（他们是不是真的受益则是另一回事。）相比之下，当他们被其他人约束，或者由于硬性的物体限制或财务限制而受约束时，他们可能并不认为受约束是有价值的，事实上可能希望获得自由。即使当他们宁愿受约束时，这也并不是说他们主动选择受约束。尽管一个人可能有点宽泛地使用“预先约束”或“自我约束”这样的术语，来涵盖限制行为人行动自由的所有实例,这些限制将给行为人带来明显的好处,但这并不适合于解释的目的。

如果我们忽略非人为制造的约束,我们就可以区分一个行为人在行动中可能受到约束的几种方式。(1)由于能够给行为人带来他自己所认为的好处而出现的约束。尤利西斯或者乔治·佩雷克在写一部只有"e"或没有"e"的长篇小说时便是这种情况。(2)由于给行为人带来别人所认为的好处而出现的约束。这就是家长式的约束,有很多变种。精神疾病非自愿入院治疗是一个标准例证。(3)由于给别人带来好处而出现的约束,对被约束行为人的好处是作为副作用而出现的。一个由建国者组成的精英集团可能起草一部让自己受益的宪法,同时也可能相信:全体人口也会受益于不能没收精英的财产。然而,一般而言,副作用可能是、也可能不是约束者所预期的,可能被、也可能不被受约束的行为人所看重。据我所知,海斯办公室的官员并没有这样的观念:他们通过审查电影,实际上可能会提高电影的审美价值。今天,美国政府似乎没有认识到:通过把经济制裁强加给中东某国,它实际上可能帮助这个国家维持它的孤立状态,避免西方价值观的腐蚀性影响。

约束自己或被人约束

自我约束是返身性操作。行为人 A 约束同一个行为人 A。然而,在最严格的意义上,约束自己是很难的。查阅那些论述打绳结和论述魔术师的把戏的书,我没有找到任何操作指南,说明一个人如何用一个自己无法挣脱的绳结把自己绑起来。用自己的双手很容易绑住自己的双脚,却很难牢牢绑住自己的双手,使得自己不可能解开绳结,因为片刻之后,双手的活动被牢牢地约束,以至于行为人没法使出打牢绳结所需要的力量。典型情况是,行为人 A 需要另一个行为人 B 的帮助来约束自己。尤利西斯不得不请求他的水手们把他绑到桅杆上。

在预先约束中,其他人可以用很多方式提供帮助。正如我们已经指出的,想要戒烟的人可以把自己的打算告诉其他人,从而间接地获得他们的支持,他预期,万一自己故态复萌其他人会反对,希望借助这一预期让自己坚持下去。而且,一个瘾君子可能不会扔掉钥匙,而是把钥匙交给另一个人保管,此人有权利、大概也有义务不答应他要回钥匙的要求。可卡因成瘾者把一封自证其罪的信存放在戒毒机构，如果发现他尿检呈阳性，这封信就会被寄给他的雇主，他想必能够指望戒毒机构抵制他的恳求。服用戒酒硫以抵制饮酒欲望的人通常需要别人监督他抵制逃避服药的诱惑。

我们还发现了一些共同自我约束的实例。匿名戒酒协会就是基于这样一个观念：协会成员互相帮助戒酒。在共同白日梦中，做白日梦的搭档可以互相帮助抵制过早满足的诱惑。在集体即兴表演中，每个乐手都约束其他人的贡献。更一般地，艺术常规也可以从这个角度看。正是因为每个艺术家都预期其他艺术家尊重一种体裁的常规法则，他才有动机自己也尊重这些法则。

最后，其他人可能试图约束行为人，使他约束自己（或别人）变得更困难。在很多制宪的实例中，我们注意到，召集制宪会议或选择会议代表的权威也试图约束制宪者。尽管这些努力通常会失败，但有时候也会成功。就个体行为人而言，家长制的目标也可能是要防止自我家长制。因此，婚姻咨询顾问很可能试图防止年轻人通过严厉得无法摆脱的婚姻契约约束自己。

约束自己或约束别人

正如我们刚刚讨论的，当行为人 B 把一个约束强加给行为人 A 时，有可能是因为 A 要求他这样做。从这个实例很容易过渡到下面这个实例：B 约束 A 是因为 B 相信：假如 A 了解所有事实并能够做出有理有据的决定，他就会要求被约束。精神病医院的非自愿入院治疗有时候就是按照这样的路子来证明其合理性。事实上，即使不要求 A 入院治疗，他后来还可能起诉 B，如果过早被放出来的话。

很容易进一步过渡到下面这个实例：一个人仅仅为了创造一个约束的目的而约束自己，而这个约束也会限制其他人的行动自由。在序言中，我援引了塞普的话，大意是，“在政治中，人们从不试图约束自己，只想约束别人。”很多所谓的宪法自我约束实例，在更仔细的审视之后，结果证实了这句格言。一个显著的例证是瓦勒里·季斯卡·德斯坦试图通过表面上约束自己来约束未来的社会主义议会。更微妙的是，为了获得优势地位，一个人可能约束自己，而放弃约束别人。因此，在某些希腊城邦，富人让投票成为他们自己的强制性义务，而对穷人来说则不是，预期穷人在不被要求行使其政治权利时，事实上不会使用他们的政治权利。

多重自我与连续世代

作为“自我约束”语言之外的另一个选项，你可以谈到一个自我约束另一个自我，典型的情况是一个后来某个日期将会存在的自我。如果只是用作一个比喻，这个表达方式是无害的。然而，如果从字面上理解，它会带来一些问题。你可能貌似有理地认为，一个老人在非常实际的意义上是“另一个人”，完全不同于他还是个孩子时的那个人。然而，如果我们忽略人为编造的实例，年轻人实际上并不试图约束他们老了之后能做什么。很多年轻人说——有些人可能有这个意思——他们将会在自己达到某个年龄时杀死自己，但没有一个人掏钱请一个合同杀手以确保这项工作顺利完成。当一个人实际上采取步骤约束自己未来的行动自由时，通常是因为他认为，如果不这样的话，他——同一个人——可能会做自己并不想做的事。他约束的是自己，而不是别人。这是两回事，因为当一个人试图约束别人时会产生一些道德问题，而当他试图约束自己时，则不会产生或者是以弱化了的形式产生这些问题。

当自我约束的语言被应用于实际上是约束别人的实例时，就会出现相反的情况。很多作者，包括我自己，都把制宪视为一种自我约束的形式。再一次，这个说法作为一个比喻是可以接受的，但如果从字面上理解就很成问题了。当建国一代限制后代的行动自由时，自我约束的语言可能是误导性的。自我约束在字面意义上的道德正当性并不能转给这个隐喻意义：建国者不可能声称自己有权约束他们的继任者。在某些情况下，他们可以合理地肯定：他们的继任者想要被约束遵守某些程序规则，但一些实质性的、有争议的权利的创立不可能以这种方式证明其合理性。

例外

当约束和常规打算把某些行动排除在外时，有时候可能会排除太多。经常有很好的理由允许例外。为了防止宪法变成一份自杀协定，应当包含允许紧急权力的条款。如果经济遭受了一次突如其来的震荡，必须允许中央银行偏离货币稳定的目标。一个酒鬼可能并不想成为一个绝对禁酒者，他的目标只是适量饮酒。一个毒品滥用者同意接受治疗，时间届满之前不得离开诊所，他可能恳求医疗团队，由于出现商业上的紧迫需要，必须允许他离开几天。从一个非常不同的视角看，有人认为，审慎而罕见的违反艺术常规可能有很大的审美价值。

然而，所有允许例外的论据都遇到了一个共同的问题：怎么区分哪些是真正的例外，哪些是诱惑和冲动，而约束最初就是为了防止诱惑和冲动。暂停宪法权利的紧急状态可能被用来废除宪法。一个政治家的后退是另一个政治家正在出现的消沉。瘾君子总是能够找到某个方面，眼下这个时刻在这方面是例外。一个艺术家如何能知道他对常规的违反是一次大胆想象的行动，而不是纯粹的自我放纵呢？面对这些二阶问题，不同的二阶解决办法是可能的。例如，酗酒者可以使用一个常规来控制自己：决不让家里有酒，除非是招待客人的时候。

自我约束的成本

约束和常规强加了三种主要成本：灵活性的丧失，自发性的丧失，以及坚定性的丧失。第一个问题与例外的需要有关，而且要有一种办法把例外与纯粹的不受约束行为区分开来。但缺乏灵活性还可能如此严重，以至于引发了完全废除约束的行动。在某些国家，中央银行的刚性在大萧条期间带来的灾难性影响触发了这样的立法：基本上把货币政策托付给政府的自由裁量权。由于规则功利主义在不可预测环境中的危险，行为功利主义看上去可能像是一个更优的选项。

自发性的丧失在艺术中尤其重要，在艺术领域，通常发现强大的创造力被规则束缚是无法忍受的。法国人围绕拉辛和莎士比亚的优劣而进行的旷日持久的争论说明了这一点。与拉辛的“完美”针锋相对的，有莎士比亚的“伟大”。拉辛的戏剧可能代表了审美价值的局部最大化，但莎士比亚那些有瑕疵的杰作在审美上可能更优。试图通过严格管制自己来克服坏习惯或成瘾的人可能发现自己的生活被弄得枯燥乏味。前吸烟者如果试图避开从前与吸烟联系在一起的所有环境，他可能发现自己只能闭门不出。

最后，约束可能太紧，以至于没有给行动和创新留下多少空间。例如，人们常常批评美国宪法有一套太过苛刻的制衡体系，以至于迫切需要的改革都被堵塞了。当一种艺术形式不断发展，新的常规不断增加，艺术工作毫无疑问可能深受其害。超过了某个点，约束和常规就不再是使能的，而变得令人窒息。

不能让自己不能

即使明显可欲，但自我约束技术也可能不可用或不可行。如果说，预先约束是清醒时的彼得约束醉酒时的彼得所采用的策略，那么，如果彼得一直醉醺醺的，或者在相关的时刻醉醺醺的，这一策略就不大可能使用了。例如，在制宪的时候，制宪者可能满腔热情，以至于没能采取适当的预防措施来防止人性的不可靠。在另外一些情况下，制宪者可能被持久的激情或偏见所激励，以至于看不出有必要保护自己免遭激情或偏见之害。

还有，预先约束可能并不存在。一个人可能试图通过创立一份退休基金而给自己的晚年存钱，不料却发现他可以使用这笔钱作为担保，给当前额外的开支筹集经费。如果一个人试图给自己构建一个威胁，与第三方订立契约，如果他没能执行就支付给对方一大笔钱，他可能发现，法庭拒绝执行这一契约。一个很想拍摄默片或无声电影的导演可能找不到任何人愿意给他投资。当一个人愤怒时，可能很难记住数到十这个方法。最生动的实例是无限权力悖论提供的，独裁者能做一切事情，除了让自己不能干涉公民的生活之外。假如尤利西斯强大到能够挣脱把他绑在桅杆上的任何束缚，他又怎么能保护自己免受海妖歌声的诱惑呢？

几个尚未探讨和尚未解决的问题

我挑出了两个问题更集中地加以讨论：制宪和艺术作品的创造，但它们不是有益约束的唯一实例。我在第一章讨论的有些主题——储蓄行为，工业组织，国际关系，成瘾，以及宗教激进主义——可以等量齐观。拖延倾向以及克服拖延的技术也是成果丰硕的主题。正如迭戈·甘贝塔向我指出的，关于运动中自我约束的重要性，也可以写出整整一章，在这一领域，有无休无止的规则调整，为的是让运动员和参赛者被约束得既不太紧，也不太松。在这里，目的是要让事情刚好难到足以给参与者提供他们能够面对的挑战，而观众又能够从观看挑战中得到快乐。

这个问题——最优的约束松紧度——是一个有待进一步研究的问题。在宪法的语境中，你可能会询问最优的修宪难度，中央银行主管和宪法法院法官最优的任期长度和任期保护，或者推翻行政否决权所需要的最优绝对多数。尽管不可能有任何答案对于所有时间和所有地方都正确，但你或许能够在具体政治体制的语境下提出明确的建议。在艺术语境中，这个问题部分程度上是约束的松紧度的问题，部分程度上是艺术家应当在何种程度上可以自由地违反约束的问题。

另一个有待探讨的问题涉及有意识的自我约束与无意识的心理适应机制之间的关系。当一个约束被强加而不是自由选择的时候，被约束的行为人可能最终会欢迎它，通过失谐消减机制。1920 年，一个别无选择的电影导演只能发展出这样一套哲学：默片提供了一个内在更优的媒介。后来，当声音变得可用时，他可能继续捍卫相同的观点，因为需要和自己保持一致。（即使当狐狸够得着葡萄时，葡萄很酸的感知可能依然被坚持。）然而，如果声音从一开始就可用，放弃声音的想法可能从来就不会出现在他脑海里。对约束的更一般的解释不得不包含这样一个观念：约束可能导致偏好少胜于多，也可能是这种偏好带来的效应。

最后，我们要指出，约束还可能引发对不能拥有的东西或不能做的事情的偏好。托克维尔说，为了防止法国人反抗牢固的锁链，必须 直宽松地束缚他们。当你阻止人们去做他们并不想做——即使他们可以自由地去做——的事情时，他们可能发展出想做这件事情的愿望。这一机制也可能在自我强加约束的实例中发挥作用。在作为一项自我约束行为而着手的婚姻中，篱笆那边的草可能看上去更青葱。有时候，别人强加的约束与自己过去强加的约束之间可能没有多大的心理区别。行为人应当借助预先约束策略来抵制某些诱惑，而这些诱惑的存在，可能正是由于预先约束策略本身。

参考文献

Abastado, C. (1975), *Le surréalisme*, Paris: Hachette.

Ackerman, B. (1991), *We the People*, Cambridge, Mass.: Harvard University Press.

Ackerman, B., and Katyal, N. (1995), "Our unconventional founding," *University of Chicago Law Review* 62, 475—573.

Ainslie, G. (1992), *Picoeconomics*, Cambridge University Press.

Ainslie, G. (1994), "Is rationality just a bookkeeping system?" Paper read at the American Philosophical Association, Los Angeles, April 2.

Akerlof, G. (1991), "Procrastination and obedience," *American Economic Review* 81, 1—19.

Andenres, J. (1980), *Det Vanskelige Oppgjeret*, Oslo: Tanum.

Anderson, T. (1993), *Creating the Constitution: The Convention of* 1787 *and the First Congress*, University Park, Pa.: Pennsylvania State University Press.

Amheim, R. (1957), *Film as Art*, Berkeley: University of California Press.

Barry, B. (1989), *Democracy, Power and Justice: Essays in Political Theory*, Oxford: Oxford University Press.

Barth, E. (1988), "The sequence of moves in wage bargaining," Working Paper, Institute for Social Research, Oslo.

Bataille, G. (1957), *L'érotisme*, Paris: Editions de Minuit.

Baumeister, R. F., Heatherton, T. F., and Tice, D. M. (1994), *Losing Control: How and Why People Fail at Self-Regulation*, San Diego: Academic Press.

Baxandall, M. (1985), *Patterns of In ten tion*, New Haven: Yale University Press.

Bayefsky, A., ed. (1989), *Canada's Constitution Act* 1982 & *Amendments: A Documentary History*, Vols. I—II, Toronto: McGraw-Hill Ryerson.

Bazin, A. (1972), *What Is Cinema*? vol. II, Berkeley and Los Angeles: University of California Press.

Becker, G. (1992), "Habits, addictions, and traditions,"*Kyklos* 45, 327—346.

Becker, G. (1996),*Accounting for Tastes*, Cambridge, Mass.: Harvard University Press.

Becker, G., and Mulligan, C. (1997), "The endogenous determination of time preferences,"*Quarterly Journal of Economics* 112, 729—758.

Becker, G., and Murphy, K. (1988), "A theory of rational addiction,"Journal of Political Economy 96,675—700.

Bell, D. (1982), "Regret in decision making under uncertainty,"*Operations Research* 30, 961—981.

Bellos, D. (1994),Georges Perec, Paris: Seuil.

Belton, J., ed. (1996),*Movies and Mass Culture*, New Brunswick, N. J.: Rutgers University Press.

Berliner, P. (1994), *Thinking in Jazz*, Chicago: University of Chicago Press.

Bilgrami, A. (1996), "Secular liberalism and the moral psychology of identity," unpublished manuscript, Department of Philosophy, Columbia University.

Blinder, A. (1998),*Central Banking in Theory and Practice*, Cambridge, Mass.: MIT Press.

Bogdanovich, P. (1997),*Who the Devil Made It*? New York: Knopf.

Bondt, W. F. M. de, and Thaler, R. (1985), "Does the stock market overreact?"*Journal of Finance* 40, 793— 808 .

Bonime-Blanc, A. (1987),*Spain's Transition to Democracy: The Politics of Constitution-Making*, Boulder and London: Westview Press.

Boulez, P. (1986),*Orientations*, Cambridge, Mass.: Harvard University Press.

Brady, F. (1989),*Citizen Welles*, New York: Anchor Books.

Bratman, M. (1995), "Planning and temptation," in L. May, M. Friedman, and A. Clark (eds.),*Mind and Morals*, Cambridge, Mass.: MIT Press, pp. 293—310.

Brehm, J. (1966),*A Theory of Psychological Reactance*, New York: Academic Press.

Breton, A. (1972),*Manifestoes of Surrealism*, Ann Arbor: University of Michigan Press.

Brewer, C. (1993), "Recent developments in disulfiram treatment,"*Alcohol and Alcoholism* 28, 383—395.

Brilliant, R. (1991),*Portraiture*, Cambridge, Mass.: Harvard University Press.

Brombert, V. (1968),*Stendhal*, Englewood Cliffs, N. J.: Prentice Hall.

Brown, D. P., and Fromm, E. (1987), *Hypnosis and Behavioral Medicine*, Hillsdale, N. J.: Lawrence Erlbaum.

Buchmann-Moller, F. (1990a), *You Just Fight for Your Life: The Life of Lester Young*, New York: Praeger.

Buchmann-Moller, F. (1990b), *You Got to Be Original, Man! The Music of Lester Young*, New York: Greenwood Press.

Budd, M. (1985), *Music and the Emotions*, London: Routledge and Kegan Paul.

Budd, M. (1995), *Values of Art*, London: Allen Lane.

Burdeau, G., Hamon, F., and Troper, M. (1991), *Droit Constitutionnel*, 22e edition, Paris: Librairie Generale de Droit et de Jurisprudence.

Cage, J. (1961), *Silence*, Middletown, Conn.: Wesleyan University Press.

Cage, J. (1990), *I—VI*, Cambridge, Mass.: Harvard University Press.

Caillois, R. (1943), "Pythian heritage (on the nature of poetic inspiration)," *Books Abroad* 17, 207—211.

Caillois, R. (1974), "Le roman policier," in *Approches de l'imaginaire*, Paris: Gallimard, pp. 177—205.

Caillois, R. (1978), *Babel*, Paris: Gallimard.

Callahan, E. J. (1980), "Alternative strategies in the treatment of narcotic addiction: A review," in W. R. Miller (ed.), *The Addictive Behaviors*, Oxford: Pergamon Press, pp. 143—168.

Camerer, C., Loewenstein, G., and Weber, M. (1989), "The curse of knowledge in economic settings," *Journal of Political Economy* 97, 1232—1254.

Campbell, R. (1995), *Sauce for the Goose*, New York: The Mysterious Press.

Campos, J. E., and Root, H. L. (1996), *The Key to the Asian Miracle*, Washington, D. C.: The Brookings Institution.

Caplin, A., and Nalebuff, B. (1988), "On 64% majority rule," *Econometrica* 56, 787—814.

Carillo, J., and Mariotti, T. (1997), "Wishful thinking and strategic ignorance," unpublished manuscript, ECARE (Universite Libre de Bruxelles) and GEMAQ (Universite de Toulouse).

Carroll, N. (1988), *Philosophical Problems of Film Theory*, Princeton: Princeton University Press.

Carroll, N. (1996), *Theorizing the Moving Image*, Cambridge University Press.

Carroll, N. (1997), "Art, narrative, and emotion," in M. Hjort and S. Laver (eds.), *Emotion and the Arts*, Oxford University Press, pp. 190—211.

Castaldo, A. (1989), *Les méthodes de travail de la constituante*, Paris: Presses Universitaires de France.

Cernuschi, C. (1992), *Jackson Pollock*, New York: HarperCollins.

Clarke, D. (1994), *Wishing on the Moon: The Life and Times of Billie Holiday*, New York: Penguin.

Cohen, D. (1995), *Law, Violence and Community in Classical Athens*, Cambridge University Press.

Colomer, J. (1995), *Game Theory and the Transition to Democracy*, Aldershot: Edward Elgar.

Comité National chargé de la Publication des Travaux Preparatoires des Institutions de la Ve République (1987—1991), *Documents pour servir à l'histoire de l'élaboration de la constitution du 4 octobre* 1958, vols. I—III, Paris: La Documentation Française.

Cooke, M. (1998), *The Chronicle of Jazz*, New York: Abbeville Press.

Cowen, T. (1991), "Self-constraint versus self-liberation," *Ethics* 101, 360—373.

Cowen, T. (1998), *In Praise of Commercial Culture*, Cambridge, Mass.: Harvard University Press.

Cukierman, A. (1992), *Central Bank Strategy, Credibility, and Independence: Theory and Evidence*, Cambridge, Mass.: MIT Press.

Cummings, C., Jordan, J. R., and Marlatt, G. A. (1980), "Relapse: Prevention and prediction," in W. R. Miller (ed.), *The Addictive Behaviors*, Oxford: Pergamon Press, pp. 291—321.

Currie, D. (1990), *The Constitution in the Supreme Court*: 1888—1986, Chicago: University of Chicago Press.

Damasio, A. (1994), *Descartes' Error*, New York: Putnam.

Davidson, D. (1970), "How is weakness of the will possible?" reprinted in*Essays on Actions and Events*, Oxford: Oxford University Press, 1980.

Davis, D., Chaskalson, M., and de Waal, J. (1995), "Democracy and constitutionalism: The role of constitutional interpretation," in D. van Wyk et al. (eds.), *Rights and Constitutionalism*, Oxford: Oxford University Press, pp. 1—130.

Dehay, E. (1998), "L'exemple allemand d'independance de la banque centrale" (Unpublished Manuscript).

Derfler, L. (1983), *Presidents and Parliaments: A Short History of the French Presidency*, Boca Raton: University Presses of Florida.

Dickerson, M. G. (1984), *Compulsive Gamblers*, London: Longman.

Dixit, A., and Nalebuff, B. (1991), "Making strategies credible," in R. Zeckhauser (ed.), *Strategy and Choice*, Cambridge, Mass.: MIT Press, pp. 161—184.

Dodds, E. R. (1951), *The Greeks and the Irrational*, Berkeley and Los Angeles: University of California Press.

Dodge, R. P. (1995), *Hot Jazz and Jazz Dance*, Oxford: Oxford University Press.

Dover, K. J. (1955), "Anapsephisis in fifth-century Athens," *Journal of Hellenic Studies* 75, 17—20.

Dresser, R. (1982), "Ulysses and the psychiatrists: a legal and policy analysis of the voluntary commitment contract," *Harvard Civil Rights—Civil Liberties Review* 16, 777—854.

Dutton, D., ed. (1983), *The Forger's Art*, Berkeley: University of California Press.

Edwards, G., et al. (1994), *Alcohol Policy and the Public Good*, Oxford: Oxford University Press.

Egret, J. (1950), *La révolution des notables*, Paris: Armand Colin.

Egret, J. (1975), *Necker et la Revolution Française*, Paris: Champion.

Ekman, P. (1992), *Telling Lies*, New York: Norton.

Eliot, T. S. (1919), "Hamlet," in *Selected Prose of T. S. Eliot*, New York: Farrar, Straus and Giroux, pp. 45—49.

Ellin, S. (1974), *Stronghold*, New York: Norton.

Elliott, R. K. (1972), "The critic and the art lover," in W. Mays and s. C. Brown (eds.), *Linguistic Analysis and Phenomenology*, Lewisburg: Bucknell University Press, pp. 117—127.

Elster, J. (1975), *Leibniz et la formation de l'esprit scientifique*, Paris: Aubier-Montaigne.

Elster, J. (1978), *Logic and Society*, Chichester: Wiley.

Elster, J. (1983a), *Explaining Technical Change*, Cambridge University Press.

Elster, J. (1983b), *Sour Grapes*, Cambridge University Press.

Elster, J. (1984), *Ulysses and the Sirens*, rev. ed., Cambridge University Press.

Elster, J. (1985), *Making Sense of Marx*, Cambridge University Press.

Elster, J. (1986a), "Self-realization in work and politics," *Social Philosophy and Policy* 3, 97—126.

Elster, J. (1986b), "Deception and self-deception in Stendhal," in J. Elster (ed.), *The*

Multiple Self, Cambridge University Press, pp. 93—113.

Elster, J. (1989a), *Nuts and Bolts for the Social Sciences*, Cambridge University Press.

Elster (1989b), *Solomonic Judgments*, Cambridge University Press.

Elster (1989c), *The Cement of Society*, Cambridge University Press.

Elster, J. (1993a), "Rebuilding the boat in the open sea: Constitution-making in Eastern Europe," *Public Administration* 71, 169—217.

Elster, J. (1993b), "Constitutional bootstrapping in Paris and Philadelphia," *Cardozo Law Review* 14, 549—576.

Elster, J. (1993C), "Majority rule and individual rights," in S. Hurley and s. Shute (eds.), *On Human Rights*, New York: Basic Books, pp. 175—216, 249—256.

Elster, J. (1993d), *Political Psychology*, Cambridge University Press.

Elster, J. (1994), "Argumenter et negocier dans deux assemblees constituantes," *Revue Française de Science Politique* 44, 187—256.

Elster, J. (1995a), "Forces and mechanisms in the constitution-making process," *Duke Law Review* 45, 364—396.

Elster, J. (1995b), "Limiting majority rule: Alternatives to judicial review in the revolutionary epoch," in E. Smith (ed.), *Constitutional Justice under Old Constitutions*, The Hague: Kluwer, pp. 3—21.

Elster, J. (1995C), "Strategic uses of argument," in K. Arrow et al. (eds.), *Barriers to the Negotiated Resolution of Conflict*, New York: Norton, pp. 236—257.

Elster, J. (1995 d), "The impact of constitutions on economic performance," in *Proceedings from the Annual Bank Conference on Economic Development*, Washington, D. C.: The World Bank, pp. 209—226.

Elster, J. (1995e), "Transition, constitution-making and separation in Czechoslovakia," *Archives Europeennes de Sociologie* 36 , 105—134.

Elster, J. (1995f), "Equal or proportional? Arguing and bargaining over the Senate at the Federal Convention," in J. Knight and I. Sened (eds.), *Explaining Social Institutions*, Ann Arbor: University of Michigan Press, pp. 145—160 .

Elster, J. (1996), "Montaigne's psychology," *The Great Ideas Today*, Chicago: Encyclopedia Britannica, pp. 108—155.

Elster, J. (1997): Review of Becker (1996), *University of Chicago Law Review* 64, 749—764.

Elster, J. (1998), "Coming to terms with the past," *Archives Europeennes de Sociologie*

39, 7—48.

Elster, J. (1999a), *Alchemies of the Mind: Rationality and the Emotions*, Cambridge University Press.

Elster, J. (1999b), *Strong Feelings: Emotion, Addiction, and Human Behavior*, Cambridge, Mass.: MIT Press.

Elster, J. (1999c), "Gambling and addiction," in J. Elster and O.-J. Skog (eds.), *Getting Hooked: Rationality and the Addictions*, Cambridge University Press, pp. 208—234.

Elster, J. (1999d), "Davidson on weakness of will and self-deception," in L. Hahn (ed.), *The Philosophy of Donald Davidson*, La Salle, Ill.: Open House Publishing, pp. 425—442.

Elster, J. (in press), "Rationality, economy, and society," in S. Turner (ed.), *The Cambridge Companion to Weber*, Cambridge University Press.

Elster, J., and Loewenstein, G. (1992), "Utility from memoryand anticipation," in G. Loewenstein and J. Elster (eds.), *Choice over Time*, New York: Russell Sage Foundation, pp. 213—234.

Engel, M. (1967), *The Maturity of Dickens*, Cambridge, Mass.: Harvard University Press.

Eule, J. N. (1987), "Temporal limits on the legislative mandate," *American Bar Foundation Research Journal*, 379—459.

Eyck, F. (1968), *The Frankfurt Parliament* 1848—1849, London: Macmillan.

Fearon, J. (1994), "Domestic political audiences and the escalation of international disputes," *American Political Science Review* 88, 577—592.

Fearon, J. (1997), "Signaling foreign policy interests," *Journal of Conflict Resolution* 41, 68—90.

Feller, W. (1968), *An Introduction to Probability Theory and Its Applications*, 3d ed., vol. 1, New York: Wiley.

Finn, J. E. (1991), *Constitutions in Crisis*, New York: Oxford University Press.

Ford, R. (1998), "Why not a novella?" editorial introduction to *The Granta Book of Long Stories*, London: Granta.

Frank, R. (1988), *Passions within Reason*, New York: Norton.

Frank, R. (1996), *Microeconomics*, New York: McGraw-Hill.

Frankfurt, H. (1971), "Freedom and will and the concept of a person," *Journal of Philosophy* 68, 56—120.

Freud, S. (1908), "Creative writers and daydreaming," in *The Complete Psychological Works of Sigmund Freud*, London: The Hogarth Press, 1959, vol. IX, pp. 141—153.

Friedwald, W. (1996), *Jazz Singing*, New York: Da Capo Press.

Frijda, N. (1986), *The Emotions*, Cambridge University Press.

Fromm, E. (1960), *Fear of Freedom*, London: Routledge.

Fry, R. (1921), *Vision and Design*, New York: Brentano.

Fudenberg, D., and Tirole, J. (1992), *Game Theory*, Cambridge, Mass.: MIT Press.

Gardner, E., and David, J. (1999), "The neurobiology of chemical addiction," in J. Elster and O.-J. Skog (eds.), *Getting Hooked: Rationality and the Addictions*, Cambridge University Press, pp. 93—136.

Gataker, T. (1627), *On the Nature and Use of Lots*, 2nd. ed, London.

Geer, H. de (1986). *SAF i förhandlingar*. Stockholm: SAFs Forlag.

Genette, G. (1969), "Vraisemblance et motivation," in *Figures II*, Paris: Seuil, PP. 71—100.

Gibbard, A. (1986), "Interpersonal comparisons: Preference, good, and the intrinsic reward of a life," in J. Elster and A. Hylland (eds.), *Foundations of Social Choice Theory*, Cambridge University Press, pp. 165—193.

Glantz, S., et al. (1996), *The Cigarette Papers*, Berkeley and Los Angeles: University of California Press.

Glenn, B. (1999), "Collective precommitment from temptation: The case of the Amish," unpublished manuscript, St. Antony's College.

Golay, J. F. (1958), *The Founding of the Federal Republic of Germany*, Chicago: University of Chicago Press.

Goldenberg, J., Mazursky, D., and Solomon, S. (1999), "Creative sparks," *Science* 285, 1495—1496.

Goldstein, A. (1994), *Addiction*, New York: Freeman.

Goodman, E. (1997), "Worried About All Those Divorces? Tighten the Knot and Feel Better," *International Herald Tribune*, August 12.

Green, B. (1991), *The Reluctant Art*, New York: Da Capo Press.

Greenberg, C. (1999), *Homemade Esthetics*, Oxford University Press.

Guth, W., Schmittberger, R., and Schwartz, B. (1982), "An experimental analysis of ultimatum bargaining," *Journal of Economic Behavior and Organization* 3, 367—388.

Hadamard, J. (1954), *The Psychology of Invention in the Mathematical Field*, New York: Dover Books.

Hampson, N. (1988), *Prelude to Terror*, Oxford: Blackwell.

Hansen, M. H. (1991), *The Athenian Democracy in the Age of Demosthenes*, Oxford: Blackwell.

Harrison, S. (1995), "Anthropological perspectives on the management of knowledge," *Anthropology Today* 11, 10—14.

Haugom Olsen, S. (1998), "Literary aesthetics,"in M. Kelly (ed.), *The Encyclopedia of Aesthetics*, vol. 3, New York: Oxford University Press, pp. 147—155.

Hayek, F. (1960), *The Constitution of Liberty*, Chicago: University of Chicago Press.

Heard, A. (1991), *Canadian Constitutional Conventions*, Toronto: Oxford University Press.

Henry, C. (1974), "Investment decisions underuncertainty: The 'irreversibility effect,'" *American Economic Review* 64, 1006—1012.

Hill, J. S. (1998), *Ghirlandaio's Daughter*, New York: St. Martin's Press.

Hirshleifer, J. (1987), "The emotions as guarantors of threats and promises," in J. Dupre (ed.), *The Latest on the Best*, Cambridge, Mass.: MIT Press, pp. 307—326.

Hjort, M. (1993), *The Strategy of Letters*, Cambridge, Mass.: Harvard University Press.

Holmes, S. (1984), *Benjamin Constant and the Making of Modern Liberalism*, New Haven: Yale University Press.

Holmes, S. (1988), "Precommitment and the paradox of democracy," in J. Elster and R. Slagstad (eds.), *Constitutionalism and Democracy*, Cambridge University Press, pp. 195—240.

Holmes, S. (1992), "Destroyed by success," unpublished manuscript.

Holmes, S. (1993), *The Anatomy of Antiliberalism*, *Cambridge*, Mass.: Harvard University Press.

Holmes, S., and Sunstein, C. (1995), "The politics of constitutional revision in Eastern Europe," in S. Levinson (ed.), *Responding to Imperfection: The Theory and Practice of Constitutional Amendment*, Princeton: Princeton University Press, pp. 275—306.

Huber, E. R. (1960), *Deutsche Verfassungsgeschichte seit* 1789, vol. 2, Stuttgart: Kohlhammer.

Hume, D. (1960), *A Treatise on Human Nature*, ed. Selby-Bigge, Oxford: Oxford University Press.

Hurley, S. (1989), *Natural Reasons*, Oxford: Oxford University Press.

Huyse, L., and Dhondt, S. (1993), *La répression des collaborations*, Bruxelles: CRISP.

Iser, W. (1974), *The Implied Reader*, Baltimore: Johns Hopkins University Press.

James, C. (1997), "Hit men" (review of Bogdanovich 1997), *The New Yorker* July 7, 70—73.

Johnsen, J., and Marland, J. (1992), "Depotpreparations of disulfiram: Experimental and clinical results," *Acta Psychiatrica Scandinavica* 86, 27—30.

Jones, A. H. M. (1957), *Athenian Democracy*, Baltimore: Johns Hopkins University Press.

Kagan, D. (1974), *The Archidamian War*, Ithaca, N. Y.: Cornell University Press.

Kahn, A., and T. E. Tice (1973), "Returning a favor and retaliating harm: The effects of stated intentions and actual behavior," *Journal of Experimental Social Psychology* 9, 43—56.

Kahneman, D., and Miller, D. T. (1986), "Norm theory: Comparing reality to its alternatives," *Psychological Review* 93, 126—153.

Kahneman, D., and Tversky, A. (1982), "The simulation heuristics," in D. Kahneman, P. Slovic, and A. Tversky (eds.), *Judgment under Uncertainty*, Cambridge University Press, pp. 201—209.

Kant, I. (1785), *The Metaphysics of Morals*, in *The Cambridge Edition of the Works of Immanuel Kant: Practical Philosophy*, Cambridge University Press, 1996.

Keech, W. R. (1995), *Economic Politics*, Cambridge University Press.

Kermode, F. (1967), *The Sense of an Ending*, Oxford: Oxford University Press.

Kluger, R. (1996), *Ashes to Ashes*, New York: Knopf.

Kolm, S.-C. (1986), "The Buddhist theory of 'no-self,'" in J. Elster (ed.), *The Multiple Self*, Cambridge University Press, pp. 233—265.

Koseki, S. (1997), *The Birth of Japan's Postwar Constitution*, Boulder: The Westview Press.

Kostelanetz, R. (1991a), "Inferential art," in R. Kostelanetz (ed.), *John Cage*, New York: Da Capo, pp. 105—109.

Kostelanetz, R. (1991b), "John Cage: Some random remarks," in R. Kostelanetz (ed.), *John Cage*, New York: Da Capo, pp. 193—207.

Kraybill, D. (1989), *The Riddle of Amish Culture*, Baltimore: Johns Hopkins University

Press.

Kreps, D. , et al. (1982), "Rational cooperation in the finitely iterated Prisoner's Dilemma," *Journal of Economic Theory* 27, 245—252 , 486—502.

Krogh, D. (1991), *Smoking*, New York: Freeman.

Kurtz, E. (1979), *Not-God: A History of Alcoholics Anonymous*, Center City, Minn. : Hazelden Educational Services.

Kydland, F. , and Prescott, E. (1977), "Rules rather than discretion: The inconsistency of optimal plans," *Journal of Political Economy* 85, 473—491.

Kymlicka, W. (1989), *Liberalism, Community and Culture*, Oxford: Oxford University Press.

Lacouture, J. (1990), *De Gaulle*, vols. I—III, Paris: Seuil.

Lafayette, Mme de (1994), *The Princess of Cleves*, New York: Norton.

Laffont, J. -J. , and Tirole, J. (1994), *A Theory of Incentives in Procurement and Regulation*, Cambridge, Mass. : The MIT Press.

Lahr, J. (1999), "Revolutionary Rag," *The New Yorker*, March 8, pp. 77— 83.

Laibson, D. (1994), "Self-control and saving" (Ph. D. Dissertation, Departmentof Economics, MIT).

Laibson, D. (1996a), "Hyperbolic discount functions, undersaving, and savings policy," NBR working paper #5635.

Laibson, D. (1996b), "A cue-theory of consumption," manuscript, Department of Economics, Harvard University.

Laibson, D. (1997), "Golden eggs and hyperbolic discounting," *Quarterly Journal of Economics* 112, 443—478.

Lecherbonnier, B. , et al. , eds. (1989), *Litterature XXe Siècle*, Paris: Nathan.

LeDoux, J. (1996), *The Emotional Brain*, New York: Simon and Schuster.

Leibniz, G. W. (1705), "Considerations on vital principles and plastic natures," in L. E. Loemker (ed.), *Leibniz: Philosophical Papers and Letters*, Dordrecht: Reidel, 1969, pp. 586—590.

Lem, S. (1994), *Peace on Earth*, New York: Harcourt Brace.

Lessing, A. (1983) "What is wrong with a forgery?" in D. Dutton (ed.), *The Forger's Art*, Berkeley: University of California Press, pp. 58—76.

Levenson, J. (1968), *Confucian China and Its Modern Fate*, Vol. 1, Berkeley: University of California Press.

Levinson, J. (1990), "Musical literacy," *Journal of Aesthetic Education* 24, 17—30.

Levy, R. (1973), *The Tahitians*, Chicago: University of Chicago Press.

Lewis, D. (1969), *Convention: A Philosophical Study*, Cambridge, Mass.: Harvard University Press.

Lewis, M. (1992), *Shame*, New York: The Free Press.

Lichtenstein, E., and Brown, R. A. (1980), "Smoking cessation methods: Review and recommendations," in W. R. Miller (ed.), *The Addictive Behaviors*, Oxford: Pergamon Press, pp. 169—206.

Lindbeck, A. (1976), "Stabilization policy in open economies with endogenous politicians," *American Economic Review: Papers and Proceedings* 66, 1—19.

Livingston, P. (1991), *Literature and Rationality*, Cambridge University Press.

Loewenstein, G. (1996), "Out of control: Visceral influences on behavior," *Organizational Behavior and Human Decision Processes* 65, 272—292.

Loewenstein, G. (1999), "A visceral theory of addiction," inJ. Elster and O. -J. Skog (eds.), *Getting Hooked: Rationality and the Addictions*, Cambridge University Press, pp. 235—264.

Loewenstein, G., and Elster, J., eds. (1992), *Choice over Time*, New York: The Russell Sage Foundation.

Loewenstein, G., and Prelec, D. (1992), "Anomalies in intertemporal choice," in G. Loewenstein and J. Elster (eds.), *Choice over Time*, New York: Russell Sage, pp. 119—146.

Loomes, G., and Sugden, R. (1987), "Some implications of a more general form of regret theory," *Journal of Economic Theory* 41, 270—287.

Lovejoy, A. O. (1961), *Reflections on Human Nature*, Baltimore: Johns Hopkins Press.

Loveman, B. (1993), *The Constitution of Tyranny*, Pittsburgh: University of Pittsburgh Press.

Luthy, D. (1994), "The origin and growth of Amish tourism," in D. B. Kraybill and M. A. Olshan (eds.), *The Amish Struggle with Modernity*, Hanover: University Press of New England, pp. 113—129.

MacDowell, D. M. (1978), *The Law in Classical Athens*, Ithaca, N. Y.: Cornell University Press.

Mackie, G. (1996), "Ending footbinding and infibulation: A convention account," *American Sociological Review* 61, 999—1017.

Maltby, R. (1993), "The Production code and the Hays office," in T. Balio (ed.), *Grand Design*, Berkeley and Los Angeles: University of California Press, pp. 73—108.

Maltby, R., and Craven, I. (1995), *Hollywood Cinema*, Oxford: Blackwell.

Manin, B. (1995), *Principes du gouvernement représentatif*, Paris: Calmann-Levy.

Markman, K. D., et al. (1993), "The mental simulation of better and worse possible worlds," *Journal of Experimental Social Psychology* 29, 87—109.

Marsh, D. (1992), *The Bundesbank*, London: Mandarin.

Marshall, G. (1984), *Constitutional Conventions*, Oxford: Oxford University Press.

Marx, K. (1973), *Grundrisse*, Harmondsworth: Pelican Books.

Mason, H. L. (1952), *The Purge of Dutch Quislings*, The Hague: Martinus Nijhoff.

Mathiez, A. (1898), "Etude critique sur les journees des 5 & 6 octobre 1789," *Revue Historique* 67, 241—281.

Maynard-Smith, J. (1982), *Evolution and the Theory of Games*, Cambridge University Press.

McCarthy, T. (1997), *Howard Hawks*, New York: Grove.

McGilligan, P. (1997), *Fritz Lang*, New York: St. Martin's Press.

McKenna, F. A. (1990), "Heuristics or cognitive deficits: How should we characterize smokers' decision making?" in D. M. Warburton (ed.), *Addiction controversies*, Chur, Switzerland: Harvood, pp. 261—270.

Merton, R. K. (1946), *Mass Persuasion*, Westport, Conn.: Greenwood.

Merton, R. K. (1987), "Three fragments from a sociologist's notebook," *Annual Review of Sociology* 13, 1—28.

Miller, G. (1993), "Constitutional moments, precommitment, and fundamental reform: The case of Argentina," *Washington University Law Quarterly* 71, 1061—1086.

Miller, P. M. (1980), "Theoretical and practical issues in substance abuse assessment and treatment," in W. R. Miller (ed.), *The Addictive Behaviors*, Oxford: Pergamon Press, pp. 265—290.

Miller, W. (1993), *Humiliation*, Ithaca, N. Y.: Cornell University Press.

Miller, W. R., and Hester, R. K. (1980), "Treating the problem drinker: Modern approaches," in W. R. Miller (ed.), *The Addictive Behaviors*, Oxford: Pergamon Press, pp. 11—142.

Mischel, W. (1968), *Personality and Assessment*, New York: Wiley.

Mischel, W., Shoda, Y., and Rodriguez, M. (1989), "Delay of gratification inchildren,"

Science 244, 933—938.

Moene, K. O. (1999), "Addiction and social interaction," in J. Elster and O. -J. Skog (eds.), *Getting Hooked: Rationality and the Addictions*, Cambridge University Press, pp. 30—46.

Montaigne, M. de (1991), *The Complete Essays*, tr. M. A. Screech, Harmondsworth: Penguin.

Mounier, J. -J. (1989), "Expose de ma conduite dans I' Assemblee Nationale," in F. Furet and R. Halevi (eds.), *Orateurs de la Revolution Franfaise*, *I*: *Les Constituants*, Paris: Gallimard, pp. 908—997.

Mueller, D. C. (1996), *Constitutional Democracy*, Oxford: Oxford University Press.

Mueller, J. (1985), *Astaire Dancing*, New York: Knopf.

Mulligan, K. (1997), *Parental Priorities and Economic Equality*, Chicago: University of Chicago Press.

Nahin, P. (1998), *An Imaginary Tale*, Princeton: Princeton University Press.

Najemy, J. (1982), *Corporatism and Consensus in Florentine Electoral Politics* 1280—1400, Chapel Hill: University of North Carolina Press.

Nicholson, S. (1995), *Billie Holiday*, Boston: Northeastern University Press.

North, D., and Weingast, B. (1989), "Constitutions and commitment: Theevolution of institutions governing public choice in seventeenth-century England," *Journal of Economic History* 49, 803—832.

O'Brien, G. (1997), "Sein of the times," *New York Review of Books* August 14, 12—14.

O'Donoghue, T., and Rabin, M. (1999a), "Doing it now or later," *American Economic Review* 89, 103—124.

O'Donogue, T., and Rabin, M. (1999b), "Addiction and self-control," in J. Elster (ed.), *Addiction: Exits and Entries*, New York: Russell Sage, pp. 169—206.

Offe, C. (1992), "Strong causes, weak cures," *East European Constitutional Review* 2, 1, 21—23.

O' Flaherty, B. (1996), *Making Room: The Economics of Hopelessness*, Cambridge, Mass.: Harvard University Press.

Orford, J. (1985), *Excessive Appetites: A Psychological View of the Addictions*, Chichester: Wiley.

Orphanides, A., and Zervos, D. (1995), "Rational addiction with learning and regret," *Journal of Political Economy* 103, 739—758.

Orphanides, A., and Zervos, D. (1998), "Myopia and addictive behavior," *Economic Journal* 108, 75—91.

Osborne, M., and Rubinstein, A. (1990), *Bargaining Theory*, San Diego: Academic Press.

Osiatynski, W. (1997), *Alcoholism: Sin or Disease?* Warsaw: Stefan Batory Foundation.

Ostwald, M. (1986), *From Popular Sovereignty to the Rule of Law*, Berkeley: University of California Press.

Oulipo (1988), *Atlas de Littérature potentielle*, Paris: Gallimard.

Parducci, A. (1995), *Happiness, Pleasure and Judgment*, Mahwah, N. J.: Lawrence Erlbaum.

Parfit, D. (1973), "Later selves and moral principles," in A. Montefiore (ed.), *Philosophy and Personal Relations*, London: Routledge and Kegan Paul, pp. 137—169.

Parfit, D. (1984), *Reasons and Persons*, Oxford: Oxford University Press.

Parijs, P. van (1984), "Marxism's central puzzle," in T. Ball and J. Farr (eds.), *After Marx*, Cambridge University Press, pp. 88—104.

Pasquino, P. (1999), "L'originie du controle de constitutionnalite en Italie," unpublished manuscript.

Paulhan, J. (1990), *Les fleurs de Tarbes*, Paris: Gallimard.

Pavel, T. (1986), *Fictional Worlds*, Cambridge, Mass.: Harvard University Press.

Pavel, T. (1998), "Classicism," in M. Kelly (ed.), *The Encyclopedia of Aesthetics*, vol. 1, New York: Oxford University Press, pp. 373—377.

Pears, D. (1985), *Motivated Irrationality*, Oxford: Oxford University Press.

Perec, G. (1990), *Things*, Boston: Godine.

Perelman, C., and Olbrechts-Tyteca, L. (1969), The New Rhetoric, Notre Dame: University of Notre Dame Press.

Persson, T., and Svensson, L. E. O. (1989), "Why a stubborn conservative would run a deficit: Policy with time-inconsistent preferences," *Quarterly Journal of Economics* 104, 325—345.

Peyre, H. (1944), "Fortune du Classicisme," *Lettres Françaises*, vol. 11, 47—54; vol. 12, 42—51.

Peyre, H. (1967), *The Failures of Criticism*, Ithaca, N. Y.: Cornell University Press.

Phelps, E. 5., and Pollak, R. A. (1968), "On second-best national saving and game-theoretic equilibrium growth," *Review of Economic Studies* 35, 185—199.

Phillips, R. (1988), *Putting Asunder: A History of Divorce in Western Societies*, Cambridge University Press.

Pileggi, N. (1987), *Wiseguy*, New York: Pocket Books.

Pistone, J. (1989), *Donnie Brascoe*, New York: Signet Books.

Poincare, H. (1920), "L'invention mathematique," in H. Poincare, *Science et méthode*, Paris: Flammarion, pp. 43—63.

Porter, L., ed. (1991), *A Lester Young Reader*, Washington: Smithsonian Institution Press.

Posner, R. (1987), "The constitution as an economic document," *George Washington Law Review* 56, 4—49.

Prévost, J. (1971), *La création chez Stendhal*, Paris: Mercure de France.

Prince, G. (1973), "Introduction a l'etude du narrataire," *Poetique* 14, 178—196.

Przeworski, A., and Limongi, F. (1993), "Political regimes and economic growth," *Journal of Economic Perspectives* 7, 51—69.

Quincey, T. De (1986), *Confessions of an English Opium Eater*, London: Penguin Books.

Quattrone, G., and Tversky, A. (1986), "Self-deception and the voter's illusion," in J. Elster (ed.), *The Multiple Self*, Cambridge University Press, pp. 35—58.

Rabin, M. (1993), "Incorporating fairness into game theory and economics," *American Economic Review* 83, 1281—1302.

Rabin, M. (1995), "Moral preferences, moral constraints, and self-serving biases," manuscript, Department of Economics, University of Californiaat Berkeley.

Rasula, J. (1995), "The media of memory: The seductive menace of records in jazz history," in K. Gabbard (ed.), *Jazz among the Discourses*, Durham: Duke University Press.

Rawls, J. (1971), *A Theory of Justice*, Cambridge, Mass.: Harvard University Press.

Revill, D. (1992), *John Cage*, London: Bloomsbury.

Rimmon-Kenan, S. (1983), *Narrative Fiction*, London: Methuen.

Robbins, A. (1997), .. E-Mail: Lean, mean and making its mark," *New York Times*, May 11, page F13.

Roberts, J. T. (1982), *Accountability in Athenian Government*, Madison: University of Wisconsin Press.

Roth, A. (1995), "Bargaining experiments," in J. H. Kagel and A. E. Roth (eds.), *Handbook of Experimental Economics*, Princeton: Prmceton University Press, pp.

253—348.

Royce, J. E. (1981), *Alcohol Problems and Alcoholism*, New York: The Free Press.

Rudolph, L. I., and Rudolph, S. H. (1987), *In Pursuit of Lakshmi: The Political Economy of the Indian State*, Chicago: University of Chicago Press.

Russell, P. H. (1993), *Constitutional Odyssey*, Toronto: University of Toronto Press.

Ruzé, F., (1997), *Délibération et pouvoir dans la cité grecque. De Nestor à Socrate*, Paris: Publications de la Sorbonne.

Ryan, M. L. (1991), *Possible Worlds, Artificial Intelligence, and Narrative Theory*, Bloomington: Indiana University Press.

Sagoff, M. (1983), "The aesthetic status of forgeries," in D. Dutton (ed.), *The Forger's Art*, Berkeley: University of California Press, pp. 131—152.

Sartre, J.-P. (1943), *L'être et le néant*, Paris: Gallimard.

Satyanath, S. (1999), "Accommodating imprudence: The political economy of information in the Asian banking crisis," unpublished manuscript, Department of Political Science, Columbia University.

Schatz, T. (1996), *The Genius of the System: Hollywood Filmmaking in the Studio Era*, New York: Henry Holt.

Schelling, T. C. (1960), *The Strategy of Conflict*, Cambridge, Mass.: Harvard University Press.

Schelling, T. C. (1986), "The mind as a consuming organ," in J. Elster (ed.), *The Multiple Self*, Cambridge University Press, pp. 177—195.

Schelling, T. C. (1992), "Self-control," in G. Loewenstein and J. Elster (eds.), *Choice over Time*, New York: Russell Sage, pp. 167—176.

Schelling, T. C. (1999), "Rationally coping with lapses from rationality," in J. Elster and O.-J. Skog (eds.), *Getting Hooked: Rationality and the Addictions*, Cambridge University Press, pp. 265—284.

Schiemann, J. (1998), "The constitutional court: Myopic bargains and democratic institutions," unpublished manuscript, Department of Political Science, Columbia University.

Schuller, G. (1989), *The Swing Era*, Oxford: Oxford University Press.

Schumacher, M. (1992), *Dharma Lion: A Biography of Allen Ginsberg*, New York: St. Martin's Press.

Schwartz, H. (in press), *Constitutional Justice in Central and Eastern Europe*, Chicago: University of Chicago Press.

Sejersted, F. (1988), "Democracy and the rule of law," in J. Elster and R. Slagstad (eds.), *Constitutionalism and Democracy*. Cambridge University Press, pp. 131—152.

Sejersted, F. (1994), "On the so-called 'autonomy' or 'independence' of central banks," Working Paper ＃75, TMV Centre for Technology andCulture, University of Oslo.

Sen, A. (1987), *On Ethics and Economics*, Oxford: Blackwell.

Sen, A. (1993), "Capability and well-being," in M. Nussbaum and A. Sen (eds.), *The Quality of Life*, Oxford: Oxford University Press, pp. 30—53.

Shapiro, I. (1996), *Democracy's Place*, Ithaca, N. Y.: Cornell University Press.

Shattuck, R. (1996), *Forbidden Knowledge*, New York: St. Martin's Press.

Shattuck, R. (1997), Review of Calvin Tomkin, *Duchamp: A Biography* and Jerrold Seigel, *The Private Worlds of Marcel Duchamp: Desire, Liberation, and the Self in Modern Culture*, *New York Review of Books*, March 27.

Sinclair, R. K. (1988), *Democracy and Participation in Athens*, Cambridge University Press.

Skog, O.-J. (1997), "The strength of weak will," *Rationality and Society* 9, 245—271.

Skog, O.-J. (1999), "Hyperbolic discounting, willpower, and addiction," in J. Elster (ed.), *Addiction: Exits and Entries*, New York: Russell Sage, pp. 151—168.

Smith, C. (1994), "Norges Banks rettslige selvstendighet," in*Stabilitet og Langsiktighet: Festskrift til Hermod Skdnland*, Oslo: Aschehoug, pp. 87—104.

Solomon, R. C. (1997), "In defense of sentimentality," in M. Hjort and S. Laver (eds.), *Emotion and the Arts*, Oxford: Oxford University Press, pp. 225—245.

Spacks, P. M. (1995), *Boredom*, Chicago: University of Chicago Press.

Sparshott, F. (1983), "The disappointed art lover," in D. Dutton (ed.), *The Forger's Art*, Berkeley: University of California Press, pp. 246—263.

Sperber, A. M., and Lax, E. (1997), *Bogart*, New York: William Morrow.

Spinelli, F., and Masciandaro, D. (1993), "Towards monetary constitutionalism in Italy," *Constitutional Political Economy* 4, 211—222.

Springer, S., and Deutsch, G. (1989), *Left Brain, Right Brain*, 3d ed., San Francisco: Freeman.

Stall, R., and Biernacki, P. (1986), "Spontaneous remission from the problematic use of substances," *International Journal of Addictions* 21, 1—23.

Starobinski, J. (1961), "Stendhal pseudonyme," in*L'Oeil Vivant*, Paris: Gallimard, pp.

189—240.

Stendhal (1952),*Romans et Nouvelles*, vol. 1, Paris:Gallimard (ed. de la Pleiade).

Stendhal (1980),*De l'amour*, ed. V. Del Litto, Paris:Gallimard.

Stendhal (1981),*Oeuvres Intimes*, vol. 1, Paris:Gallimard (ed. de la Pleiade).

Stendhal (1982),*Oeuvres Intimes*, vol. 2, Paris:Gallimard (ed. de la Pleiade).

Stewart, R. (1972),*Jazz Masters of the 30s*, New York:Da Capo Books.

Stokes, S. (1997), "Democratic accountability and policy change:Economic policy in Fujimori's Peru," *Comparative Politics* 29, 209—226.

Stokes, S. (1999), "What do policy switches tell us about democracy?" in B. Manin, A. Przeworski, and s. C. Stokes (eds.), *Democracy, Account ability and Representation*, Cambridge University Press, pp. 98—130.

Stone, A. (1992),*The Birth of Judicial Politics in France*, Oxford:Oxford University Press.

Stone, L. (1990),*The Road To Divorce:England* 1530—1987, Oxford:Oxford University Press.

Strotz, R. H. (1955—1956), "Myopia and inconsistency in dynamic utility maximization," *Review of Economic Studies* 23, 165—180.

Suber, P. (1990),*The Paradox of Self-Amendment*, New York:Peter Lang.

Sudhalter, R. M. (1999),*Lost Chords*, New York:Oxford University Press.

Sundt, E. (1976), "Nordlandsbaden," in E. Sundt,*Verker i Utvalg*, vol. VII, Oslo:Gyldendal.

Sunstein, C. (1991a), "Constitutionalism, prosperity, democracy," *Constitutional Political Economy* 2, 371—394.

Sunstein, C. (1991b), "Constitutionalism and secession,"*University of Chicago Law Review* 58, 633—670.

Suppes, P. (1984),*Probabilistic Metaphysics*, Oxford:Blackwell.

Serensen, A. B. (1998), "Theoretical mechanisms and the empirical study of social processes," in P. Hedstrom and R. Swedberg (eds.),*Social Mechanisms*, Cambridge University Press, pp. 238—266.

Tabellini, G. , and Alesina, A. (1994), "Voting on the budget deficit," in T. Persson and G. Tabellini (eds.),*Monetary and Fiscal Policy*, Cambridge, Mass. :MIT Press, vol. 2, pp. 157—178.

Tamm, D. (1984), *Retsopgeret efter Besrettelsen*, Copenhagen: Jurist - og

Økonomforbundets Forlag.

Tanner，M. (1976—1977)，"Sentimentality，"*Proceedings of the Aristotelian Society*，n. s. 77，127—147.

Temin，P. (1991)，*Lessons from the Great Depression*，Cambridge，Mass.：MIT Press.

Thaler，R. (1980)，"Towards a positive theory of consumer choice，"*Journal of Economic Behavior and Organization* 1，39—60.

Thaler，R. (1992)，*The Winner's Curse*，New York：The Free Press.

Thomas，K. (1973)，*Religion and the Decline of Magic*，Harmondsworth：Penguin Books.

Thurber，J. (1996)，"The Secret Life of Walter Mitty，" in*Thurber*：*Writings and Drawings*，New York：Library of America，pp. 545—550.

Tirole，J. (1988)，The *Theory of Industrial Organization*，Cambridge，Mass.：The MIT Press.

Tocqueville，A. de (1969)，*Democracy in America*，New York：Anchor Books.

Tocqueville，A. de (1986)，*Souvenirs*，*in Tocqueville*，*Collection Bouquins*，Paris：Robert Laffont.

Tocqueville，A. de (1990)，*Recollections*：*The French Revolution of* 1848，New Brunswick，Transaction Books.

Tocqueville，A. de (1998)，*The Old Regime and the Revolution*，Chicago：University of Chicago Press.

Todd，S. C. (1993)，*The Shape of Athenian Law*，Oxford：Oxford University Press.

Trotsky，L. (1977)，*History of the Russian Revolution*，London：Pluto Press.

Truffaut，F. (1985)，*Hitchcock*，New York：Simon and Schuster.

Tulard，J. (1996)，*Le temps des passions*，Paris：Bartillat.

Tversky，A.，and Griffin，D. (1991)，"Endowment and contrast in judgments of well-being，" in R. Zeckhauser (ed.)，*Strategy and Choice*，Cambridge，Mass.：MIT Press，pp. 297—318.

Umble，D. (1994)，"The Amish on the line：The telephone debates，" in D. B. Kraybill and M. A. Olshan (eds.)，*The Amish Struggle with Modernity*，Hanover：University Press of New England，pp. 97—112.

Vaillant，G. (1995)，*The Natural History of Alcoholism Revisited*，Cambridge，Mass.：Harvard University Press.

Valéry，P. (1957)，"Stendhal，" in *Oeuvres*，ed. de la Pleiade，vol. 1，Paris：Gallimard， pp. 553—582.

Veblen, T. (1915), *Imperial Germany and the Industrial Revolution*, London: Macmillan.

Vermazen, B. (1991), "The aesthetic value of originality," *Midwest Studies in Philosophy* XVI, 266—279.

Veyne, P. (1976), *Le pain et Ie cirque*, Paris: Editions du Seuil.

Vile, M. J. C. (1967), *Constitutionalism and the Separation of Powers*, Oxford University Press.

Vreeland, J. R. (1999), "The IMF: Lender of last resort or scapegoat?" Paper presented at the International Studies Association, Washington, D. C.

Wagenaar, W. A. (1988), *Paradoxes of Gambling Behaviour*, Hove and London: Lawrence Erlbaum.

Wagner, W. J. (1997), "Some comments on old 'privileges' and the 'liberum veto,'" in S. Fiszman (ed.), *Constitution and Reform in Eighteenth-Century Poland*, Bloomington and Indianapolis: Indiana University Press, pp. 51—64.

Walcot, P. (1978), *Envy and the Greeks*, Warminster: Aris and Phillips.

Waldron, J. (1999), *Law and Disagreement*, Oxford: Oxford University Press.

Walton, K. (1988), "What is abstract about the art of music," *Journal of Aesthetics and Art Criticism* 46, 351—364.

Walton, K. (1990), *Mimesis as Make-Believe*, Cambridge, Mass.: Harvard University Press.

Watson, G. (1999), "Disordered appetites," in J. Elster (ed.), *Addiction: Exits and Entries*, New York: Russell Sage, pp. 3—28.

Weiss, R. D., Mirin, M. D., and Bartel, R. L. (1994), *Cocaine*, Washington, D. C.: American Psychiatric Press.

Werness, H. B. (1983), "Han van Meegeren fecit," in D. Dutton (ed.), *The Forger's Art*, Berkeley: University of California Press, pp. 1—57.

Werth, N. (1997), "Un Etat contre son peuple: Violences, repressions, terreurs en Union sovietique," in S. Courtois et al., *Le livre noir du Communisme*, Paris: Robert Laffont, pp. 42—295.

White, M. (1987), *Philosophy, The Federalist, and the Constitution*, New York: Oxford University Press.

Willoch, K. (1994), "Hvor uavhengig b0r sentralbanken vrere?" in *Stabilitet og Langsik-*

tighet:*Festskrift til Hermod Skdnland*, Oslo:Aschehoug, pp. 105—127.

Wilson, G. T. (1980), "Behavior therapy and the treatment of obesity," in W. R. Miller (ed.), *The Addictive Behaviors*, Oxford:Pergamon Press, pp. 207—237.

Winston, G. (1980), "Addiction and backsliding:A theory of compulsive consumption," *Journal of Economic Behavior and Organization* 1, 295—324.

Wood, G. (1969), *The Creation of the American Republic*, New York:Norton.

Yanal, R. J. (1994), "The paradox of emotion and fiction," *Pacific Philosophical Quarterly* 75, 54—75.

Zinberg, N. (1984), *Drug, Set, and Setting*:*The Basis for Controlled Intoxicant Use*, New Haven:Yale University Press.

Zinberg, N., Harding, W., and Winkeller, M. (1977), "A study of social regulatory mechanisms in controlled illicit drug users," *Journal of Drug Issues* 7, 117—133.

Zinoviev, A. (1979), *The Yawning Heights*, New York:Random House.

Zwerin, M. (1985), *La Tristesse de Saint Louis*, New York:William Morrow.